本报告出版得到

国家重点文物保护专项补助经费

资助

老河口安岗楚墓

襄阳市博物馆
老河口市博物馆　编著

王先福　主编

科学出版社
北京

内 容 简 介

1992年10月至1993年3月，襄阳市博物馆、老河口市博物馆对安岗墓地因取土制砖发现的4座墓葬进行了抢救性发掘。

本报告以墓葬为单位逐一介绍了4座墓葬的全部资料，4座墓均为土坑竖穴墓，其中M1、M2为中型墓，平面"凸"字形，单椁重棺，共出土祭器、乐器、燕器、兵器、工具、车马器、葬仪品、装饰品、杂器和竹简10大类10种质地随葬器物千余件（支）；M3、M4为小型墓，平面长方形，单椁单棺，共出土铜、陶、石、料器22件。

4座墓为战国中期晚段的典型楚墓；M1、M2墓主人身份分别为下大夫、元士，M3、M4墓主身份则为中士或下士；M1、M2为夫妻异穴合葬墓。

本次发掘的4座墓葬只是安岗墓地的一部分，对探索墓地葬制提供了基础资料。

本报告可供从事文物考古、历史学及相关学科的研究者和高等院校相关专业的师生阅读、参考。

图书在版编目（CIP）数据

老河口安岗楚墓 / 王先福主编；襄阳市博物馆，老河口市博物馆编著. —北京：科学出版社，2018.11
ISBN 978-7-03-059324-5

Ⅰ.①老… Ⅱ.①王… ②襄… ③老… Ⅲ.①墓葬（考古）-发掘报告-老河口-楚国（？~前223） Ⅳ.①K878.85

中国版本图书馆CIP数据核字（2018）第249110号

责任编辑：王光明 / 责任校对：邹慧卿
责任印制：肖 兴 / 封面设计：美光设计

科学出版社 出版
北京东黄城根北街16号
邮政编码：100717
http://www.sciencep.com

中国科学院印刷厂 印刷
科学出版社发行 各地新华书店经销

*

2018年11月第 一 版　开本：889×1194　1/16
2018年11月第一次印刷　印张：11　插页：36
字数：446 000
定价：228.00元
（如有印装质量问题，我社负责调换）

目 录

第一章 绪言 ……………………………………………………………………………（1）

第一节 自然环境 ……………………………………………………………………（1）
一、地理位置 ……………………………………………………………………（1）
二、地理环境 ……………………………………………………………………（2）

第二节 历史沿革 ……………………………………………………………………（3）

第三节 墓地概况 ……………………………………………………………………（4）

第四节 工作经过 ……………………………………………………………………（5）
一、发掘经过 ……………………………………………………………………（5）
二、室内整理 ……………………………………………………………………（6）
三、报告编写 ……………………………………………………………………（8）

第二章 一号墓 …………………………………………………………………………（9）

第一节 墓葬形制 ……………………………………………………………………（9）
一、兆域 …………………………………………………………………………（9）
二、葬具 …………………………………………………………………………（10）
三、葬式 …………………………………………………………………………（17）

第二节 随葬器物 ……………………………………………………………………（18）
一、随葬器物种类与数量 ………………………………………………………（18）
二、随葬器物分布 ………………………………………………………………（20）
三、随葬器物的制作与装饰手法 ………………………………………………（21）
四、随葬器物分述 ………………………………………………………………（33）

第三章 二号墓 …………………………………………………………………………（85）

第一节 墓葬形制 ……………………………………………………………………（85）

一、兆域 …………………………………………………………………………（85）
　　二、葬具 …………………………………………………………………………（86）
　　三、葬式 …………………………………………………………………………（96）
 第二节　随葬器物 ……………………………………………………………………（96）
　　一、随葬器物种类与数量 ………………………………………………………（96）
　　二、随葬器物分布 ………………………………………………………………（99）
　　三、随葬器物的制作与装饰手法 ………………………………………………（101）
　　四、随葬器物分述 ………………………………………………………………（102）

第四章　三号墓 ……………………………………………………………………（125）

 第一节　墓葬形制 ……………………………………………………………………（125）
　　一、兆域 …………………………………………………………………………（125）
　　二、葬具 …………………………………………………………………………（126）
　　三、葬式 …………………………………………………………………………（126）
 第二节　随葬器物 ……………………………………………………………………（127）
　　一、陶器 …………………………………………………………………………（127）
　　二、料器 …………………………………………………………………………（129）
　　三、石器 …………………………………………………………………………（129）

第五章　四号墓 ……………………………………………………………………（130）

 第一节　墓葬形制 ……………………………………………………………………（130）
　　一、兆域 …………………………………………………………………………（130）
　　二、葬具 …………………………………………………………………………（131）
　　三、葬式 …………………………………………………………………………（131）
 第二节　随葬器物 ……………………………………………………………………（132）
　　一、铜器 …………………………………………………………………………（132）
　　二、陶器 …………………………………………………………………………（132）
　　三、石器 …………………………………………………………………………（135）

第六章　结语 ………………………………………………………………………（136）

 第一节　墓葬时代 ……………………………………………………………………（136）
　　一、M1时代推定 …………………………………………………………………（137）

二、M2时代推定 ·· （138）

三、M3、M4时代推定 ·· （139）

第二节　墓葬等级 ··· （139）

一、M1、M2等级推定 ·· （139）

二、M3、M4等级推定 ·· （141）

第三节　墓葬性质 ··· （141）

第四节　主要收获 ··· （142）

附錄　安崗一、二號墓竹簡釋文與考釋 ·· （144）

后记 ··· （158）

插图目录

图一　安岗墓地位置示意图 ……………………………………………………………（1）
图二　安岗墓地地理环境及墓葬分布图 ………………………………………………（4）
图三　M1墓圹平、剖面图 ……………………………………………………………（10）
图四　M1棺椁剖面图 …………………………………………………………………（13）
图五　M1椁板组合示意图 ……………………………………………………………（14）
图六　M1外棺板组合示意图 …………………………………………………………（14）
图七　M1内棺分解及铜抓钉图 ………………………………………………………（15）
图八　M1内棺组合示意图 ……………………………………………………………（16）
图九　M1内棺抓钉使用示意图 ………………………………………………………（17）
图一〇A　M1椁、棺室及上、中层随葬器物分布平面图 …………………………（22）
图一〇B　M1头箱下层随葬器物分布平面图 ………………………………………（23）
图一〇C　M1东边箱下层随葬器物分布平面图 ……………………………………（23）
图一一　M1出土铜鼎、敦 ……………………………………………………………（34）
图一二　M1出土铜祭器 ………………………………………………………………（36）
图一三　M1出土A型木俎 ……………………………………………………………（38）
图一四　M1出土B型木俎 ……………………………………………………………（39）
图一五　M1出土木悬鼓（M1∶71） …………………………………………………（40）
图一六　M1出土木瑟、瑟座 …………………………………………………………（42）
图一七　M1出土木、竹乐器 …………………………………………………………（43）
图一八　M1出土木豆、耳杯 …………………………………………………………（45）
图一九　M1出土B型木耳杯 …………………………………………………………（46）
图二〇　M1出土木盒 …………………………………………………………………（48）
图二一　M1出土木盒 …………………………………………………………………（49）
图二二　M1出土木、铜燕器 …………………………………………………………（50）
图二三　M1出土竹、苇燕器 …………………………………………………………（52）
图二四　M1出土A型竹笥 ……………………………………………………………（53）
图二五　M1出土A型铜戈 ……………………………………………………………（55）

图二六	M1出土B型铜戈（M1∶137）	（56）
图二七	M1出土铜剑	（58）
图二八	M1出土木、铜兵器	（59）
图二九	M1出土木弩、弓	（60）
图三〇	M1出土木、竹弓	（62）
图三一	M1出土木矢箙（M1∶125）	（64）
图三二	M1出土革兵器	（65）
图三三	M1出土工具、兵器	（67）
图三四	M1出土竹幡杆、木车伞	（68）
图三五	M1出土木车舆构件	（69）
图三六	M1出土铜车马器	（70）
图三七	M1出土马衔、镳	（73）
图三八	M1出土木车马器、葬仪品、杂器	（75）
图三九	M1出土木橛（M1∶92）	（76）
图四〇	M1出土木俑（M1∶4）	（77）
图四一	M1出土木俑（M1∶57）	（78）
图四二	M1出土木俑（M1∶64）	（79）
图四三	M1出土装饰品	（80）
图四四	M1出土装饰品	（82）
图四五	M1出土木杂器	（83）
图四六	M2墓圹平、剖面图	（86）
图四七	M2椁外填土中出土木器	（87）
图四八	M2棺椁剖面图	（88）
图四九	M2椁分板平面图	（90）
图五〇	M2椁板组合示意图	（91）
图五一	M2椁盖板铺芦席编织图	（91）
图五二	M2外棺分解图	（92）
图五三	M2外棺组合示意图	（93）
图五四	M2内棺分解图	（94）
图五五	M2内棺组合示意图	（95）
图五六A	M2椁、棺室及随葬器物分布平面图	（97）
图五六B	M2头箱下层随葬器物分布平面图	（97）
图五七	M2出土铜祭器	（103）
图五八	M2出土A型木俎	（105）
图五九	M2出土B型木俎	（106）
图六〇	M2出土木瑟（M2∶9）	（108）

图六一	M2出土铜镜、铁带钩	（109）
图六二	M2出土燕器	（110）
图六三	M2出土木豆	（111）
图六四	M2出土木方豆（M2∶6）	（113）
图六五	M2出土木几	（114）
图六六	M2出土竹笥、木方盒	（115）
图六七	M2出土竹荐席、笞	（116）
图六八	M2出土车马器	（117）
图六九	M2出土木镇墓兽	（119）
图七〇	M2出土木卧鹿（M2∶25）	（120）
图七一	M2出土装饰品、杂器	（121）
图七二	M2出土木杂器	（123）
图七三	M3平、横剖面图	（127）
图七四	M3出土陶、料、石器	（128）
图七五	M4平、纵剖面图	（133）
图七六	M4出土铜、陶、石器	（134）

插表目录

表一	M1椁板尺寸登记表	（11）
表二	M1外棺板尺寸登记表	（12）
表三	M1内棺板尺寸登记表	（16）
表四	M1随葬器物种类与数量登记表	（18）
表五	M1随葬器物分布情况登记表	（24）
表六	M1铜祭器铸造工艺一览表	（27）
表七	M1铜兵器铸造工艺一览表	（30）
表八	M1铜工具铸造工艺一览表	（30）
表九	M1铜车马器铸造工艺一览表	（31）
表一〇	M1铜鼎登记表	（33）
表一一	M1铜鼎盛食类别登记表	（33）
表一二	M1木俎尺寸登记表	（37）
表一三	M1木瑟柱尺寸登记表	（41）
表一四	M1木豆尺寸登记表	（45）
表一五	M1木耳杯尺寸登记表	（47）
表一六	M1木、竹弓形制、尺寸登记表	（61）
表一七	M1铜马衔尺寸登记表	（71）
表一八	M1马镳尺寸登记表	（72）
表一九	M1木纛尺寸登记表	（74）
表二〇	M1竹简（M1∶144）有字简尺寸登记表	（84）
表二一	M2椁板尺寸登记表	（89）
表二二	M2椁室分板尺寸登记表	（89）
表二三	M2外棺板尺寸登记表	（93）
表二四	M2内棺板尺寸登记表	（95）
表二五	M2随葬器物种类与数量登记表	（96）
表二六	M2随葬器物分布情况登记表	（99）
表二七	M2铜祭器铸造工艺一览表	（101）
表二八	M2木瑟（M2∶9）柱尺寸登记表	（107）
表二九	M2竹简（M2∶8）尺寸登记表	（124）

彩版目录

彩版一　安岗墓地全貌及墓冢分布
彩版二　M1出土A型Ⅰ式铜鼎
彩版三　M1出土A型Ⅱ式铜鼎
彩版四　M1出土B型铜鼎
彩版五　M1出土铜敦
彩版六　M1出土铜壶
彩版七　M1出土铜盉（M1∶47）
彩版八　M1出土铜祭器
彩版九　M1出土B型木耳杯
彩版一〇　M1出土B型木耳杯
彩版一一　M1出土铜戈
彩版一二　M1出土铜剑
彩版一三　M1出土木兵器
彩版一四　M1出土工具、车马器
彩版一五　M1出土装饰品
彩版一六　M1出土玉装饰品
彩版一七　M1出土装饰品
彩版一八　M1出土器物
彩版一九　M2出土铜祭器
彩版二〇　M2出土铜祭器
彩版二一　M2出土燕器
彩版二二　M2出土燕器、杂器
彩版二三　M2出土装饰品
彩版二四　M3、M4出土器物

图版目录

图版一　M1椁室
图版二　M1出土A型Ⅰ式铜鼎细部（M1：49）
图版三　M1出土A型Ⅰ式铜鼎细部（M1：51）
图版四　M1出土A型Ⅱ式铜鼎细部（M1：52）
图版五　M1出土A型Ⅱ式铜鼎细部（M1：74）
图版六　M1出土B型铜鼎细部（M1：48）
图版七　M1出土B型铜鼎细部（M1：50）
图版八　M1出土铜敦细部
图版九　M1出土A型铜壶细部（M1：2）
图版一〇　M1出土A型铜壶细部（M1：12）
图版一一　M1出土B型铜壶细部（M1：3）
图版一二　M1出土B型铜壶细部（M1：14）
图版一三　M1出土铜盉细部（M1：47）
图版一四　M1出土铜匜、盘细部
图版一五　M1出土乐器
图版一六　M1出土木豆、耳杯
图版一七　M1出土A型木耳杯
图版一八　M1出土A型木耳杯
图版一九　M1出土木耳杯、盒
图版二〇　M1出土木燕器
图版二一　M1出土燕器
图版二二　M1出土铜兵器
图版二三　M1出土铜镞
图版二四　M1出土木弩、弓
图版二五　M1出土兵器
图版二六　M1出土革人甲（M1：147）
图版二七　M1出土工具、车马器
图版二八　M1出土铜车马器

图版二九　M1出土车马器、杂器
图版三〇　M1出土葬仪品
图版三一　M2出土铜鼎细部（M2∶41）
图版三二　M2出土铜鼎细部（M2∶47）
图版三三　M2出土铜敦细部
图版三四　M2出土铜壶细部
图版三五　M2出土铜盘、匜细部
图版三六　M2出土木俎、瑟
图版三七　M2出土燕器
图版三八　M2出土木豆、方豆
图版三九　M2出土燕器
图版四〇　M2出土车马器
图版四一　M2出土木葬仪品、杂器
图版四二　M3出土陶器
图版四三　M4出土陶、石器
图版四四　M1出土竹简（M1∶144-1~4）
图版四五　M1出土竹简（M1∶144-5~10）
图版四六　M1出土竹简（M1∶144-11~16）
图版四七　M1出土竹简（M1∶144-17~21）
图版四八　M2出土竹简（M2∶8）

第一章 绪　言

第一节　自然环境

一、地理位置

老河口市位于湖北省西北部边缘，地理坐标东经110°30′~120°00′，北纬32°10′~32°38′。东北、北分别与河南省邓州市、淅川县接壤，东、东南、南毗邻襄阳市襄州区、樊城区，西北与丹江口市相连，西、西南以汉水为界与谷城县相望（图一）。

老河口因地处汉江故道口而得名，扼鄂、豫、陕、渝四省、直辖市要冲，素有"襄郧要道、秦楚通衢"之称，"挟蜀汉，扼新邓，枕太和，通秦洛"，"陆出襄邓，以临中原"。

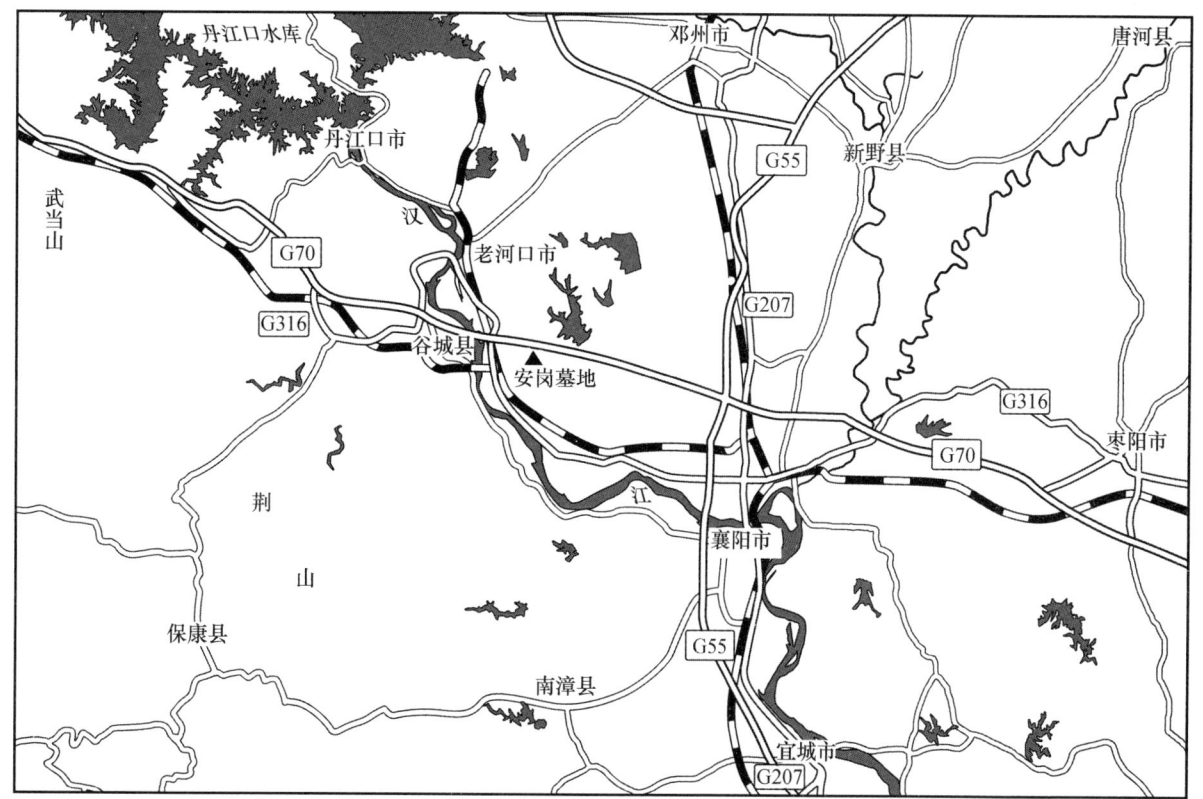

图一　安岗墓地位置示意图

市境南北最长51、东西最宽47千米，总面积1032平方千米。耕地面积82.84万亩，宜林面积32.29万亩，水域面积16.06万亩，其他面积48.1万亩。

二、地理环境

1. 地形地貌

老河口市地处秦岭支脉——伏牛山南支尾端，位于汉水中游东北岸、南阳盆地南部边缘。其地貌形态多样，整个地势北高南低，由西北向东南倾斜，形成丘陵、岗地、平原三种地形。

全市最高点海拔462米，最低点海拔75米。平岗地海拔100～150米，占总面积的42.94%；丘陵地海拔150～450米，占总面积的39.17%；平原海拔100米左右，占总面积的17.89%。

境内地表径流多沿地势由西北向东南流入汉水。以三尖山为主峰的横断群山呈东西走向，为秦岭东延余脉的第二阶梯。横断山南伸的山丘海拔300～400米，和孟桥川、杜槽河、苏家河、六股泉等河流构成西北部梳齿状的丘陵地形；东部和北部地区为沉积平原，经流水切割，形成平岗地和冲沟；东南为汉水冲积形成的沿河带状平原。

2. 地质构造

地质上在华北陆台与杨子陆台之间、秦岭地槽东端、武当山脉之东北部。市区西北部因受北面挤压力的作用，形成断裂少、褶皱多的构造形态。其褶皱均为向东倒转之复式褶皱，其地层多为元古代震旦纪及古生代寒武纪地层，其次为新生代地层。汉水中游地区在老岩层上部沉积了较厚的中生代白垩纪砂岩，由于风化侵蚀作用，形成低丘地带，此后又沉积了新生代第四纪沉积岩。

西北丘陵区成土母质，主要有泥灰岩、硅质灰岩及少量红砂岩等。

3. 现代交通

（1）水路

主要水路为汉水，其自西北向东南顺市境西南边缘流过，上至陕西，下达武汉并直抵长江，辖区内流长约37千米，常年通航。境内其他10条小河均发源于朱连山，流入汉水，其源短、面窄、量少，枯水期总流量不足0.5米/秒。

（2）陆路

陆路交通四通八达，（武）汉十（堰）高速公路横穿中南部，316国道、武（汉）安（康）铁路、（武）汉丹（江口）铁路自东南入境，分别向西、西北穿境而过，老（河口）孟（楼）、老（河口）白（陕西白河）两条干线公路分向东北、西北通连河南、陕西，支线公路更是如网状分布。正在建设中的西（安）武（汉）高速铁路从市境南部穿过。

（3）航空

老河口机场民航原开辟有北京、武汉、上海、温州、广州5条航线，现虽已停运，但可根据条件恢复。

其整个交通构成了水、陆、空立体网络。

4. 气候条件

属副热带大陆性气候，气候温和，雨量丰富，日照充足，四季分明。无霜期长，严寒酷暑时间较短，适宜水稻、小麦、棉花、花生、芝麻、烟叶等农作物和经济作物生长。年平均气温15℃，无霜期238天，降雨量838.1毫米，降水日数115.6天，日照时数1902小时。1977年，极端最低温度达-17.2℃；1961年，最高温度达41℃。

5. 自然资源

本市土壤类型主要为各种岩性土，如石灰土、紫色土及相应的水稻土，向东南过渡到平岗地带，其母质为第四纪黏土、红砂岩，形成的土壤以黄土为主，有少量红砂泥土；西南部为近代河流冲积物母质，所形成的土壤为潮土、灰潮土。

老河口自然资源丰富，主要矿藏有煤、铁、沙金、石灰石、型砂、碳石、石油、黏土、白云石等。还有众多的小型野生动物、飞禽和中药材等。

第二节　历史沿革

市境古为阴国，因位于荆山之北而得名。明正德、清乾隆《光化县志》载：老河口古为阴国。

《路史》称："阴，唐虞时国。"夏禹分天下为九州，阴属豫州。《文献通考》记："襄阳府所属惟南漳属荆州，余属豫州。"《路史·商世》："阴君，长生之祖，故长生之诗云'惟予之先，佐命唐虞'。"周时仍为阴国，后入于楚，可能成为楚县。《路史》："周管叔后采于阴，春秋时，阴与道、柏、巢、吕、申、息、房、应、胡、桐与楚比者，后入于楚。"《左传》昭公十九年："春，楚工尹赤迁阴于下阴。"

秦统一后，割阴地置酂县。《大明一统志》云："光化，秦为酂、阴二县也。"

西汉酂、阴并立。汉初封萧何或其后为酂侯，"食邑八千户于此"。新莽时改为南庚。东汉时复旧制，光武帝封邓禹为酂侯，"食邑万户于此"。东汉建安十三年（208年），曹魏得荆州，以南阳西为南乡郡，辖八县，酂、阴在内。西晋太康十年（289年）十一月，改南乡郡为顺阳郡，辖酂、阴、筑阳三县，郡治设于酂城。南北朝战争频仍，郡、县设置多有变迁。隋时为阴城县，唐初置酂州，旋废，改县为阴城镇，并入谷城。宋乾德二年（964年）改阴城镇为光化军，从谷城县分出，宋熙宁五年（1072年）废光化军及所属的乾德县，改为光化县。后又几经变更，至明洪武十三年（1380年）五月又恢复光化县，清雍正三年（1725年）定名老河口镇，但县名未变，直至1948年。

1948年，以老河口镇置老河口市，为光化县治。1949年，光化县全境解放后，撤销老河口市，全县设5区、33乡，老河口为其中一区；次年1月，老河口区改为镇；1957年7月，老河口镇升格为专署辖市；1952年8月，撤销市建置，变为县辖镇。1979年11月，国务院批准老河口镇升格为市，除镇辖范围外，另划入5个生产大队为其所属，市设3个街道办事处。1983年11月，撤销光化县建制，其辖境并入老河口市。

第三节 墓地概况

墓地位于老河口市仙人渡镇安岗村，西去不远为汉水，因传说其中最大的一座封土堆埋葬项羽而俗名"霸王冢"。墓地东西长约500、南北宽约300米，面积约15万平方米。

地表现存4座封土堆，分别俗称"霸王冢""双冢子""小冢子""大冢子"，略呈菱形分布。原封土堆都较高大，后因取土而被破坏不少，其中西边1座为"霸王冢"，现存底径50、高6米；北边1座为"小冢子"，现存底径15、高1米；东边1座为"大冢子"，现存底径25、高2米；南边1座为"双冢子"，原有2座封土堆东西并列，仅存西冢，现存底径20、高5米。从取土断面看，封土堆下的墓葬填土下层为可以保护棺椁的青膏泥（图二；彩版一）。

1992年，墓地西北部砖瓦厂取土时发现2座中型土坑墓，后又发现2座小型土坑墓。2座中型土坑墓的北部曾发现马牙和铜环残片，故可能有车马坑，惜已毁。

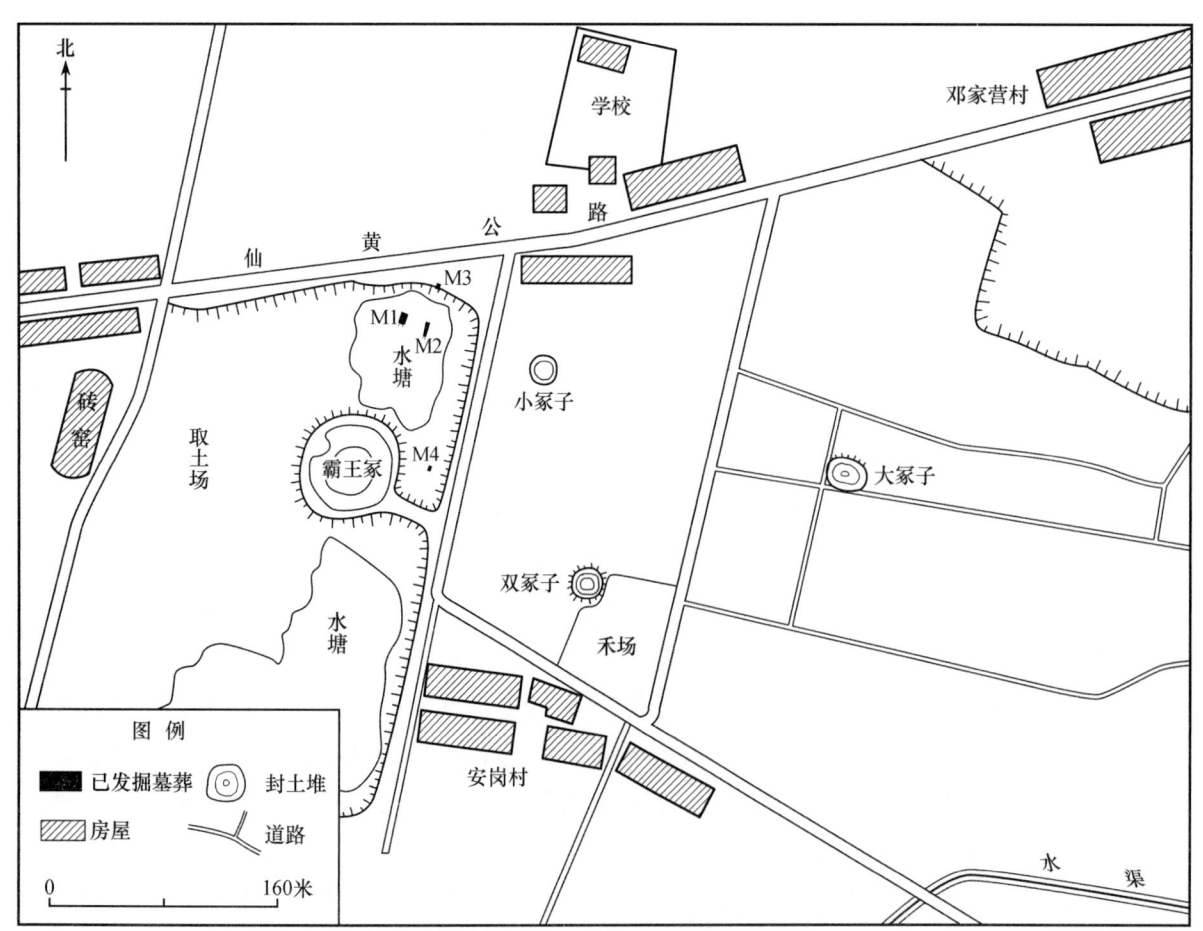

图二 安岗墓地地理环境及墓葬分布图

从现存墓冢的情况分析，其周围应有较多的中小型墓葬分布。

墓地西部被砖瓦厂取土破坏，形成堰塘。霸王冢上建有一现代窑。每个冢子上都有数量不等的盗洞。双冢子西冢早期因村民取土而形成2.5～4.5米的直立断面。除西部外，墓地主体保存相对完整。其于2013年被公布为第七批全国重点文物保护单位。

2015年10月至2016年1月，为配合该墓地安防工程建设需要，襄阳市文物考古研究所受委托联合老河口市博物馆组织力量对其进行了全面勘探，新发现土坑墓39座、砖室墓5座、车马坑6座。最大墓葬开口长25、宽20米，带斜坡墓道。最大车马坑长34.5、宽4.5米。

第四节 工作经过

一、发掘经过

1992年10月21日晚，老河口市博物馆接到仙人渡镇砖瓦厂报告，窑厂工人在取土过程中以钢钎撬翻土块时，感觉在土层中碰到类似木头之类的硬物，稍微挪动一下后，钢钎掉了下去，且发出滑落水中的声响，怀疑是一座墓葬，随即报告。22日上午，老河口市博物馆徐其铎、潘兆麟、赵贵源、安卫东、杨柳、许东民、廖延群等人与正在老河口市指导考古勘探工作的襄樊市博物馆（即今襄阳市博物馆，下同）曾宪敏一起对该地进行了调查，从南部取土后暴露的剖面看，上层为明显的褐黄相间的五花土，下层为青膏泥，并发现两块木椁板暴露在外，且可从间隙处看到椁内积满清水。同时，对该墓周边进行了勘探，确认其为一座长方形土坑木椁墓。22日下午，老河口市博物馆先后将勘探情况向老河口市文化局、市委宣传部做了汇报，领导高度重视，并指示砖瓦厂采取得力措施确保墓葬安全。23日上午，老河口市委宣传部、文化局领导到现场进行了踏勘；下午，向老河口市委市政府专题汇报所发现情况，老河口市委市政府十分重视，一方面加紧安全部署，一方面拨付清理经费。随后，老河口市文化局将情况向襄樊市文化局做了汇报。

24日上午，襄樊市博物馆委派考古部业务骨干王先福到达现场负责前期各项准备工作；下午，市文化局文图科副科长毕克忠同市博物馆馆长叶植赶到后研究相关措施。从现状看，该墓封土早年被平，墓口已遭到破坏，特别是墓圹南部及墓道已被挖毁，木椁暴露在外，从椁室情况初步判断其时代为汉代，襄樊和老河口都曾发掘过多座类似墓葬。为避免墓葬遭到进一步破坏，经研究决定，一边对该墓进行抢救性清理，一边上报湖北省文化厅。为保证清理工作有序进行，工地成立了安岗楚墓考古发掘队，叶植任队长，潘兆麟任副队长，王先福负责清理、绘图工作，潘兆麟邀请老河口市群众艺术馆李民摄影，老河口市博物馆其他人员配合清理，准备包装材料，接收文物等。

25日上午，清理工作正式开始。根据考古发掘要求，该墓编号1992LAM1。该墓清理工作于11月1日结束，当晚，将全部椁、棺板迁回了老河口市博物馆。

清理工作开展的同时，对周围取土范围也进行了勘探，结果在M1东侧不远处又发现了一座规模、形制大致相同的墓葬，推测其可能为夫妻异穴合葬墓，编号为1992LAM2。

11月2日，湖北省文化厅文物处接到报告后，委派湖北省文物考古研究所杨定爱、韩楚文、技工符德明来到考古工地，指导参与了M2的田野发掘工作。M2的清理从11月2日起至4日结束，清理过程严格按照田野考古操作规程进行，三大记录完备，发掘出土的文物及时运回临时库房。M2内棺保存相对完好，故在工地初步清理棺饰后整体运回室内清理。

1993年1月至3月，窑厂取土场的北、东部断面上先后暴露出两座小型土坑墓，分别编号1993LAM3、1993LAM4。由老河口市博物馆组织对两座墓葬进行了抢救性清理。至此，安岗四座墓葬的田野发掘工作全部结束。

从发现墓葬至田野发掘工作结束，先后参加调查、勘探、发掘工作的工作人员有湖北省文物考古研究所杨定爱、韩楚文、符德明，襄阳市博物馆叶植、杨开江、王先福、曾宪敏，老河口市博物馆徐其铎、潘兆麟、赵贵源、汪艺琼、杨柳、艾志忠、许东民、安卫东、廖延群、徐昌寅。老河口市博物馆杨风云、王光琴、郑秀英负责后勤及文物接收工作。仙人渡镇政府承担了发掘现场的协调工作。老河口市公安局局长程兴发带领武警及仙人渡镇派出所民警对考古发掘现场及文物押运实施安全警戒。老河口市委组织部电教中心孙忠元、老河口市电视台江天刚全程录制了发掘视频资料。

发掘期间，时任老河口市委常委、宣传部部长王廷兴，副部长王方田，老河口市文化局局长刘锋梓、副局长许兴发、江正和、周建萍等多次到现场指导工作。

二、室内整理

（一）基础资料整理

田野发掘结束后，出土文物全部运送至老河口市图书馆暂时存放，文物临时库房的外围安全保卫由老河口市文化局王连根、老河口市群众艺术馆卢水堂等同志负责，保卫人员坚持24小时值守，保证了文物的安全。

在田野发掘的同时开展了相关基础资料的整理工作。杨定爱、王先福对发掘现场文字、图纸记录进行了核对和补充；对出土器物的名称、数量进行了初步的审核和确认、登记。符德明完成了M2的发掘记录，并同许东民、安卫东等对运回室内的M2内棺及竹笥类文物进行了清理，新发现了一批器物。

1993年1月，由符德明主持启动出土器物的绘图工作。绘图采用人工测量、手工计算纸绘制草图、文字记录器物数据的方式完成。参加绘图人员有汪艺琼、杨柳等。5月，符德明对运回老河口市博物馆的M1、M2棺、椁进行了测量，绘制了棺椁结构图及组合、分解示意图等。

1994年春，湖北省文物考古研究所李天元对M1、M2的人骨进行了鉴定。鉴定结果为：M1墓主为男性，死亡年龄约36岁；M2墓主为女性，死亡年龄约46岁。两具人骨均属蒙古人种。

同年冬，湖北省文物考古研究所胡雅丽到老河口市对出土竹简进行清理、拼对，并进行考释、研究工作。

在整理基础资料的同时即着手编写发掘报告，其时，发掘报告编写的主持人为杨定爱，参加编写的人员有潘兆麟、赵贵源、杨柳、徐昌寅、许东民等。

1995年，为编撰《楚秦汉漆器艺术·湖北》（湖北美术出版社，1996年），湖北省文物考古研究所陈振裕组织人员对安岗M1、M2出土的漆器精品进行了拍摄、文字描述及研究工作。

2011年，武汉大学简帛研究中心李天虹率"湖北出土未刊布楚简（五种）集成研究"课题组对安岗所出竹简的原始图像、照片、摹本及相关考古资料进行收集，利用最新科技手段对其进行红外线拍摄，最大限度地记录、保存竹简出土文字为主的各种信息，以便进行长期储存和考释、研究工作。

（二）器物修复

1993年3月，老河口市博物馆刘九红对M3、M4出土的陶器进行了修复。1993年7月至1996年8月，在争取到地方财政及国家文物局文物保护专项补助经费的基础上，由湖北省博物馆谭白明主持、老河市博物馆刘九红具体实施完成了M1、M2出土饱水漆木器的脱水保护工作，大部分漆木器经过乙二醛脱水、干燥定型得以保存。从1994年开始，在谭白明的指导下，由刘九红负责，袁晓林协助开始了安岗出土漆木器的修复工作。修复后的漆木器有6件被鉴定为国家一级文物，被鉴定为二、三级文物的有20余件。

2011年至2014年，在武汉大学简帛研究中心的支持下，荆州市文物保护中心历时4年对M1、M2出土的竹简进行了脱水及封护保护，使这批竹简得以永久保存。

（三）报告线图与器物照相

报告线图的清绘由符德明完成。线图完成后，对所有线图进行高清扫描，后输入计算机进行排版。任星同志担负了报告线图文字说明的计算机录入工作。

（四）器物照相

器物及竹简出土后的摄影工作主要由湖北省文物考古研究所余乐完成；湖北省博物馆郝勤建拍摄了部分漆木器精品，并进行了竹简的红外线拍摄；襄阳市博物馆邓广锐拍摄了文物数据库照片。2015年，襄阳市文物考古研究所杨力根据报告编写要求重新拍摄了部分出土器物照片，并航拍了墓地照片。

（五）器物制卡

王先福对出土器物进行描述，并完成了制卡工作。

三、报告编写

（一）编写过程

本报告的编写经历了较为漫长和曲折的过程。

由于墓葬发掘后，出土文物特别是漆木器的修复花费较长时间，其间整理主持人和单位领导几次发生变化，报告的编辑出版也受到多方面的制约，以致一拖再拖。

第一次报告初稿在开始进行基础资料整理后即着手编写，初步完成后由于多种原因未能出版。

2010年上半年，襄阳市博物馆与老河口市博物馆决定联合编辑出版本报告，在确定了报告体例和编委会成员后开始编写。2011年11月，襄阳市博物馆向国家文物局申报了报告出版计划。2012年2月，国家文物局批复了出版计划。2012年12月，湖北省文物局、国家文物局先后拨付了报告整理、出版经费。为尽快完成报告编写工作，襄阳市博物馆、老河口市博物馆组成安岗楚墓发掘报告整理小组，襄阳市博物馆王先福、杨力与老河口市博物馆符德明、杨柳、艾志忠、徐昌寅、廖延群等参加，再次开展发掘报告的整理、编写工作。由王先福负总责，符德明安排落实4座墓葬的初稿撰写及相关线图工作，杨力负责照片的补拍、收集、编排工作。2014年底报告初稿完成后，经王先福多次审核，并补充材料后，2016年11月完成定稿。

鉴于M1、M2出土竹简需要做进一步释读和考释，整理小组邀请武汉大学简帛研究中心教授刘国胜、湖北省文物考古研究所研究员胡雅丽开展相关工作，2017年10月完成了本项工作。

（二）报告体例

本次的发现较为重要，但由于墓葬数量少，从发掘到编写报告的间隔时间长达20余年，要想完整报道全部资料已经不可能，只能尽可能地提供较多的信息。

鉴于本次发掘的墓葬数量少，为全面反映墓葬的基本信息，本报告采用先集中简介墓地宏观、微观环境，再按照顺序分别介绍4座墓葬形制、随葬器物，最后通过对比分析墓葬时代、等级、性质及主要收获的体例编写。

本报告出版前发表的简报论文，如与本报告有冲突的，均以本报告为准。

第二章 一 号 墓

一号墓（编号M1）位于墓地西北部，与M2东西并列，处西部，两墓相距7米。具体叙述如下。

第一节 墓葬形制

一、兆 域

因取土，该墓上部及南壁被破坏。为"凸"字形土坑竖穴墓。

（一）墓圹

现墓圹平面呈长方形，方向197°。现存坑口南北残长5.52、东西宽4.8、墓底南北残长6.1、东西宽4.49、深3.4米。口大底小，斜壁内收。由墓圹东壁观察，壁面较为光滑，经过人工加工修整。修整使用工具为锸，修整次序为：第一锸铲修后，第二锸紧邻第一锸铲修，两道锸痕之间在壁面上会形成一道小凸棱，第三锸就会在前两锸之间轻微修整这些凸棱，故而壁面上可见一道道修整的锸痕。锸痕宽0.085米，锸痕深度因使用时用力不一而不尽相同，大致深0.08～0.14米（图三）。

发掘时墓坑西壁外弧，发现有用草、泥拌和痕迹，长约5.4米，西壁外弧部分应为当年掘坑时塌方所致。

据M2墓葬形制推测，M1南部也应设有斜坡墓道，但因砖厂取土破坏而致墓道情况不明。M1墓室较宽，据此推测M1结构为带长方形斜坡墓道的"凸"字形墓葬。

（二）填土

墓葬填土单一，分为上下两层：上层为五花土，以黄色为主，夹褐、白色斑土块，土质较硬，含少量细砂，未发现夯筑迹象，四周稍厚，中部较薄，残存厚度0～0.84米；下层为青膏泥，质黏，分布于整个墓室，中部较厚，四周较薄，厚2.56～3.4米。

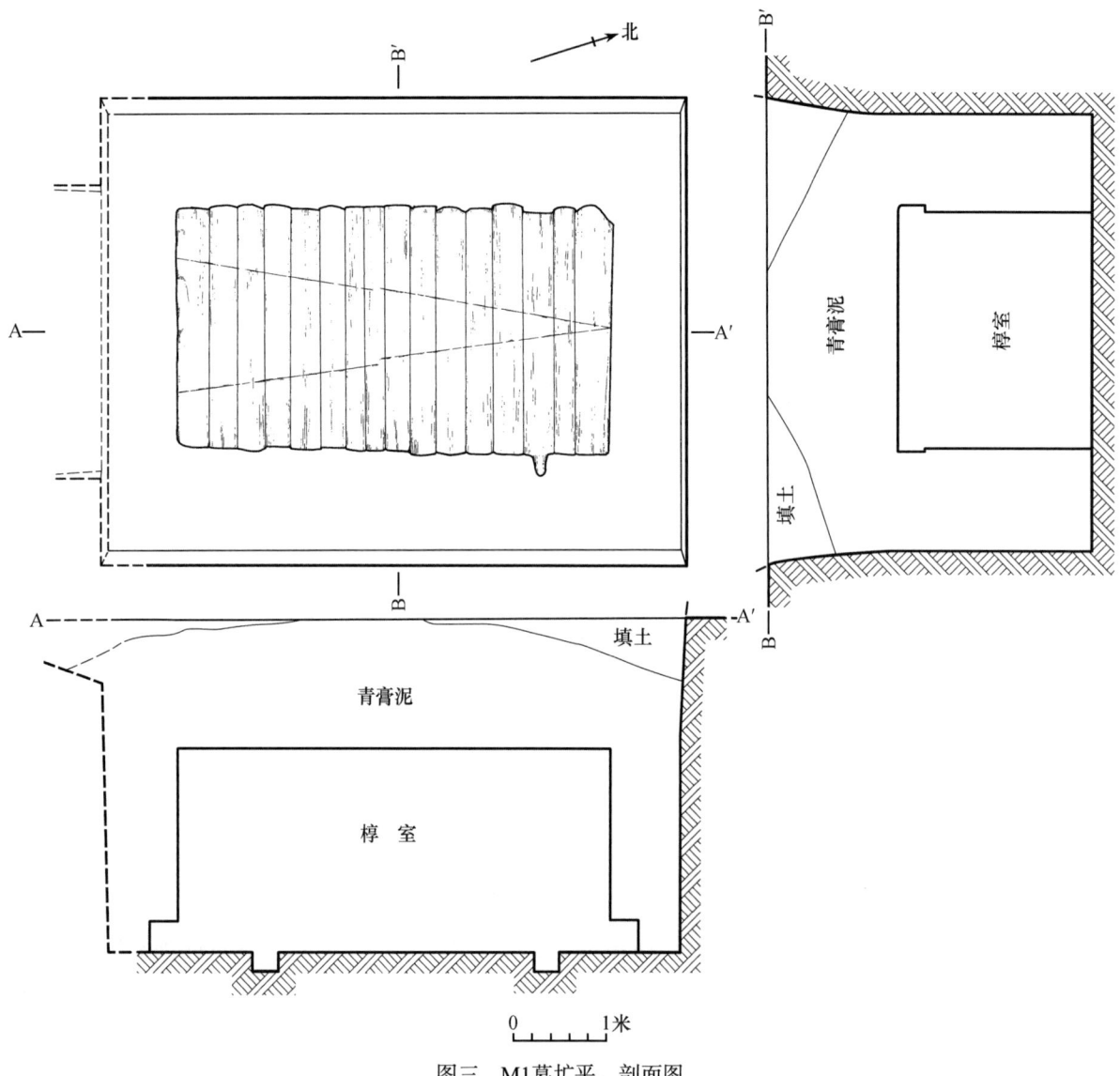

图三 M1墓圹平、剖面图

（三）封土

该墓因上部遭到破坏，封土情况不明。据附近几座较大的封土堆情况分析，该墓原也应有封土堆，以灰白土夯筑而成。结合取土前未发现土堆看，封土早年已被取平。

二、葬　具

葬具皆为木质，置于墓坑底部正中，为单椁重棺。

（一）椁

椁室平面呈"Ⅱ"形，南北长4.57、东西宽2.27、高1.95米。由方木排列的底板、墙板、挡板、盖板组成，其中底板纵向平铺而成，墙板纵向上下叠成，挡板横向上下叠成，盖板横向并排而成。

底板6根方木，单根长4.56~5.11、宽0.25~0.53、厚0.29~0.3米。底板每根方木两端靠内侧底面横向凿宽0.38~0.48、深0.06米左右的梯形浅凹槽，槽内各横向叠放垫木1根，北垫木长2.865、宽0.315、厚0.27米；南垫木长2.835、宽0.235、厚0.27米。在两垫木梯形浅凹槽的一侧，各置一木楔，将底板楔紧。木楔呈扁圆锥形，北垫木木楔长0.38、直径0.04米；南垫木木楔长0.4、直径0.05米。因承重，2根垫木已完全压入墓底平面下，形成了两条垫木槽。底板上直接叠放墙板、挡板。

东墙板6根方木，单根长4.13、宽0.25~0.31、厚0.18~0.26米；西墙板5根方木，长4.13、宽0.23~0.32、厚0.18~0.45米。墙板内侧两端均出短榫头，深0.045、宽0.265米。

南、北挡板各有6根方木，个别方木弧角，单根长2.61~2.89、宽0.2~0.29、厚0.15~0.27米。挡板两端靠内侧凿浅凹槽，与墙板榫头相扣，形成长方形椁室。

盖板16根方木，单根长2.45~2.75、宽0.21~0.35、厚0.29~0.32米。盖板表面由北向南刻出一"人"字，应为制作时确认盖板顺序而为（表一）。

表一　M1椁板尺寸登记表　　　　　　　　　　　　　　　　（单位：米）

序号	尺寸（长×宽×厚）					
	盖板（自南向北）	底板（自东向西）	东墙板（自上而下）	西墙板（自上而下）	南挡板（自上而下）	北挡板（自上而下）
1	2.45×0.31×0.29	4.76×0.53×0.3	4.13×0.31×0.24	4.13×0.31×0.18	2.75×0.29×0.22	2.76×0.27×0.24
2	2.53×0.31×0.3	5.11×0.33×0.3	4.13×0.3×0.18	4.13×0.32×0.2	2.77×0.29×0.27	2.84×0.25×0.19
3	2.56×0.28×0.3	4.56×0.46×0.3	4.13×0.28×0.26	4.13×0.3×0.3	2.66×0.26×0.27	2.61×0.22×0.21
4	2.53×0.29×0.29	4.66×0.25×0.29	4.13×0.28×0.21	4.13×0.26×0.25	2.64×0.26×0.24	2.89×0.24×0.24
5	2.51×0.31×0.29	4.8×0.33×0.3	4.13×0.26×0.25	4.13×0.23×0.45	2.7×0.27×0.23	2.69×0.24×0.27
6	2.53×0.29×0.3	4.76×0.25×0.29	4.13×0.25×0.24		2.65×0.29×0.15	2.65×0.2×0.23
7	2.55×0.21×0.29					
8	2.54×0.23×0.3					
9	2.56×0.25×0.3					
10	2.61×0.27×0.31					
11	2.6×0.32×0.32					
12	2.57×0.28×0.31					
13	2.62×0.32×0.29					
14	2.75×0.33×0.29					
15	2.59×0.22×0.29					
16	2.61×0.35×0.3					

椁盖板上发现有芦席腐朽的痕迹，长、宽不详。根据M2推测，芦席也应平铺盖板。由残存的芦席观察，为"人"字形编织，篾宽0.5、厚0.1厘米。

椁室内空长4.05、宽1.62、深1.38米。被隔板分为头箱和东、西边箱及棺箱四部分（图版一）。

头箱内空长1.4、宽1.62米。头箱与棺室之间安有隔板。隔板长1.62、高1.38、厚0.05～0.09米，两端分别与东、西墙板结合部上下通凿的凹槽相接。

距头箱底部1.04米、北椁挡板0.6米处的椁室东墙板上有1个榫眼，直径0.004米。距北椁挡板1.02米的椁室东墙板上同前一榫眼高度处也凿一榫眼，直径也为0.004米。棺室与头箱之间的分箱板上也凿有3个榫眼，直径也为0.004米。由头箱东西两侧墙板上相同高度、对应位置、尺寸大致相同的榫眼及分箱板上三个榫眼判断，当时此处应该悬挂有随葬器物。因拴系的绳子腐烂，器物因此落入头箱内。

东、西边箱均长2.54、宽0.135米。边箱与棺箱间有盖板。东、西盖板各长2.26、宽0.135、厚0.1米。隔板两端分别与东西两侧墙板套榫结合（图四、图五）。

（二）棺

棺箱位于椁室内南部，长2.48、宽1.35、高1.26米，有内、外重棺。

1. 外棺

由底板、墙板、挡板、盖板组成，均由小方木叠压或并列，排列方式与椁板相同。

底板7块，单块长2.48、宽0.14～0.3、厚0.06米。

东、西墙板各5块，单块长2.46、宽0.11、厚0.18～0.27米。

南、北挡板各5块，南挡板单块长1.34～1.36、宽0.11、厚0.16～0.26米；北挡板单块长1.36、宽0.11、厚0.12～0.3米。

盖板8根，单块长1.38～1.42、宽0.17～0.43、厚0.1米。两端的2块盖板内侧两边各凿一长方形卯眼，深0.19、宽0.09、高0.04米左右；中部6块盖板两侧的对应部位凿相同的卯眼，相邻2块盖板的卯眼内以0.38米的长方形木楔子穿接，并拼成整块盖板（图六；表二）。

表二　M1外棺板尺寸登记表　　　　　　　　（单位：米）

序号	尺寸（长×宽×厚）					
	盖板（自南向北）	底板（自西向东）	东墙板（自上向下）	西墙板（自上向下）	南挡板（自上向下）	北挡板（自上向下）
1	1.38×0.23×0.1	2.48×0.3×0.06	2.46×0.11×0.25	2.46×0.11×0.21	1.34×0.11×0.26	1.36×0.11×0.21
2	1.42×0.29×0.1	2.48×0.15×0.06	2.46×0.11×0.22	2.46×0.11×0.22	1.36×0.11×0.16	1.36×0.11×0.3
3	1.42×0.43×0.1	2.48×0.18×0.06	2.46×0.11×0.19	2.46×0.11×0.18	1.36×0.11×0.23	1.36×0.11×0.26
4	1.42×0.37×0.1	2.48×0.14×0.06	2.46×0.11×0.19	2.46×0.11×0.27	1.36×0.11×0.18	1.36×0.11×0.19
5	1.38×0.35×0.1	2.48×0.2×0.06	2.46×0.11×0.23	2.46×0.11×0.2	1.36×0.11×0.25	1.36×0.11×0.12
6	1.41×0.41×0.1	2.48×0.18×0.06				
7	1.4×0.23×0.1	2.48×0.2×0.06				
8	1.4×0.17×0.1					

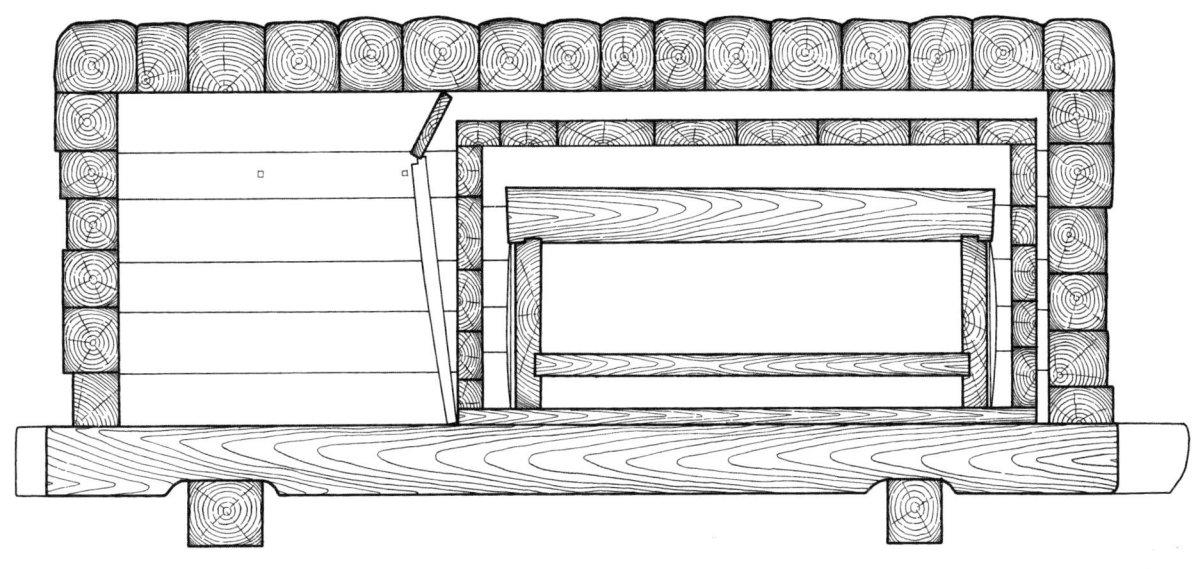

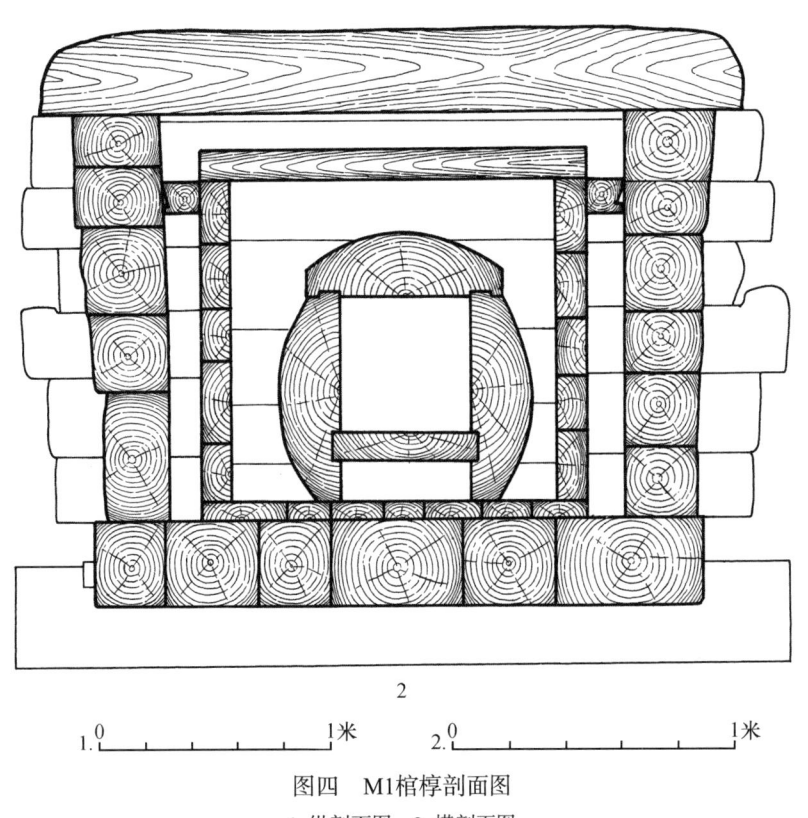

图四　M1棺椁剖面图
1.纵剖面图　2.横剖面图

2. 内棺

内棺因当时发现墓葬时为民工用钢钎探查而整体向西歪斜，部分榫卯脱开。

内棺套合于外棺内中部，长2.12、宽0.88、高0.91米。长方形悬底弧棺，由盖板、墙板、挡板、底板组成（图七，1~4）。

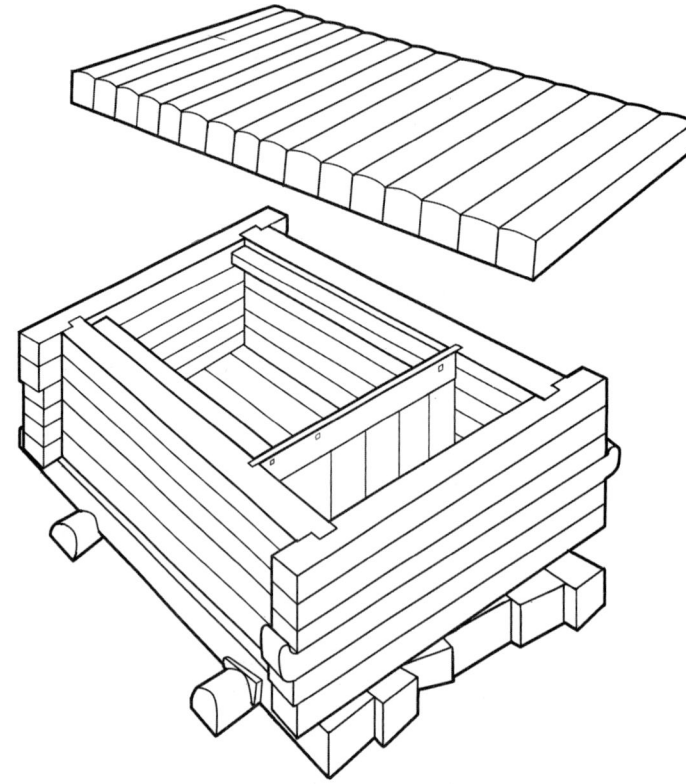

图五　M1椁板组合示意图

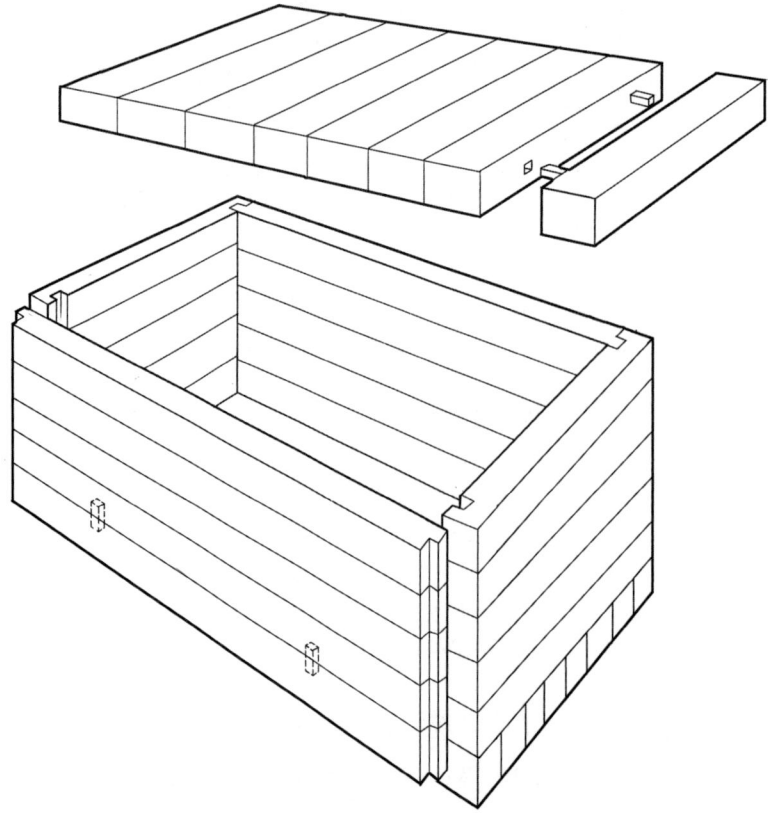

图六　M1外棺板组合示意图

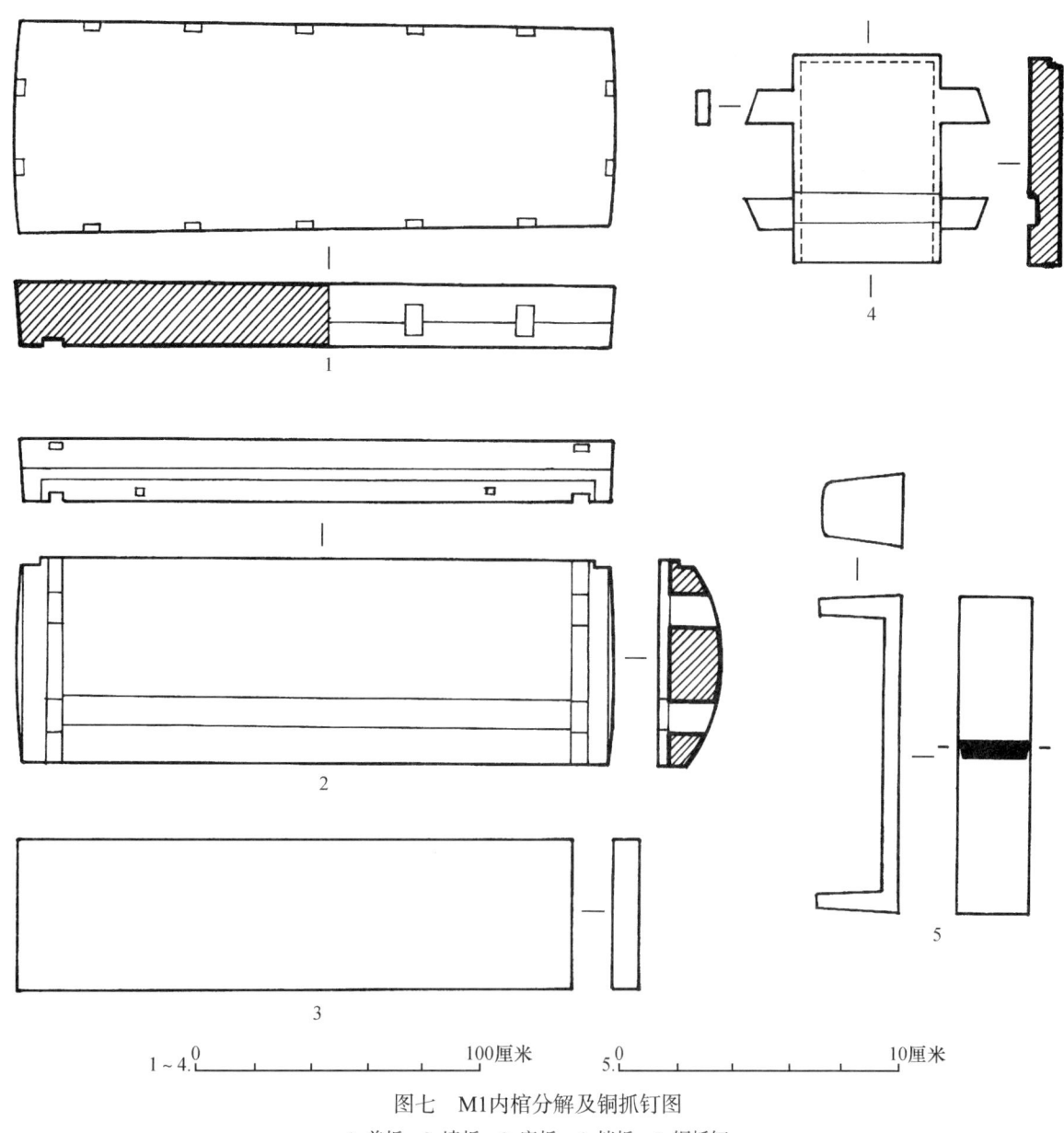

图七　M1内棺分解及铜抓钉图
1.盖板　2.墙板　3.底板　4.挡板　5.铜抓钉

盖板由整板凿成，内壁面平，外壁面中弧。长2.12、宽0.7、最厚0.22米。盖四周距边缘0.08米处有一周宽0.15、深0.07米的长凹槽。盖板外壁面前后端各有2个、两侧各有5个长方形凹槽相对应，凹槽长0.06、宽0.03、最深0.005米，应为固定、捆扎棺绳所凿。

两侧墙板均长2.1、宽0.7、厚0.23米。内壁面平，外壁面中弧。顶面靠内侧出榫头与棺盖两侧凹槽相扣。内壁面两端距边缘约0.08米处各有一条宽0.03、深0.005米的纵穿凹槽，凹槽内上、下部各有一长约0.1米的通穿长方形卯眼；下距底面0.12米的内侧，在两条凹槽之间有一长1.83、宽0.1、深0.03米的横向长凹槽。两端距边缘约0.42米处各有一个长0.06、宽0.03、深0.005米的卯孔与底板上木衬相结合。

两端挡板均高0.72、宽0.53、厚0.1米。挡板两侧上、下部各出一正、倒梯形长榫头，各长0.12～0.17、宽0.1～0.12、厚0.04米。榫头正好横向插入两侧墙板的卯眼内，外端与墙板外壁面平。上缘及侧缘分别套入盖板、墙板内侧的凹槽内。内壁下距底面0.12米处有一横向通长凹槽，宽0.1、深0.03米。

底板双面平，长1.96、宽0.52、厚0.12米，两侧及两端分别嵌入墙板、挡板下部的凹槽内（表三）。

表三　M1内棺板尺寸登记表　　　　　　　　　　　　　　　　　　　　（单位：米）

序号	尺寸（长×宽×厚）					
	盖板	底板	东墙板	西墙板	南挡板	北挡板
1	2.12×0.7×0.22	1.96×0.52×0.12	2.1×0.7×0.23	2.1×0.7×0.23	0.72×0.53×0.1	0.72×0.53×0.1

棺盖与棺身除用榫卯固定外，两边还各有两个长0.11、宽0.026、高0.03米的铜抓钉相扣（图七，5；图八；彩版一八，3）。其安装方法是在两块木板连接处凿出与铜抓钉形状一样的浅槽，然后将铜抓钉扣入。表面再用木楔嵌入浅槽内，将铜抓钉完全遮挡覆盖（图九）。

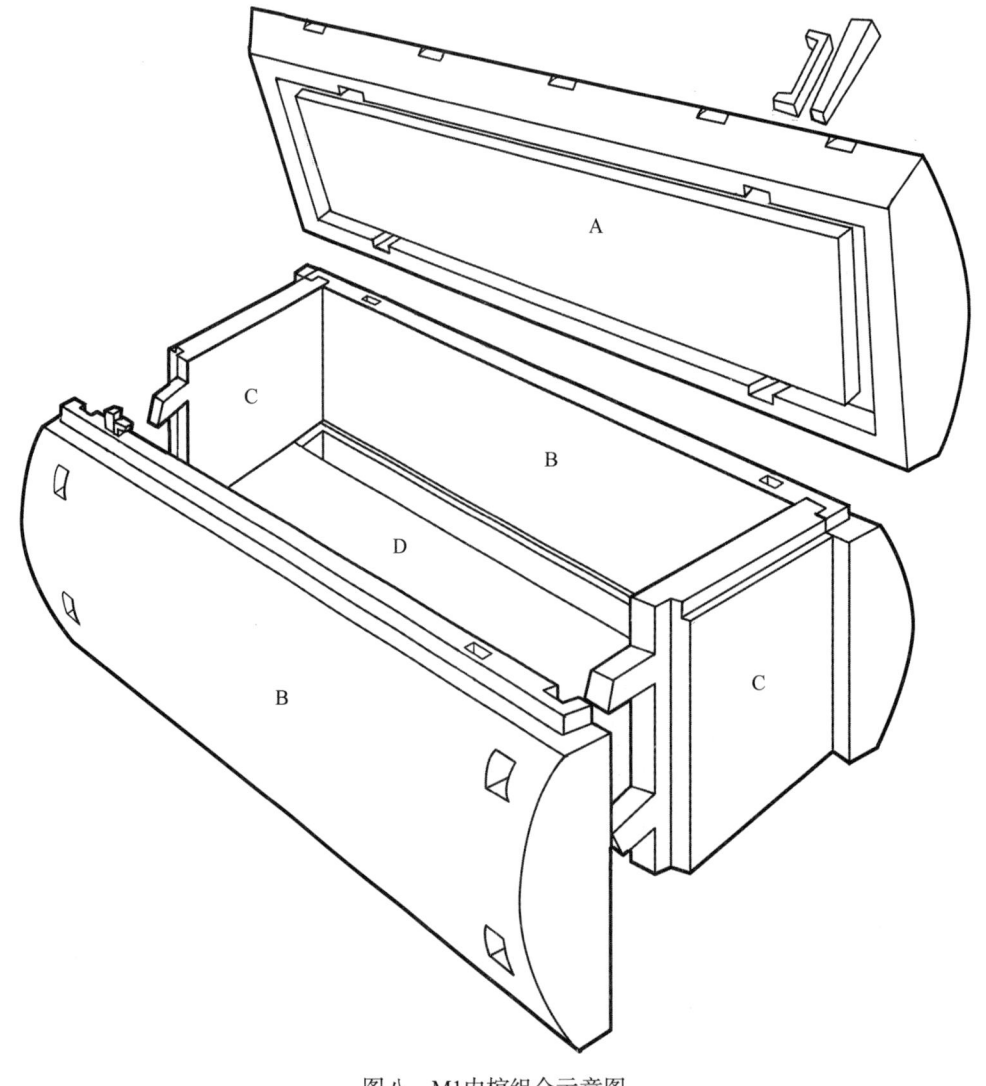

图八　M1内棺组合示意图
A.盖板　B.墙板　C.挡板　D.底板

棺内髹红漆，外髹黑漆。

穿过棺盖板两侧的各个浅凹槽内残存捆扎内棺的一束麻绳，每束3根麻绳并联，其与穿过两端浅凹槽的麻绳结系于棺盖顶面中部，纵横交叉的结合部盘结成圆形网格状，大部已残损。捆扎系结的麻绳上还散存几束散乱的麻绳，可能为用完后多出的部分随意扔在棺盖上。其外有一层竹片，纵向为主，横向间隔交叉叠压，仅存部分（图版一，2）。

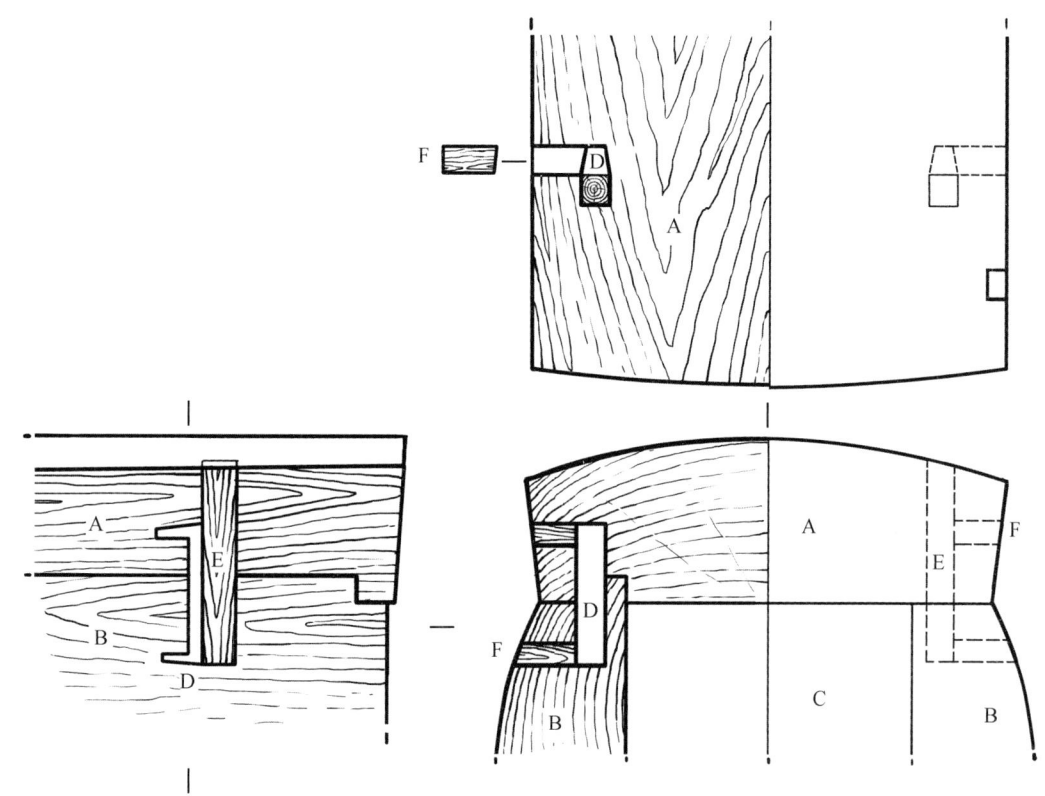

图九　M1内棺抓钉使用示意图
A.棺盖板　B.棺墙板　C.棺挡板　D.铜抓钉　E.竖木楔　F.横木楔

三、葬　式

内棺底有人骨架1具，仰身直肢葬式，长1.73米。头朝北，与墓道相反，面朝西，或因骨架漂动所致（图一〇A）。

骨架上残留有较多的腐烂丝织物。头骨至股骨间散见12件玉器，推测为服饰上的装饰品，后因衣物腐烂、骨架漂移而错位。

棺内底部有两副竹荐席，残长2.08、残宽0.88米。由残存的荐席观察为"人"字形编织，篾宽0.005、厚0.001米。推测为下葬时包裹尸体所用。

经湖北省文物考古研究所李天元先生鉴定：死者身长1.73米，男性，死亡年龄约36岁，墓主头骨与M2墓主头骨之间体质类型的同质性比较明显，都接近东亚人种华北类型。

第二节 随葬器物

一、随葬器物种类与数量

本墓的随葬器物共1254件（支），根据功能可分为祭器、乐器、燕器、兵器、工具、车马器、葬仪品、装饰品、杂器、竹简10大类（未计动、植物遗骸），而按照质地则可分为铜、木、竹、革、玉、石、料、苇、骨、麻10种（表四）。

表四 M1随葬器物种类与数量登记表 （单位：件）

	铜	木	竹	革	玉	石	料	苇	骨	麻	合计
祭器	17	6									23
乐器		31	40								71
燕器	1	33	15					1			50
兵器	74	10	4	2							90
工具	3										3
车马器	100	32							3		135
葬仪品		7	1								8
装饰品					12	1	3				16
杂器		813								1	814
竹简			44								44
合计	195	932	104	2	12	1	3	1	3	1	1254

1. 祭器

23件。分铜、木两类。

（1）铜器

17件。器类有鼎、敦、壶、盉、盘、匜、匕等。

（2）木器

6件。均为俎。

2. 乐器

71件。主体分木、竹两类。

（1）木器

31件。器类有悬鼓、瑟、瑟座、笙、雅、绕线棒（绕线棒也可能为兵器，即弋射之矰用线棒，下同）等。

（2）竹器

40件。均为绕线棒。

然而，绕线棒实为复合器，除主体为木或竹外，盛装棒的盒为革制，但已腐烂，仅存内外漆壳，线则为丝质。

3. 燕器

50件。分铜、木、竹、苇四类。

（1）铜器

仅1件。器盖。

（2）木器

33件。器类有豆、耳杯、盒、罐、案、扇、梳、器盖等。

（3）竹器

15件。器类有管、双联筒、笥等。

（4）苇编

仅1件。盒。

4. 兵器

90件。分铜、木、竹、革四类。

（1）铜器

74件。器类有剑、戈、镞等，此三类器实际均为复合器，其主体为铜质，附件如剑鞘、剑椟、戈柲为木质，镞杆为芦苇质。

（2）木器

10件。器类有弩、弓、矢箙、鞑等，其中弩为复合器，弩身为木质，弩机为铜质。

（3）竹器

4件。均为弓。

（4）革器

2件。器类有盾、人甲等。

5. 工具

3件。均为铜器。器类有削刀、刻刀等。

6. 车马器

135件。分铜、木、骨三类。

（1）铜器

100件。器类有车䡄、马衔、节约、环、方策、銙、套环等。

（2）木器

32件。器类有车伞、马镳、纛、橛、车舆构件等。

（3）骨器

3件。均为马镳。

7. 葬仪品

8件。分木、竹两类。

（1）木器

7件。器类有俑、片俑。

（2）竹器

仅1件。积竹木心幡杆。

8. 装饰品

16件。分玉、石、料三类。

（1）玉器

12件。器类有佩、璜、珩、璧、瑗、环、珠、管、条等。

（2）石器

仅1件。璧。

（3）料器

3件。均为珠。

9. 杂器

814件。分木、麻两类。

（1）木器

813件。器类有连板、圆饼、管、构件等。

（2）麻器

仅1件。麻团。

10. 竹简

44支。

二、随葬器物分布

本墓的随葬器物基本占满头箱、东边箱和内、外棺之间（内椁室），且分上下多层，不少因积水漂浮在室内表面及中间，重器则沉于底部，根据现状，头箱分为上、中、下三层，东边箱分为上、下两层；内棺内也有少量。位置不同，器物的类别也不同。

祭器基本出自头箱西半部，仅个别略偏东。其中木器出自上、中层，器类均为俎；铜器大部分出自下层，少量叠在中层，器类有鼎、敦、壶、盉、盘、匜、匕等。

乐器分别出自头箱、东边箱和内椁室，为木、竹类。出土时由于漂浮，部分器物脱散、侧翻，整理时拼合，故只能知其大体位置。其中悬鼓、瑟、瑟座、笙、雅均出自头箱，而绕线棒除大部分出自头箱东北部外，其余见于东边箱和内椁室北部。

燕器以木、竹器为主，大部分髹漆，仅个别铜器、苇编。除棺室外的头箱、东边箱、西边箱、内椁室均有分布，其中以头箱最多，共40件，唯一1件铜器和苇编即出自头箱；东边箱次之，有8件；西边箱、内椁室均仅出1件，分别为木耳杯、案，而耳杯可能为从头箱漂移出之物。头箱的木、竹器主要出自上、中层，器类有木豆、耳杯、盒、罐、几，竹双联筒、管、笥；东边箱木、竹器均出自上层，有木梳、扇、器盖，竹管、笥等。

兵器之铜器分别出自头箱、东边箱和内椁室，其中大件铜器如戈、剑等出自东边箱和内椁室，头箱、东边箱之镞分别出自同室的矢箙内。兵器之木、竹器分别出自头箱上、中、下层和东边箱上、下层，木、竹弓仅存弓背，弓弦已腐朽，且捆扎丝带腐朽，弓弣脱落散架。器类有木弩、弓、矢箙、韣和竹弓等。兵器之防御革器盾、人甲分别出自东边箱及内椁室，革胎及捆扎、穿连丝线已腐，仅存漆皮；甲片由于漂浮而散乱于棺外底部。

工具均为铜器，分别出自东边箱及内椁室，器类仅见刻刀、削刀。

车马器数量较多，均出自头箱及东边箱，其中以东边箱最多，有101件，头箱有34件，分铜、木、骨三种质地。木器因漂动移位，仅能知其大体位置，包括头箱东南部中、下层的木车伞、马镳、轙、軏，东边箱下层的木轙、车舆构件；铜器较多，散置于头箱下层和东边箱上、下层的多个部位，有马衔、方策、环、车軎、套环、节约、锸等；骨器仅3件马镳（一对半），其应与马衔配套，出自头箱下层中部。

葬仪品均为木、竹器，除1件竹幡杆外，均为木俑，其中俑由于漂浮分别出自头箱中层西南部、下层中部，片俑则出自东边箱下层中部。唯一1件竹幡杆则折断成三截置于头箱东部。

装饰品共16件，分别出自头箱、东边箱、内椁室及棺室，其中棺室内最多，达12件，分置于人骨架上部或侧边，有玉珠、璜、管、璧、佩、珩、瑗、环、条；头箱北端中部1件料珠，东边箱下层南端2件料珠，内椁室底部北端1件石璧。

杂件较多，除个别麻团外，均为木器，分别出自头箱、东边箱和内椁室，推测大多漂动移位、散落。头箱数量不多，散处于中、下层中、东部；东边箱仅1件木构件，漂于上层中部；内椁室数量较多，均为短木管，散于周边各处。

竹简堆放于东边箱上层中部（图一〇；表五）。

三、随葬器物的制作与装饰手法

如上所述，本墓随葬器物根据功能可分为10大类，不同功能内的单件器物大部分为单一质地，少部分为复合质地。一般情况下，相同质地的器物制作与装饰大体相近，不同质地器物的制作和装饰则有所不同；同时，器物的制作与装饰还与其功能有较为密切的关系。

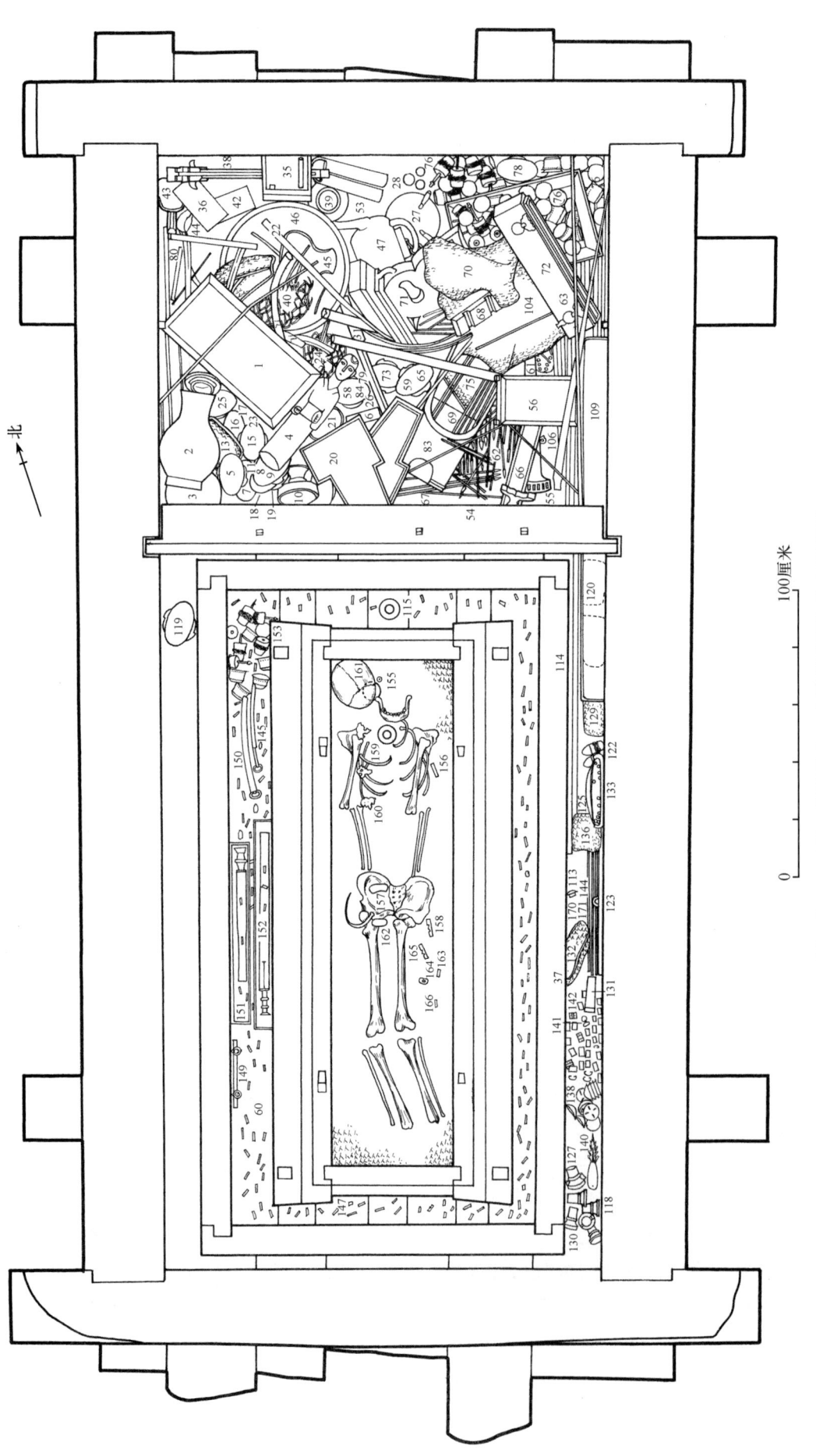

图一〇A　M1椁、棺室及上、中层随葬器物分布平面图

1、31、35、36、42、80. 木俎　2、3. 铜壶　4. 木俑　5、7～9、11、15～19、23、25、58、59、65、73、78、79、84、119. 木耳杯　6、10、21、26. 木豆　13、24、40、70、104、120、129、132、136. 竹筒　20、56、72. 木盒　22. 竹弓　27. 铜敦　28. 木圆饼　37. 木梳　38. 木弩　39. 木瑟　43、44. 铜匜　45. 铜匕　46. 铜盘　47. 铜盉　53. 竹双联筒　54、62、67、69、133. 木器盖　55. 木车伞　61. 木笙　63. 竹嘴杆　66. 木瑟座　68. 木连板　71. 木悬鼓　75. 木镦　83. 木矢服　106. 木輗　109. 木案　113. 木器盖　114. 木车舆构件　115. 石璧　118. 木车舆构件　123. 革盾　125. 木削刀　127. 铜车兽　130. 铜车兽　131. 竹管　138. 铜节约　140. 木扇　141. 铜奎环　142. 竹筒　144. 竹筒　145. 铜　147. 革人甲　149. 木案　150. 铜削刀　151、152. 铜剑　153. 木绕线棒　155. 木绕线棒　156、163. 玉环　157. 玉璜　158、165、166. 玉条　159. 玉瑗　160. 玉佩　161. 玉璧　162. 玉玗　164. 玉环　170. 木构件　171. 铜刻刀

0　　　　　　　　　　100厘米

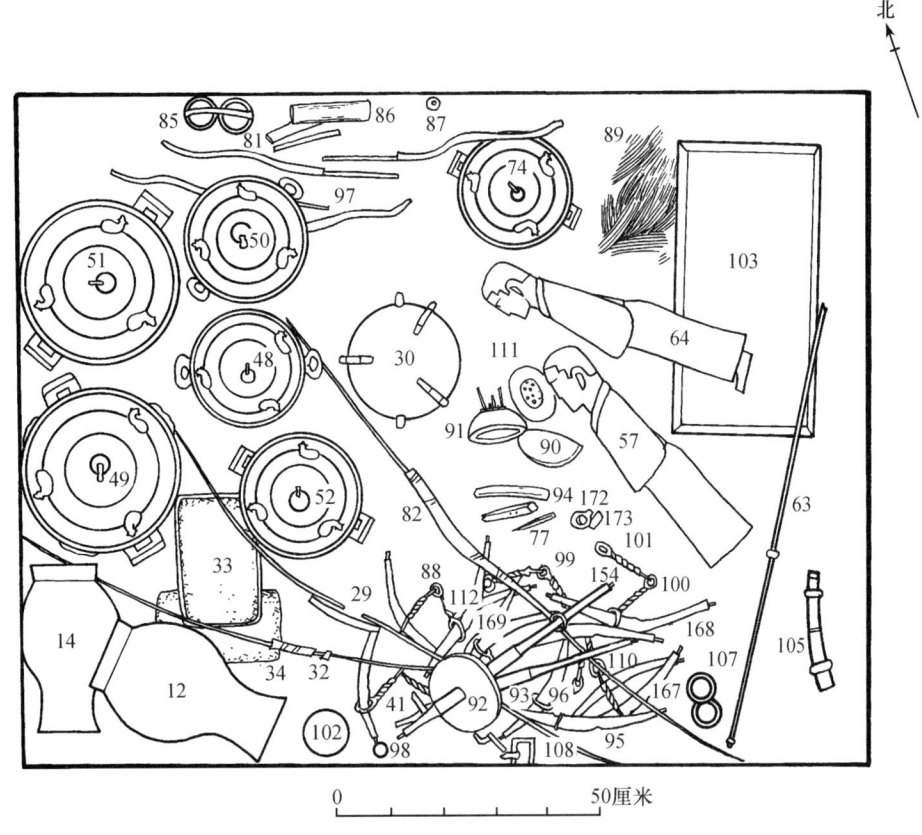

图一〇B M1头箱下层随葬器物分布平面图

12、14. 铜壶 29、82. 竹弓 30. 铜敦 32、81、97. 木弓 33、34. 竹筒 41、88、93、96、99、101、110. 铜马衔 48~52、74. 铜鼎 57、64. 木俑 63. 竹幡杆 77、94. 骨马镳 85. 竹双联筒 86. 竹管 87. 料珠 89. 麻团 90、91、111. 木蠹 92、154. 木橛 95、100、112、167~169. 木马镳 98、107. 铜环 102. 铜器盖 103. 木盒 105. 木雅 108. 铜方策 172、173. 木鞣

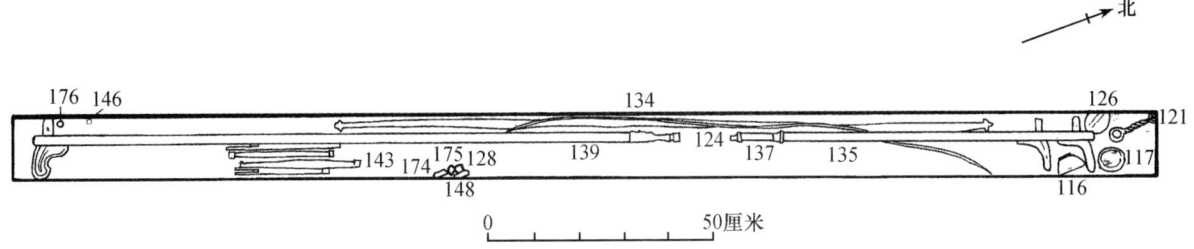

图一〇C M1东边箱下层随葬器物分布平面图

116、117、126. 木蠹 121. 铜马衔 124. 木弓 128、148、174、175. 木片俑 134. 竹弓 135、137、139. 铜戈 143. 木车舆构件 146、176. 料珠

（一）祭器

分铜、木两类。

表五　M1随葬器物分布情况登记表

室别	类别	质料	器名	件数	器号	出土位置
头箱（228）	祭器（23）	铜（17）	鼎（6）	2	48、52	下层中西部
				1	49	下层西端
				2	50、51	下层西部偏北
				1	74	下层北部偏东
			敦（2）	1	27	中层北部中间
				1	30	下层中部偏北
			壶（4）	1	2	上层西南角
				1	3	中层西南角
				2	12、14	下层西南角
			盉（1）	1	47	中层中北部
			盘（1）	1	46	中层西北部
			匜（1）	1	45	中层西北部
			匕（2）	2	43、44	中层西北角
		木（6）	俎（6）	1	1	上层中西部
				1	31	中层中部
				1	35	中层西北部
				3	36、42、80	中层西北角
	乐器（43）	木（5）	瑟（1）	1	109	中层东南角
			瑟座（1）	1	66	中层东南角
			悬鼓（1）	1	71	中层中部
			笙（1）	1	61	中层中东部
			雅（1）	1	105	下层东南部
		竹（38）	绕线棒（38）	38	76	上、中层东北部
	燕器（40）	木（28）	豆（4）	2	6、26	中层中南部
				1	10	中层南端偏西
				1	21	中层南部偏西
			耳杯（19）	12	5、7、8、9、11、15、16、17、18、19、23、25	中层西南角
				6	58、59、65、73、79、84	中层中部偏南
				1	78	中层东北部
			盒（4）	1	20	上层南端中部
				1	56	上层东南部
				1	72	上层东北部
				1	103	下层东北角
			罐（1）	1	39	中层北端偏西
		铜（1）	器盖（1）	1	102	下层南端偏西

续表

室别	类别	质料	器名	件数	器号	出土位置
头箱（228）	燕器（40）	竹（10）	双联筒（2）	1	53	中层北端偏西
				1	85	下层西北角
			管（1）	1	86	下层北端偏西
			笥（7）	1	13	中层西南角
				1	24	中层中西部
				2	33、34	下层西南角
				1	40	中层中部偏西北
				1	70	中层东北部
				1	104	中层中东部
		苇（1）	盒（1）	1	75	中层东南部
	兵器（77）	铜（66）	镞（66）	20	54	上、中层东南部
				2	62	上、中层东南部
				8	67	上、中层东南部
				36	69	上、中层东南部
		木（8）	弩（1）	1	38	中层西北部
			弓（3）	1	32	下层西南部
				2	81、97	下层西北部
			矢箙（1）	1	83	中层东南部
			韣（3）	1	106	中层东南角
				2	172、173	下层东南部
		竹（3）	弓（3）	1	22	上层西北部
				1	29	下层西南部
				1	82	下层中南部
	车马器（34）	铜（13）	马衔（7）	1	41	下层南端中部
				4	88、93、96、99	下层中南部
				2	101、110	下层东南部
			方策（2）	2	108	下层南端中部
			环（2）	2	98	下层南端中偏西
			环（2）	2	107	下层东南部
		木（18）	车伞（1）	1	55	中层东南部
			马镳（12）	4	95、167	下层南端偏东
				4	100、168	下层东南部
				4	112、169	下层中南部
			纛（3）	3	90、91、111	下层中部
			橛（2）	2	92、154	下层中南部
		骨（3）	马镳（3）	3（失1）	77、94	下层中部偏东

续表

室别	类别	质料	器名	件数	器号	出土位置
头箱（228）	葬仪品（4）	木（3）	俑（3）	1	4	中层西南部
				2	57、64	下层中东部
		竹（1）	幡杆（1）	1	63	上、下层东部
	装饰品（1）	料（1）	珠（1）	1	87	下层北端中部
	杂器（6）	木（5）	连板（1）	1	68	中层中东部
			圆饼（4）	4	28	中层北端中部
		麻（1）	麻团（1）	1	89	下层东北部
东边箱（173）	乐器（2）	竹（2）	绕线棒（2）	2	122	上层中北部
	燕器（8）	木（3）	器盖（1）	1	113	上层中部
			梳（1）	1	37	上层中部
			扇（1）	1	140	上层南端
		竹（5）	管（1）	1	131	上层中南部
			笴（4）	1	120	上层北端
				1	129	上层中北部
				1	132	上层中部
				1	136	上层中部偏北
	兵器（10）	铜（6）	戈（3）	2	135、137	下层中北部
				1	139	下层中南部
			镞（3）	3	133	上层中北部
		木（2）	矢箙（1）	1	125	上层中北部
			弓（1）	1	124	下层中部
		竹（1）	弓（1）	1	134	下层中部
		革（1）	盾（1）	1	123	上层中部
	工具（1）	铜（1）	刻刀（1）	1	171	上层中部
	车马器（101）	铜（87）	马衔（1）	1	121	下层北端
			车軎（6）	6	118、127、130	上层南端
			节约（12）	12	138	上层南端
			套环（1）	1	141	上层中南部
			锤（67）	67	142	上层南端
		木（14）	藁（3）	3	116、117、126	下层北端
			车舆构件（11）	4	114	下层北部
				7	143	下层南部
	葬仪品（4）	木（4）	片俑（4）	4	128、148、174、175	下层中南部
	装饰品（2）	料（2）	料珠（2）	2	146、176	下层南端
	杂器（1）	木（1）	构件（1）	1	170	上层中部
	竹简（44）	竹（44）	简（44）	44	144	上层中部

续表

室别	类别	质料	器名	件数	器号	出土位置
西边箱（1）	燕器（1）	木（1）	耳杯（1）	1	119	北部
内椁室（840）	乐器（26）	木（26）	绕线棒（26）	26	153	西室北部
	燕器（1）	木（1）	案（1）	1	149	西室南部
	兵器（3）	铜（2）	剑（2）	2	151、152	西室中部
		革（1）	人甲（1）	1	147	棺底
	工具（2）	铜（2）	削刀（2）	2	145、150	西室北部
	装饰品（1）	石（1）	璧（1）	1	115	北室中部
	杂器（807）	木（807）	管（807）	807	60	内椁室内
棺室（12）	装饰品（12）	玉（12）	珠（1）	1	155	北部头骨下
			璜（1）	1	157	中部盆骨下
			管（2）	1	156	北部左肱骨东
				1	163	中南部左股骨东
				1	159	北部胸前
			瑗（1）	1	160	中北部肋骨内
			佩（1）	1	161	北端头骨下
			璧（1）	1	162	中北部盆骨间
			珩（1）	1	164	中南部左股骨东
			环（1）	1	158	中南部盆骨东
			条（3）	1	165	中南部左股骨东
				1	166	南部左股骨东

1. 铜器

祭器之炊器鼎、食器敦、酒器壶及水器盉为分范铸造，器身一般为三块外范、一块内芯或加一块底范铸造而成，并有多种不同形状的铜质小垫片；附件如耳、足、钮、铺首、衔环等均为双范单独合铸后焊接到器身上。部分器物因先期铸造缺漏或使用过当导致破损后又重新补铸，留下了补铸的铜块。鼎盖体和匕前部则为内、外双范合铸，匕后部柄为双范加内芯合铸后焊接到匕前部上。而水器盘、匜器身为锻打而成，附件钮、环为双范合铸后铆接到器身上。铸造的浇冒口一般在底范与外范或双范的结合部，仅有少量在口、底部（表六）。

表六 M1铜祭器铸造工艺一览表

器名	器号	铸造技术	器体			附件	纹饰范	浇冒口	垫片	芯撑	加工痕迹	使用痕迹	备注
			外范	底范	内芯								
鼎	48	分铸焊接	3块	1块	1块	2块		沿部	壁有垫片		器表打磨	烟炱痕	
鼎	49	分铸焊接	3块	1块	1块	2块		沿部	壁有垫片		器表打磨	烟炱痕	
鼎	50	分铸焊接	3块	1块	1块	2块		沿部	壁有垫片		器表打磨		

续表

器名	器号	铸造技术	器体			附件	纹饰范	浇冒口	垫片	芯撑	加工痕迹	使用痕迹	备注
			外范	底范	内芯								
鼎	51	分铸焊接	3块	1块	1块	2块		沿部	壁有垫片		器表打磨		
鼎	52	分铸焊接	3块	1块	1块	2块		沿部	壁有垫片		器表打磨		
鼎	74	分铸焊接	3块	1块	1块	2块		沿部	壁有垫片		器表打磨		
敦	27	分铸焊接	3块		1块	2块		口沿	壁有垫片		器表打磨	烟炱痕	
敦	30	分铸焊接	3块		1块	2块		口沿	壁有垫片		器表打磨	烟炱痕	
壶	2	分铸焊接	3块	1块	1块	2块	2块	底部	壁有垫片	1个	器表打磨		
壶	3	分铸焊接	3块	1块	1块	2块	2块	底部	壁有垫片	1个	器表打磨		
壶	12	分铸焊接	3块	1块	1块	2块		底部	壁有垫片		器表打磨		
壶	14	分铸焊接	3块	1块	1块	2块		底部	壁有垫片		器表打磨		
盘	46	锻打铆焊				2块							
匜	45	锻打铆焊				2块							
盏	47	分铸焊接	3块	1块	1块	2块		沿部	壁有垫片		器表打磨		盖锻打焊接
匕	43	范铸焊接	4块		1块			柄部	壁有垫片		器表打磨		
匕	44	范铸焊接	4块		1块			柄部	壁有垫片		器表打磨		

器口或圈足及器物附件接口处多残留有铸砂，器物附件多以兽身或兽面造型，并饰有精致的纹饰，如鼎盖上之"卧牛"和"卧羊"钮身饰颗粒状卷云纹，盖中部有相背铺首衔环钮，鼎足上部多为抽象兽面，敦有立鸟形钮、足，盉之流嘴因形饰纹。器物之器身为素面或饰弦纹。

2. 木器

均为俎。以木板、木或竹棒斫削，并削、凿出榫头、卯眼结合。

（二）乐器

木、竹制。采用斫削、雕刻、掏挖等手法制作整体或部件，部件之间的结合方法为榫卯套接和生漆粘接，部分附件采用槽嵌、钻孔等方法；绕线棒配以革套，其为皮革热烤并缝合而成。器表均髹漆。全为素面。

（三）燕器

分铜、木、竹、苇四类。

1. 铜器

仅1件器盖，内外双范合铸，浇冒口在口沿部位。

2. 木器

绝大多数保存较好，胎骨基本上是圆木、木板斫削、剜凿、掏挖三种，其部件之间的结合方法为榫卯套接。部分器物如56号木盒、39号罐等均为剜凿而成，部分器物如豆、案等则以榫卯套接，有的器物如耳杯则是身、耳以生漆粘接。纹饰表现方法主要是彩绘，彩绘多半是以黑漆为地，再以红、黄、白彩描绘图案，既有完整的构图，如木盒上的双龙图案，也有绚索、圆圈、点纹、目纹等。

3. 竹器

用节竹和竹篾片制成。节竹制作器物为双联筒、管，一般采用斫削方法。竹篾片编织筒，篾片宽窄视器类及用途的不同有所区别，最宽的篾片如菱形纹竹笥，宽0.3厘米，最窄的篾片如个别彩绘竹笥，篾宽仅0.2厘米。其编织方法主要为斜纹编织法，如人字纹、多角空花、方格十字纹、回纹等；口沿部位一周则用宽竹片间隔篾条捆扎加固。少量髹黑漆。

4. 苇编

仅1件盒，以芦苇条编织而成。

（四）兵器

分铜、木、竹、革四类。

1. 铜器

多为复合体。器身青铜质，柲为木质，镞杆芦苇质，断面有圆形、扁圆形、弧三角形，器表髹漆；还有部分附件如镈、鞘及椟等。

器身及镈的铸造方法多数是两范相合，少量三范结合，均一次铸成（表七）。鞘采用斫削后生漆粘接；木剑椟采用斫削、浮雕方法制作，器多为素面，少数部件铸凤纹（戈），戈镈上铸精致的鹰身虎首和饰重环纹、三角卷云纹，剑镈、格上饰云纹、圆圈纹，套木柄中镶绿松石镈；椟盖、壁饰谷纹。

2. 木器

木质类兵器绝大多数保存较好，胎骨基本上是木板斫削，个别为整木剜凿，如䤵，或为二者结合。有些器物如弓用木片斫削、叠压对接后以丝线、藤条缠绕固结；有些器物如箭箙用木板斫削扣合以生漆粘接；有些器物如弩为木部件斫削、剜凿后套合。部分器物如弩髹黑漆地红漆块状纹；弩箭槽内壁满髹红漆；手柄有黑漆地红漆环带纹；铜套双面彩绘变形龙纹，顶面彩绘前双后单"S"纹；矢箙黑漆地红、黄彩绘"S"纹、绚索纹、波折纹、卷云纹、圆圈纹、变形凤鸟纹、变形蟠螭纹、多重水滴纹、多重圆圈纹、横"8"字纹等。

表七　M1铜兵器铸造工艺一览表

器名	器号	铸造技术	器体			附件	纹饰范	浇冒口	垫片	芯撑	加工痕迹
			外范	底范	内芯						
戈	135	范铸法	2块					不详		5块	器表打磨
戈	139	范铸法	2块					不详		5块	器表打磨
戈	137	范铸法	2块					不详		4块	器表打磨
剑	151	范铸法	3块					不详			器表打磨
剑	152	范铸法	3块					不详			器表打磨
镞	54	范铸法	2块					铤尾部			器表打磨
镞	62	范铸法	3块					铤尾部			器表打磨
镞	67	范铸法	2块					铤尾部			器表打磨
镞	69	范铸法	2块					铤尾部			器表打磨
镞	133	范铸法	2块					銎尾部		1块	器表打磨
弩机	38	范铸法	2块					不详			

3. 竹器

均为弓。以一或两根竹片斫削而成，中部或直接或加木块斫削的弓弣以丝带捆扎。有的两端套铜双范合铸或竹片斫削、剜凿的弓弭。均素面。有的器表髹黑漆。

4. 革器

仅见盾与人甲。主体以皮革裁剪穿孔后捆扎而成，器表均髹漆。革芯均腐烂，仅存漆壳。其中盾为复合器，有木条斫削柄。均素面。

（五）工具

3件，主体为铜器，实为铜、木或革复合器，即体为铜铸，柄为木制，鞘为革制。

铜器的铸造方法中，削刀刀身、环首分别铸造，且各双范合铸（表八）。M1：150带革鞘，胎已腐，残剩漆膜，髹黑漆地，以红、黄、蓝三色彩绘纹饰，口部一周绚索纹，一面为二方连续菱形纹，一面为一段红色块状接二方连续三角卷云纹。

刻刀双范相合，一次铸成。脊上有三道凸棱，凸棱两侧铸阳文"王"和"V"字符。木柄削制，刀与柄衔接处用四道丝绳捆绑固定。

表八　M1铜工具铸造工艺一览表

器名	器号	铸造技术	器体			附件	纹饰范	浇冒口	垫片	芯撑	加工痕迹
			外范	底范	内芯						
削刀	145	分范合铸	2块					不详			器表打磨
削刀	150	分范合铸	2块								器表打磨
刻刀	171	分范合铸	2块					不详			器表打磨

（六）车马器

分铜、木、骨三类。

1. 铜器

其铸造方法有范铸、锻打、焊接、铆接四种。部分器物为双范相合，一次铸成；马衔为一节整体及另一节杆、大环分范合铸，浇冒口在大环顶端；然后再套到一小环范内铸接到一起。其余或双范合铸，或双范加一内芯铸造，或直接锻打，或锻打加焊接、铆接而成（表九）。均素面无纹。

表九　M1铜车马器铸造工艺一览表

器名	器号	铸造技术	器体			附件	纹饰范	浇冒口	垫片	芯撑	加工痕迹
			外范	底范	内芯						
车䡇	118、127、130	分范合铸	2块		1块	2块		不详		2块	器表打磨
马衔	41、88、93、96、99、101、110、121	分范合铸	2块					环顶部			器表打磨
节约	138	锻打焊接									器表打磨
环	107	合铸法	2块					环侧面			器表打磨
环	98	合铸法	2块					环侧面			器表打磨
铜䤻	142	锻打									
套环	141	分范合铸	2块					不详			器表打磨
方策	108	分范合铸	2块					不详			器表打磨

2. 木器

绝大多数保存较好，胎骨基本上采用圆木、方木、木板斫削、凿、挖、钻而成，其部件之间的结合方法为榫卯套接，或加铜箍固结，部分器物榫头套帽。个别器物局部髹黑漆。橛附件之革胎腐烂，仅存漆皮，黑地，黄、绿、红三色绘凤鸟、三角卷云纹，间相向"C"形卷云、点纹。

3. 骨器

仅3件马镳，为兽骨斫削加钻孔制成。

（七）葬仪品

分木、竹两类。

1. 木器

全为俑，一种为具象的人俑，用圆木斫削、雕刻成人身，四肢钻凿榫卯与人身扣接而成。黑彩绘出头发、脚面。深衣髹黑漆地，以红、白、黄三色绘制领、袖、腰带及服饰的纹饰，包括凤鸟纹、鹿纹、树木纹、圆圈套点纹、圆圈纹、波折纹、条纹、涡纹、雷纹、"囚"纹、"人"纹、"×"纹等。片俑以木片直接斫削而成，素面无纹。

2. 竹器

仅1件幡杆，实际为复合器，细木棒斫削为心，外用斫削的细竹条并排捆扎成一周。间隔穿四个圆木箍。上、下部髹红、黑漆。

（八）装饰品

分玉、石、料三类。

玉、石的制作工序有制坯、打磨、透雕、线刻、钻孔五种，其形状有扁圆形、圆形、椭圆形、扇形、条形。部分器物透雕双龙戏珠及附双角兽图案，部分器物浅刻谷纹、卷云纹、斜线纹、网格纹、双弧线纹、波浪纹等。

料器陶胎圆形，有穿孔。壁面有8个圆孔，1件内镶蓝色琉璃块，琉璃外饰同心圆重圈纹，2件器表饰绿彩，已脱落。

（九）杂器

分木、麻两类。

1. 木器

以木板、棒斫削、钻凿而成，有的以竹条穿连。均素面。少量髹红漆。

2. 麻器

以麻线搓成粗绳状，再缠绕成团。

（十）竹简

以竹杆截断后斫削成细条状，有的修削契口，经烘干后，以毛笔在正面书写文字，再以线绳编连。

四、随葬器物分述

（一）祭器

23件。分铜、木两类。

1. 铜器

17件。器类有鼎、敦、壶、盉、盘、匜、匕。

鼎　6件。均出自头箱西半部。形制相近，大小有别。子口内敛，附耳，折肩外弧，微鼓腹，圜底近平，细高兽蹄足；承浅弧盘状盖，盖顶弓形钮衔环，盖周三卧兽钮。中腹、盖身分饰一、二周凸弦纹。器身三块外范、一块圆形底范、一块内芯，盖、体口沿有浇冒口，身有补铸痕迹；器物胎厚用活芯铜垫片控制，耳、足两块外范分铸后，焊接于腹上；附耳、足残留有铸砂；盖钮为两块外范合铸后与盖焊接，器表经加工打磨。鼎内均盛装兽骨（表一○、表一一）。按照耳、足的不同可分为二型。

表一○　M1铜鼎登记表

器号	尺寸（厘米）							重量（千克）
	口径	腹径	腹深	足高	耳宽	耳高	通高	
48	17.5	21.2	12.2	13.5	4.3	5.9	22.5	2.15
49	27.5	31.2	17.7	21	6.3	10.5	34.2	5.45
50	17.5	20.8	12.2	13.2	4.4	5.7	23	2.1
51	27.5	31.4	17.7	19.5	6.3	9.9	32	5.2
52	22.6	26.2	13.9	18	5.2	9.2	29.8	3.35
74	22	25.5	13.9	18.1	5.1	9	29.8	3.6

表一一　M1铜鼎盛食类别登记表

器号		鼎食	备注
48	羊1	左桡骨远端骺1（与50号鼎内桡骨可拼）；尺骨1（尺骨头骺脱落失，小头段失）；枢椎1；脊椎8节	
49	牛1	肱骨1；髋骨1；肋骨8根	杏核1
50	羊1	左桡骨1（远端骨骺脱失，与48号鼎内桡骨可拼）；寰椎1；脊椎5节；肋骨10根；髋骨1（残断）	
51	猪2	寰椎1；脊椎4节；肋骨26根；肱骨3（左2右1，近端骺脱失）；枢椎16节；股骨近端骨骺2块	
52	羊1	左髋骨1	
	牛1	肋骨1；近端9段，远端6段（有整齐的砍断痕迹）	
74	牛1	肋骨1；近端2段，远端2段；12根甚残（无法鉴别部位）	杏核1

A型　4件。长方形耳。足体横断面为六棱形。按照足的变化可分为二式。

Ⅰ式　2件。M1：49、M1：51，足稍短粗。M1：49，口径27.5、腹径31.2、足高21、通高34.2厘米，重5.45千克。内装牛骨（彩版二，1；图版二）。M1：51，口径27.5、腹径31.4、足高19.5、通高32厘米，重5.2千克。内盛猪骨（图一一，2；彩版二，2；图版三）。

Ⅱ式　2件。M1：52、M1：74，足稍长细。M1：52，口径22.6、腹径26.2、足高18、通高29.8厘米，重3.35千克。内装牛、羊骨（图一一，3；彩版三，1；图版四）。M1：74，口径22、腹径25.5、足高18.1、通高29.8厘米，重3.6千克。内装牛骨（彩版三，2；图版五）。

B型　2件。M1：48、M1：50，大小基本相同。环耳，足横断面圆形。M1：48，口径17.5、腹径21.2、足高13.5、通高22.5厘米，重2.15千克。内装羊骨（彩版四，1；图版六）。M1：50，口径17.5、腹径20.8、足高13.2、通高23厘米，重2.1千克。内装羊骨（图一一，1；彩版四，2；图版七）。

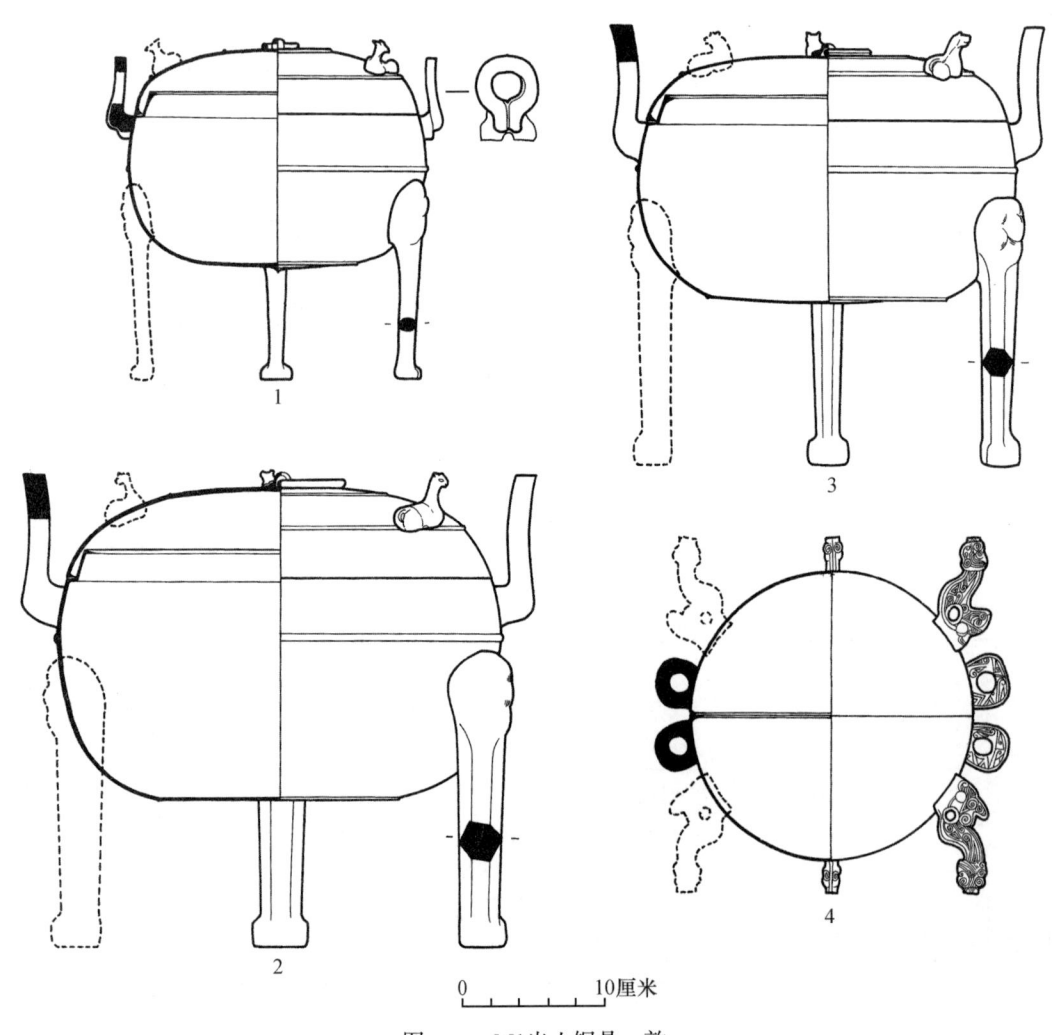

图一一　M1出土铜鼎、敦

1. B型鼎（M1：50）　2. A型Ⅰ式鼎（M1：51）　3. A型Ⅱ式鼎（M1：52）　4. 敦（M1：27）

敦　2件。M1∶27、M1∶30，形制、大小相同。由盖、身各半扣合而成，盖、身同大，合体呈圆球体。半身敞口，口内侧内敛，弧腹内收，凸圜底，口外侧对称双环耳，盖、身各有三个立鸟形钮、足。盖、身各三块外范、一块内芯合铸，器物胎厚用活芯铜垫片控制，口沿有浇冒口，身有补铸痕迹；环耳、钮各分范合铸后焊接于腹中，器表经加工打磨。环耳饰三角勾连云纹；钮、足浮雕呈立鸟形，满饰三角、圆圈、卷云纹。M1∶27，口径19.5、腹深9.6、通高24.2厘米，重2.2千克（图一一，4；彩版五，1；图版八，1~3）。M1∶30，口径19.5、腹深9.6、通高24厘米，重2.2千克（彩版五，2；图版八，4~6）。

壶　4件。侈口，口沿内侧一周内敛，长颈微束，溜肩，圆鼓腹，平底，高圈足微撇，肩部有对称铺首衔环；承子口浅弧盘状盖，盖周鸟喙钮。壶身、圈足三块外范，腹、圈足各一块内芯，底一块底范合铸，器物胎厚用活芯铜垫片控制，浇冒口在圈足沿上，身有补铸痕迹；铺首衔环双范合铸后与腹身焊接，盖钮范夹在盖范内一次铸成，器表经加工打磨。圈足内壁及盖内残存泥芯。素面。按颈、铺首、盖的不同分二型。

A型　2件。M1∶2、M1∶12，形制、大小基本相同。颈稍粗，铺首两角尖凸，盖较浅，盖顶近平，盖周四鸟喙钮。M1∶2，口径11、腹径23.2、底径14.4、通高36.1厘米，重2.8千克（图一二，1；彩版六，1；图版九）。M1∶12，口径10.7、腹径22.1、底径15.2、通高37厘米，重2.95千克（彩版六，2；图版一〇）。

B型　2件。M1∶3、M1∶14，形制、大小相同。颈稍细，铺首两角弧卷，盖较深，盖顶圆凸，盖周三鸟喙钮。M1∶3，口径10.8、腹径23.2、底径14.2、通高36厘米，重2.9千克（图一二，2；彩版六，3；图版一一）。M1∶14，口径11、腹径23、底径15、通高36厘米，重2.6千克（彩版六，4；图版一二）。

盉　1件。M1∶47，直口微敛，圆肩，上腹鼓，下腹弧收，平底，三兽面蹄足，足横断面呈六棱形。腹侧外伸虎首流，肩部有弓形提梁；浅折盘状平顶盖，盖顶中心弓形钮套环，外环直接套在提梁上。素面。身三块外范，腹一块内芯、底一块底范合铸，器物胎厚用活芯铜垫片控制，浇冒口在口沿上，身有补铸痕迹；提梁、流双范合铸后铆接于球腹内；三蹄足分范合铸焊接于腹内。流内保存泥芯。环分范合铸，然后再套到一环范内铸接到一起，器表经加工打磨。口径10、腹径19.6、底径11、足高12.9、通高27厘米，重2.25千克（图一二，5；彩版七；图版一三）。

盘　1件。M1∶46，大敞口，宽折沿上仰，上壁斜直，下壁内折斜收，大平底。上壁中部有对称铺首衔环。器身锻打而成；铺首衔环双范合铸，铆焊于壁内。素面。口径42.3、底径22.6、高10.5厘米，重1.45千克（图一二，6；彩版八，1；图版一四，4~6）。

匜　1件。M1∶45，匜口平面椭圆形，敛口，弧腹，平底，尾部有圆钮衔环，前有长方形流，前端上翘，中部微束。匜身锻打而成；圆钮衔环分范铸造后铆接于壁内。素面。口长径22.9、短径17、底径10.6、流长9.1、流口宽6.2、通高9.6厘米，重0.43千克（图一二，4；彩版八，2；图版一四，1~3）。

匕　2件。M1∶43、M1∶44，形制、大小相同。匕身铜质，簸箕形，前部外弧，两角

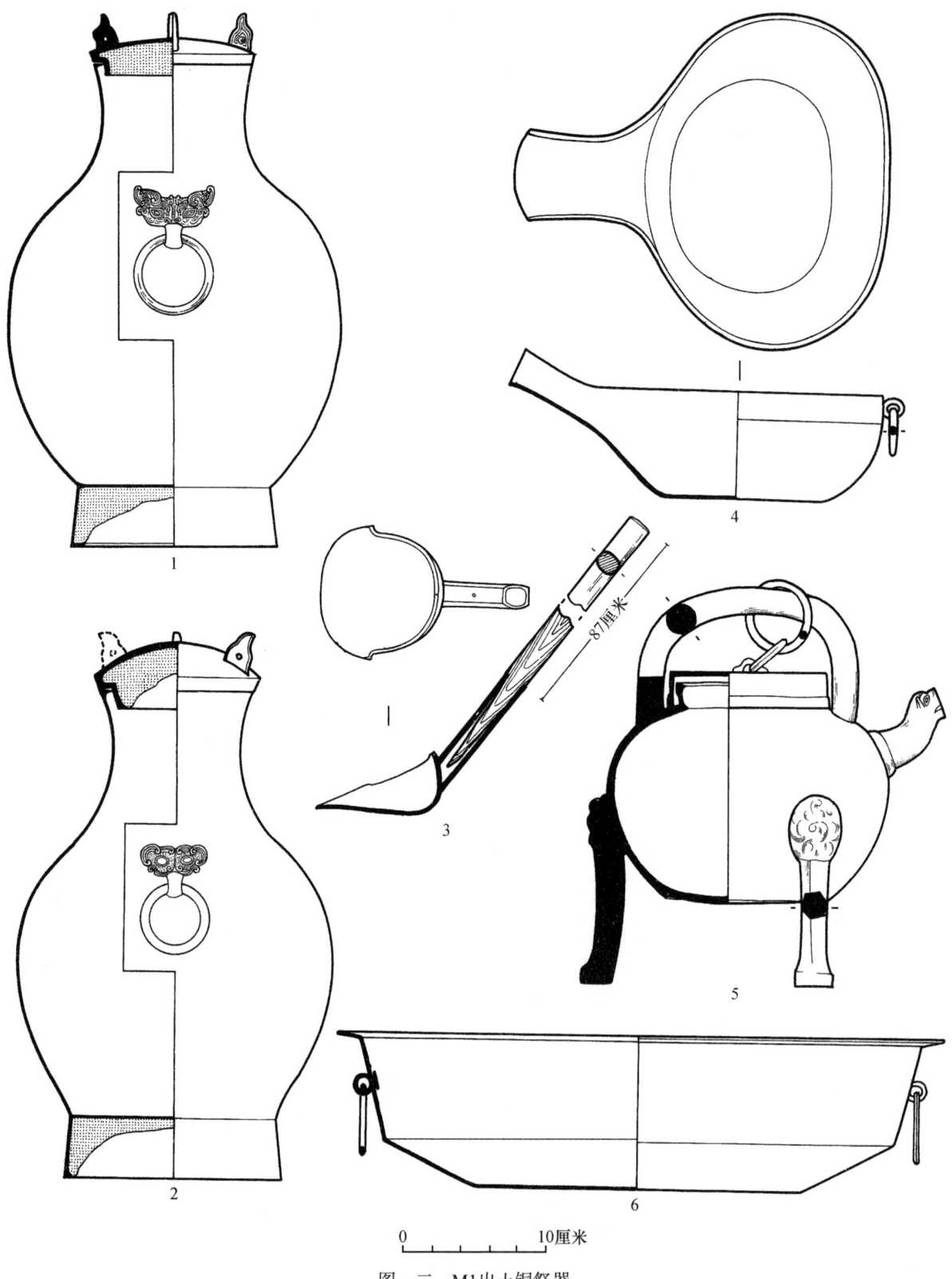

图一二　M1出土铜祭器

1. A型壶（M1:2）　2. B型壶（M1:3）　3. 匕（M1:43）　4. 匜（M1:45）　5. 盉（M1:47）　6. 盘（M1:46）

微翘，后部上弧收；后部外接窄六棱形空柄，柄面中部有一圆形穿孔，径0.2厘米。前部匕身内外双范合铸，后部柄双范合铸，柄身焊接。套木质长柄，截面椭圆形，柄上髹黑漆。M1：43，柄长87、匕最长14.6、最宽9.2厘米，重0.171千克（图一二，3；彩版八，3）。M1：44，柄长92.5、匕最长16、匕宽9.8、通长100.8厘米，重0.17千克（彩版八，4）。

2. 木器

6件，均出自头箱中、西部。器类为俎。木制或竹、木合制。木板砍斫，以榫卯结合。面板木制，长方形，侧面自中部斜削内收，断面近倒盝顶形，四角底面凿半深小长方形卯孔，有四木或竹制足，足上端直接或出榫头套接于面板卯孔内。通体髹黑漆。素面。根据形体大小和足底有无横衬的不同可分二型（表一二）。

A型　2件。M1：1、M1：31，形体较大。短面两足出榫头各接一横衬，横衬上两长边角斜削致断面呈不对称六边形；足上粗下细，横断面呈六或八边形。M1：1，面长55.4、宽25.9、厚4.7、通高22.7厘米（图一三，1）。M1：31，面板两端较中部厚。面长68、宽27.2、两端厚4.6、中部厚2.3、通高23.2厘米（图一三，2）。

B型　4件。M1：35、M1：36、M1：42、M1：80，形体较小，足略残，足底无横衬。M1：35，足上段略粗于下段，横断面六边形。面长37.7、宽18.7、厚4.6、通高21.7厘米（图一四，1）。M1：36，足为扁竹片制成。面长39.2、宽20、厚4、通高22厘米（图一四，2）。

表一二　M1木俎尺寸登记表　　　　（单位：厘米）

分型	器号	面板			通高
		长	宽	厚	
A型	1	55.4	25.9	4.7	22.7
	31	68	27.2	2.3～4.6	23.2
B型	35	37.7	18.7	4.6	21.7
	36	39.2	20	4	22
	42	20.5	9.2	2.2	16.5（残）
	80	19.2	8.3	2.3	7.6（残）

（二）乐器

71件。主体分木、竹两类。

1. 木器

31件。器类有悬鼓、瑟、瑟座、笙、雅、绕线棒等。

悬鼓　1件。M1：71，出自头箱中部。由木座和鼓组成，鼓出土时略有漂移。座分为上、下两部分，下部为长方形底座，上部器身为整木斫削、透雕而成，正视呈方形，图案为双龙衔

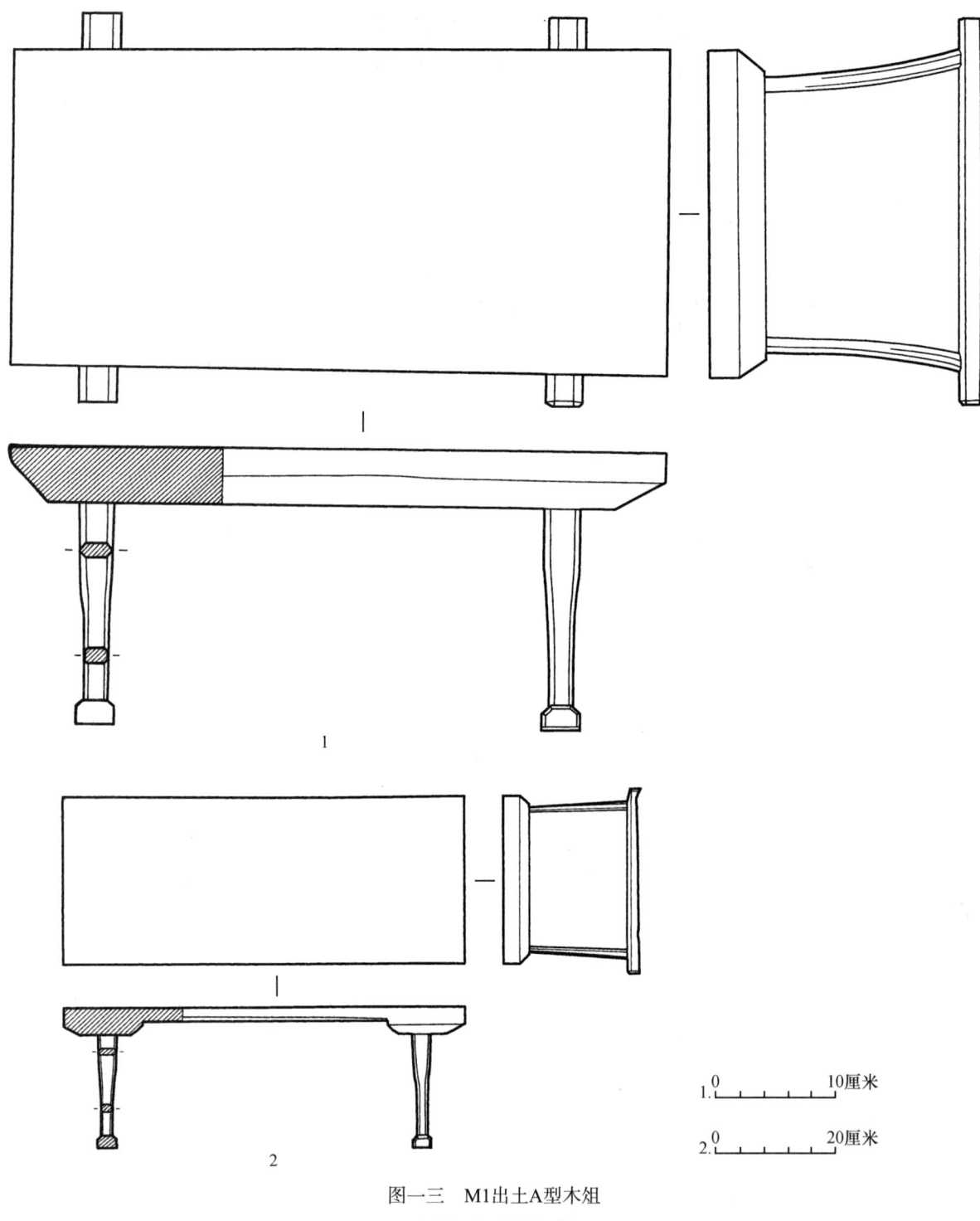

图一三 M1出土A型木俎
1. M1∶1 2. M1∶31

一蛇，二龙分体，仰首相向，下蹲底座，左右对称；二龙嘴衔、爪抓蛇身，蛇身盘曲呈"Ω"形。龙首圆目、卷鼻、桃形耳，龙身、蛇身起双棱脊，龙足三爪，蛇身前后各有双足，足三爪。顶面凹弧成半圆弧形，弧圆下部各有一长方形卯眼，长1、宽0.8厘米。鼓为象征性明器，圆形，两端为两个半圆形木条合叠成的圆形鼓框，靠内侧凿出六个相对卯眼，用两个细圆木

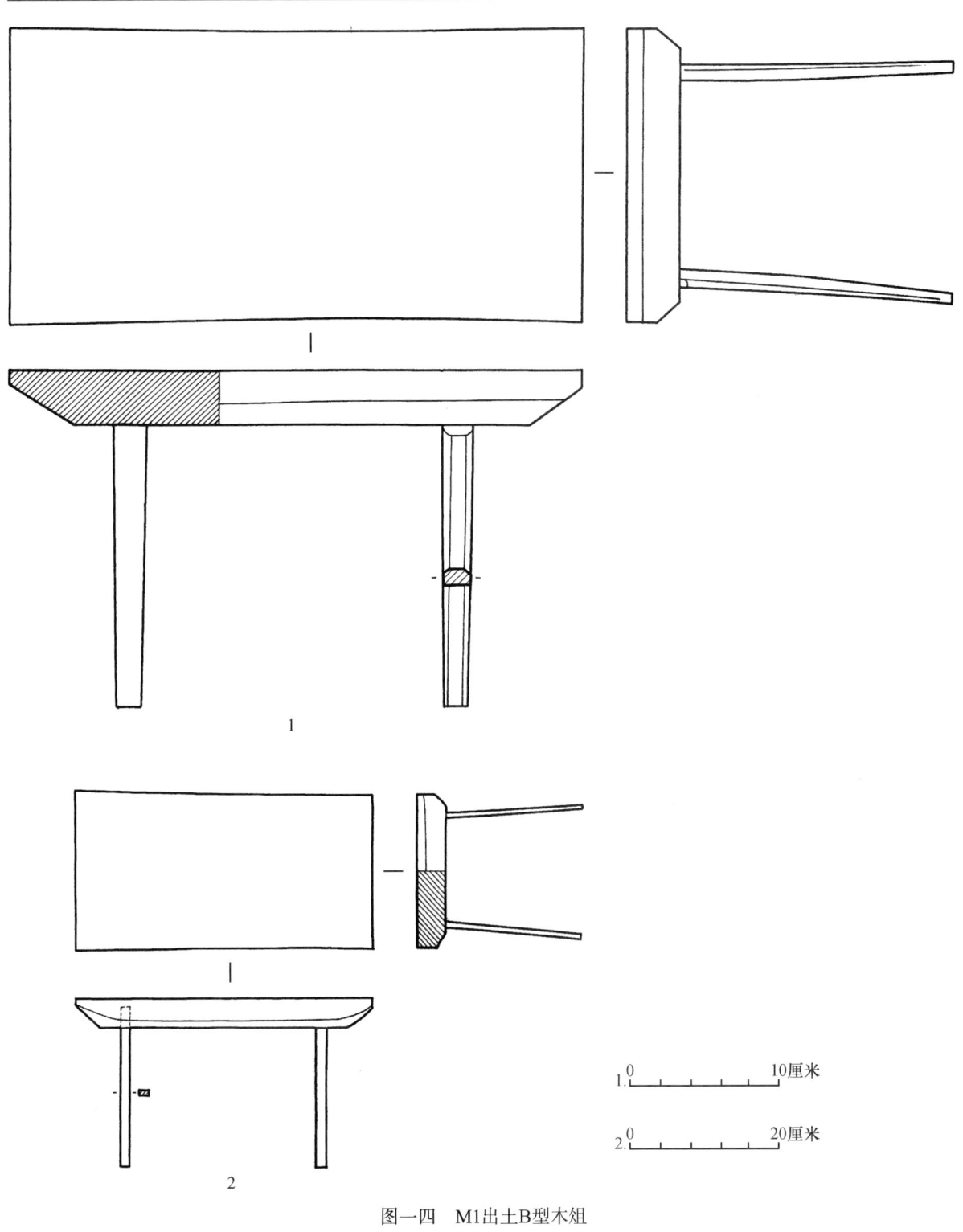

图一四　M1出土B型木俎
1. M1∶35　2. M1∶36

棒相并后通过两端的榫头套接而成。一面框外以生漆粘接蒙皮，以宽0.5厘米的皮革条采用经纬方式编织成"十"字纹。鼓座连接方式推测为通过座顶梁两侧的卯眼架起支柱，柱顶各以线连接鼓框，鼓框下端再穿线系于座顶梁中部，以三点固定悬鼓。座及鼓皮髹黑漆。复原后的鼓及座通高84.6、鼓径42、鼓高42.6、座架通高51.2、宽52.8、底座厚7厘米（图一五；图版一五，1）。

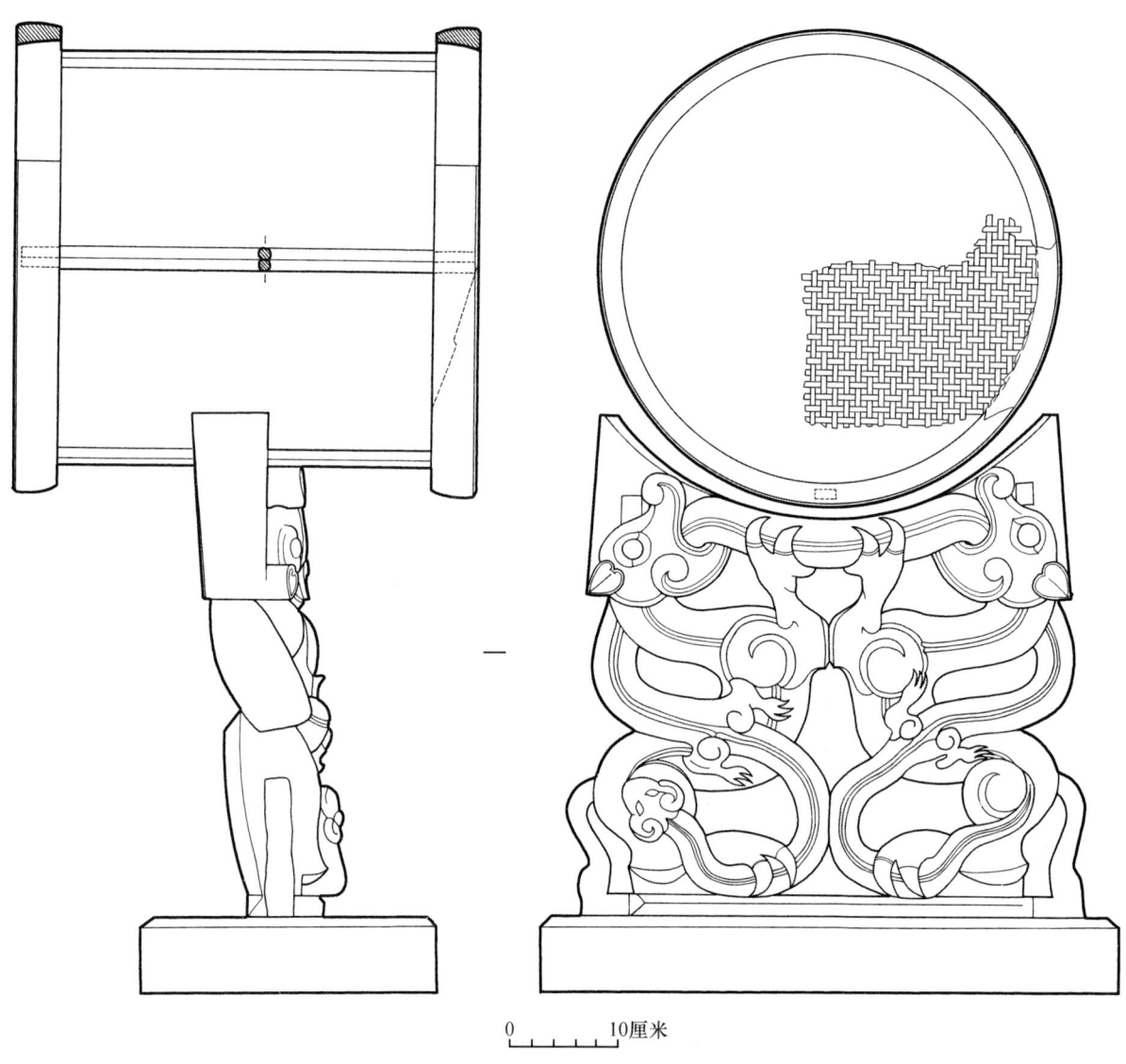

图一五　M1出土木悬鼓（M1∶71）

瑟　1件。M1∶109，出自头箱东南角。木质长方体，由整木各自斫削、掏挖制作的面板、底板、侧板、挡板拼接而成，尾部略弧收。面板由两侧向中部略弧凸，首端刻一横向浅槽嵌入下方上圆的硬木条（首岳），木条两侧与面板平齐，通长40.8、宽0.8厘米，外侧并列25弦孔，孔径0.3厘米；近尾端横向分三段刻浅槽，两侧浅槽平行相对，中段浅槽略外移，槽内嵌入下方上圆的硬木条（尾岳），两侧尾岳及中段尾岳分别长13.2、14.4厘米，宽0.8厘米，外侧各穿9、8、8弦孔，两侧木条也与面板平齐；弦孔外侧分别有1、2、1个共4个小方孔，孔内插蘑菇状瑟枘。枘帽长方形，浮雕卷云状；枘身方柱状，下部略细，上部略粗。首端挡板垂直压在面板下，外缘与面板外缘平齐；横断面呈长方形，挡板顶部与面板拱形弧度一致。尾端挡板压在面板下，外壁由上部及两侧往中间弧突；横断面近曲尺状，顶面与面板拱形弧度一致，前端尖凸，往后逐渐加厚，前部有与面板重合的四个方形枘孔；底沿面正中嵌一过弦槽，过弦槽由一长方形木块掏挖，中部有四个深浅不一的齿状壕，其木质较瑟体坚硬。两块侧板垂直贴于面板、挡板外侧，长条形，外壁由上下侧向中间弧凸，两端与面板岳山槽对应各有一个承岳山的凹槽，首、尾岳端部正好嵌放其内。底板压在首、尾端挡板下，卡于两侧板内，长方形板。两端各有一椭圆形越。各块板间以竹销钉连接。内空瑟体即共鸣箱。瑟体满髹黑漆。尾端面板、尾端挡板上残存四束丝线痕被引至过弦槽内，首、尾岳及木枘上也留有弦痕。瑟体通长112.8、宽38.8、厚9.2厘米（图一六，1；图版一五，2）。有瑟柱8枚，M1:109-1~8，均木质，大小略异，尖顶拱形，柱顶端正中刻有承弦凹槽，柱之两足一宽厚，一窄薄。最大者宽4、高2.1厘米，最小者宽2.7、高1.8厘米（图一六，3；表一三）。拨片1枚，M1:109-9，稍残，长方形，中间微束，一端厚，一端薄。长5.8、宽1.8、最厚0.4厘米（图一六，2）。

表一三　M1木瑟柱尺寸登记表　　　　　　　　　　（单位：厘米）

器号	上槽宽	下宽	厚	高
109-1	0.1	4	0.6~1	2.1
109-2	0.12	3	0.4~0.6	2.3
109-3	0.1	3.2	0.7~0.9	2.4
109-4	0.11	2.7	0.7~1	1.8
109-5	0.12	3.7	0.6~1	2.6
109-6	0.12	3.2	0.7~1	1.8
109-7	0.11	3.7	0.6~0.9	2.2
109-8	0.12	3.6	0.6~1.1	2.1

瑟座　1件。M1:66，出自头箱东南角。由斫削的面板、足、支座组成。面板窄长方形，用整块木板斫削而成，两端厚，中部薄，两端中部各凿一个长方形卯眼；足束腰杯形，截面方形，上、下两端出榫头，与面板、支座卯眼插接；支座呈"人"形，两端着地，中部悬空，顶部凿方形卯眼与足榫头相接。器表满髹黑漆。面板长70.6、宽7.2、厚1.2~2.4、通高13.2厘米（图一六，4；图版一五，3）。

笙　1件。M1:61，出自头箱中东部，出土时已散开。残甚。由斗、苗管组成。斗为木质，形似葫芦，腹扁圆，中空，由斗体和吹管组成。斗体一般由斫削、掏挖形成口腹部与底部粘接而成。口呈短筒状，下部略向外弧扩与腹部连为一体，上套吹管。腹部由两侧各半副凹弧体对接，每半副腹壁上下两排各残存8个圆孔（复原应为10个），弧体对接后形成前后透穿整个腹部的20根苗管插孔，两排圆孔分呈上、下弧形排列。斗体口部接吹管，吹管已失。苗管仅残存2根，折断严重，芦竹质，细管状，直体，中空。簧孔情况不明。斗体复原高9、口径4.6、腹径10.4、底径5.2厘米（图一七，1）。

雅　1件。M1:105，出自头箱东南部。保存较好。整木挖成，弯角形，直端粗，弯端细，中空透穿，截面扁圆形。两端及中部各有一宽凹槽，两端凹槽内侧各有一算珠形宽凸箍。《周礼注疏》卷二四："笙师掌教歗（吹）竽、笙、埙、籥、箫、篪、笛、管、舂牍、应、雅，以教祴乐。"郑司农云："雅，状如漆筒而弇口，大二围，长五尺六寸，以羊韦鞔之，有

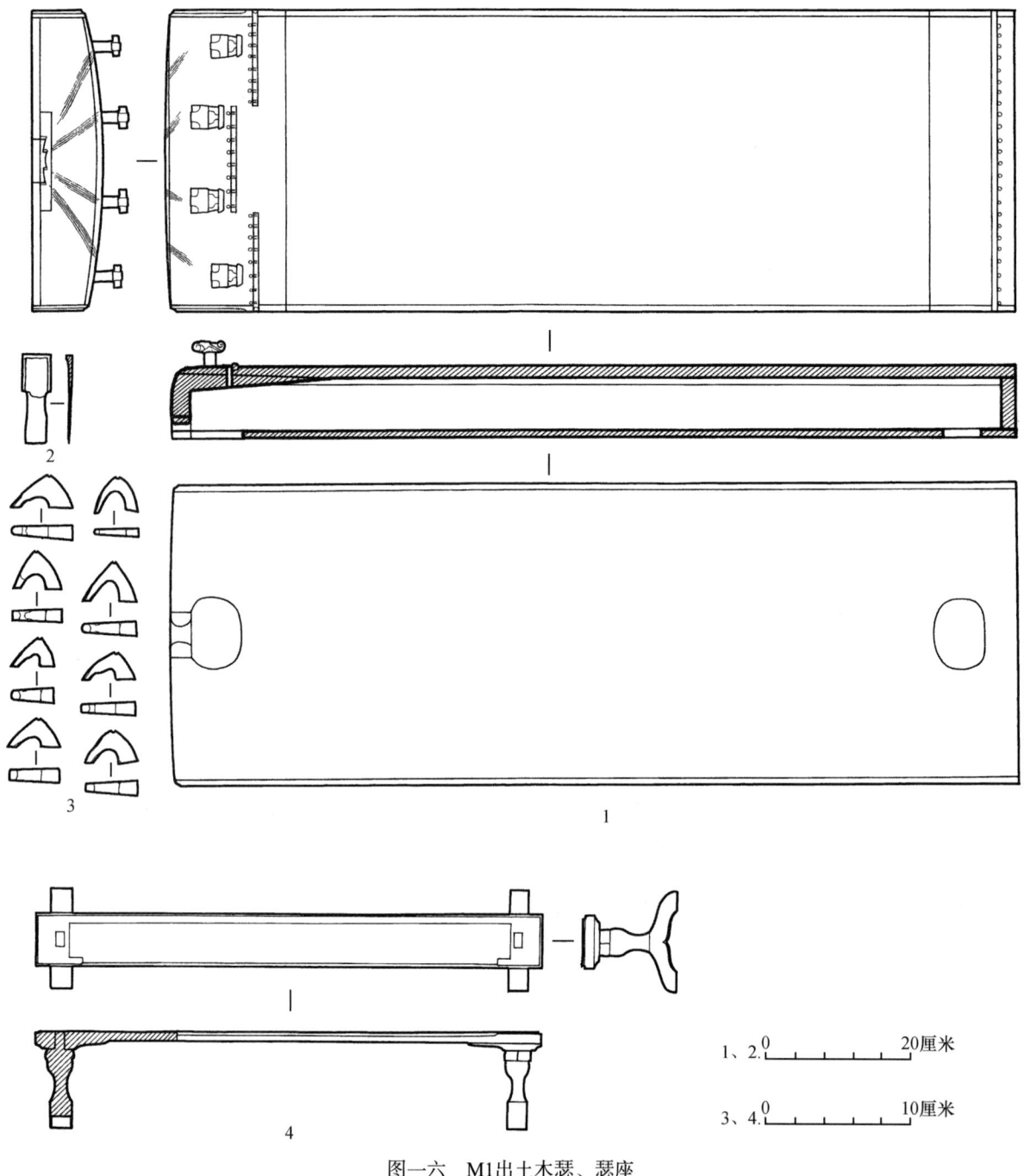

图一六　M1出土木瑟、瑟座

1. 瑟（M1∶109）　2. 瑟拨片（M1∶109-9）　3. 瑟柱（M1∶109-1~8）　4. 瑟座（M1∶66）

两钮，疏画。"我们认为上器符合其描述，又出土于乐器室，推测为"雅"。通长26、粗径4.2、细径3.4厘米（图一七，2）。

绕线棒　26件。M1∶153，出土于内椁室西室北部。形制相同。器体圆木斫削制成，两端平齐，上端稍大于下端，中腹微鼓，其上缠绕多层瑟用弦丝线。身上端面以红漆沿边缘饰一圆环圈带，带宽0.7厘米。从竹绕线棒看，其中部套接圆形带平顶木圆帽的木圆棒，木圆棒较匀称，上细下粗，中下部套一圆木箍，大部分帽、箍腐烂缺失。外有一革制杯形套，革体

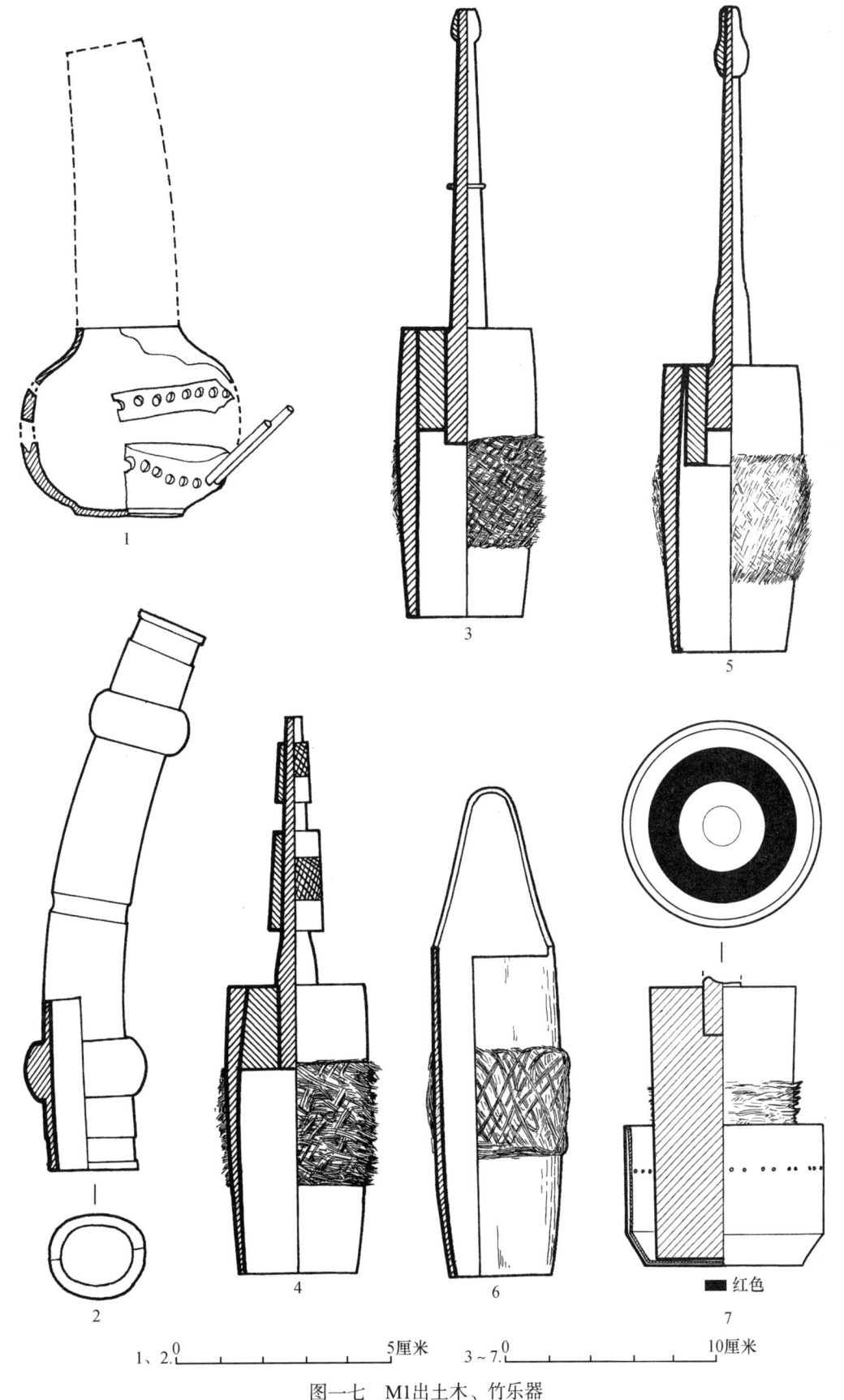

图一七 M1出土木、竹乐器

1. 木笙（M1：61） 2. 木䈁（M1：105） 3. Aa型竹绕线棒（M1：76-1） 4. Ac型竹绕线棒（M1：76-3）
5. Ab型竹绕线棒（M1：76-2） 6. B型竹绕线棒（M1：122-1） 7. 木绕线棒（M1：153-1）

已朽，仅存漆壳。圆形，直口，直壁，下壁近底部斜折内收，平底。中腹偏上一周穿26个小孔。M1∶153-1，残高6.5、体长6.2、体径3.2~3.5、杯形套口径4.6、底径3.7、高3.2厘米（图一七，7）。

2. 竹器

40件。均为绕线棒。器体圆竹筒制成，两端平齐，上端稍大于下端，中腹微鼓，其上缠绕多层瑟用弦丝线。器表均髹黑漆。外有一革制杯形套，革体已朽，仅存漆壳，残甚。根据器体壁厚及附件的不同可分二型。

A型　38件。M1∶76，出自头箱东北部。壁较厚，体上部套接圆形木塞，塞孔内插圆形木棒，棒较匀称，上细下粗，套有帽、箍。按照器壁及帽、箍的不同可分三亚型。

Aa型　17件。壁中部最厚。棒顶端套算珠形帽，中部套一细箍。M1∶76-1，通高14.1、体径3.5厘米（图一七，3）。

Ab型　13件。壁上部最厚。棒顶端套小葫芦形帽，上细下粗，中孔通穿。M1∶76-2，通高14.9、体径3.4厘米（图一七，5；图版一五，4）。

Ac型　8件。棒上、下部各套接一圆管，均上细下粗，管外用细篾编成网状，网眼内填黑漆。M1∶76-3，通高12.9、体径3.5厘米（图一七，4）。

B型　2件。M1∶122，出自东边箱中北部。壁厚薄基本一致。体上端口部有竹系，呈三角形。M1∶122-1，通高11.2、体径3.5厘米（图一七，6）。

（三）燕器

50件。分木、竹、铜、苇四类。

1. 木器

33件。器类有豆、耳杯、盒、罐、案、扇、梳、器盖等。

豆　4件。M1∶6、M1∶10、M1∶21、M1∶26，均出自头箱西南部。形制大体相同，由盘、柄、座分别制作后套接而成，厚胎。豆盘外壁直，平底，内盘浅，底心穿方形卯孔安豆柄；豆柄竹节状，上段略粗，横断面八边形；中段三道凸箍，上下凸箍稍粗，中间细；下段稍细，横断面呈圆形，上、下端各出方形榫头与盘、座相接。喇叭形座，外缘较薄，中部穿方形卯孔接豆柄。器表髹黑漆地，红彩绘制纹饰。豆盘外壁上部于两弦纹间绘一周绚索纹；下段绘一周折线、弧线、云纹组成的变形蟠螭纹。豆柄上段绘目纹；中段三道凸箍间绘两道弦纹；下段绘双勾曲线纹。豆座上部绘双勾曲线纹，正好与豆柄曲线纹连为一体；下部于两弦纹间绘一周绚索纹。尺寸略别（表一四）。M1∶6，盘径14.7、座径11.4、通高16.7厘米（图版一六，1）。M1∶26，盘径14.9、座径10.8、通高16.5厘米（图一八，1；图版一六，2）。

表一四　M1木豆尺寸登记表　　　　　　　　　　　　　　　　（单位：厘米）

器号	盘		柄		座		通高
	径	高	长	直径	径	高	
6	14.7	4.7	8.7	3	11.4	3.3	16.7
10	14.6	4.4	8.8	3.2	11.2	3.3	16.5
21	14.5	4.7	8.7	3.2	11.5	2.6	16
26	14.9	4.3	8.8	3.4	10.8	3.2	16.5

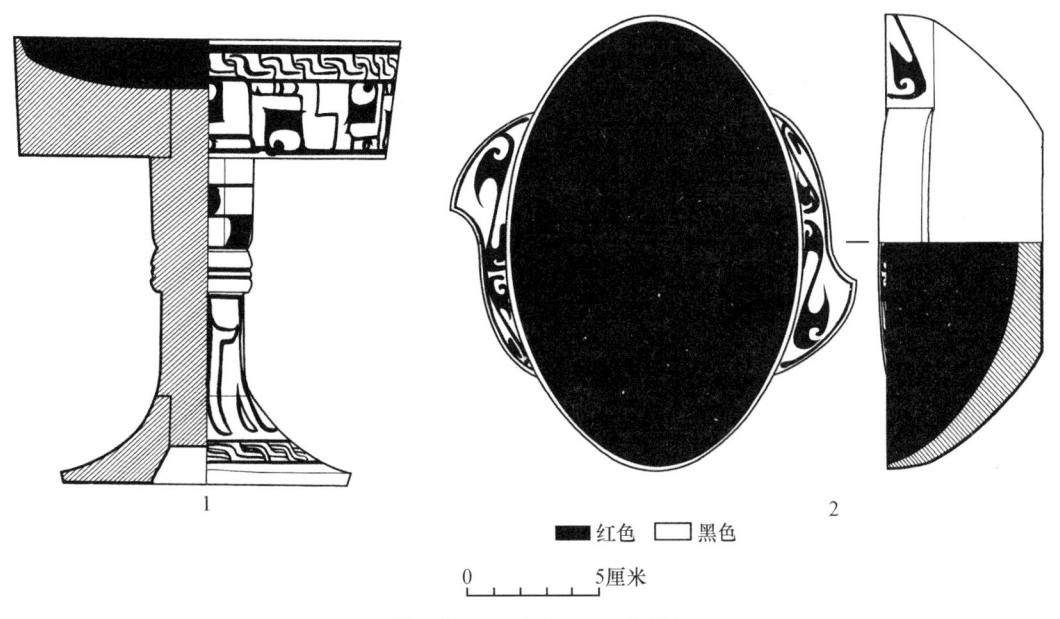

图一八　M1出土木豆、耳杯
1. 豆（M1:26）　2. A型耳杯（M1:15）

耳杯　20件。除1件（M1：119）出自西边箱外，其余均出自头箱，大部分在西南角，少部分在中部偏南，仅个别在东北部。椭圆形，两侧双耳上翘，弧壁，平底或微凹。杯身整体掏挖、剜凿制成，双耳斫削后用生漆粘接到杯身。杯内壁满髹红漆，外壁髹黑漆地，口外沿及双耳正、背面绘有纹饰。尺寸差别不大（表一五）。根据耳形制的不同可分二型。

A型　16件。M1：5（图版一六，3）、M1：7（图版一六，4）、M1：8（图版一七，1）、M1：9（图版一七，2）、M1：11（图版一七，3）、M1：15（图版一七，4）、M1：16（图版一七，5）、M1：18（图版一七，6）、M1：19（图版一八，1）、M1：23（图版一八，2）、M1：25（图版一八，3）、M1：59（图版一八，4）、M1：65（图版一八，5）、M1：73（图版一八，6）、M1：79（图版一九，1）、M1：119（图版一九，2）。形制、纹饰相同，大小略异。"箭鱼"形耳，平底。外沿及耳红彩绘变形凤纹。M1：15，口长径15.9、口短径11.5、底长径8.2、底短径6、通高6.3厘米（图一八，2；图版一七，4）。

B型　4件。M1：17、M1：58、M1：78、M1：84，月牙形耳，底心微凹。口外沿及双耳以红、黄彩绘勾连卷云纹间水滴套卵点、双线纹，以双线三角波折纹分隔，纹饰基本呈左右对称状。M1：17，纹饰中的双线为弧线。口长径18.1、口短径11.6、底长径9.4、底短径7.9、通高6.5厘米（图一九，1；彩版九，1~3）。M1：58，纹饰中的双线为折线。口长径18、口短径

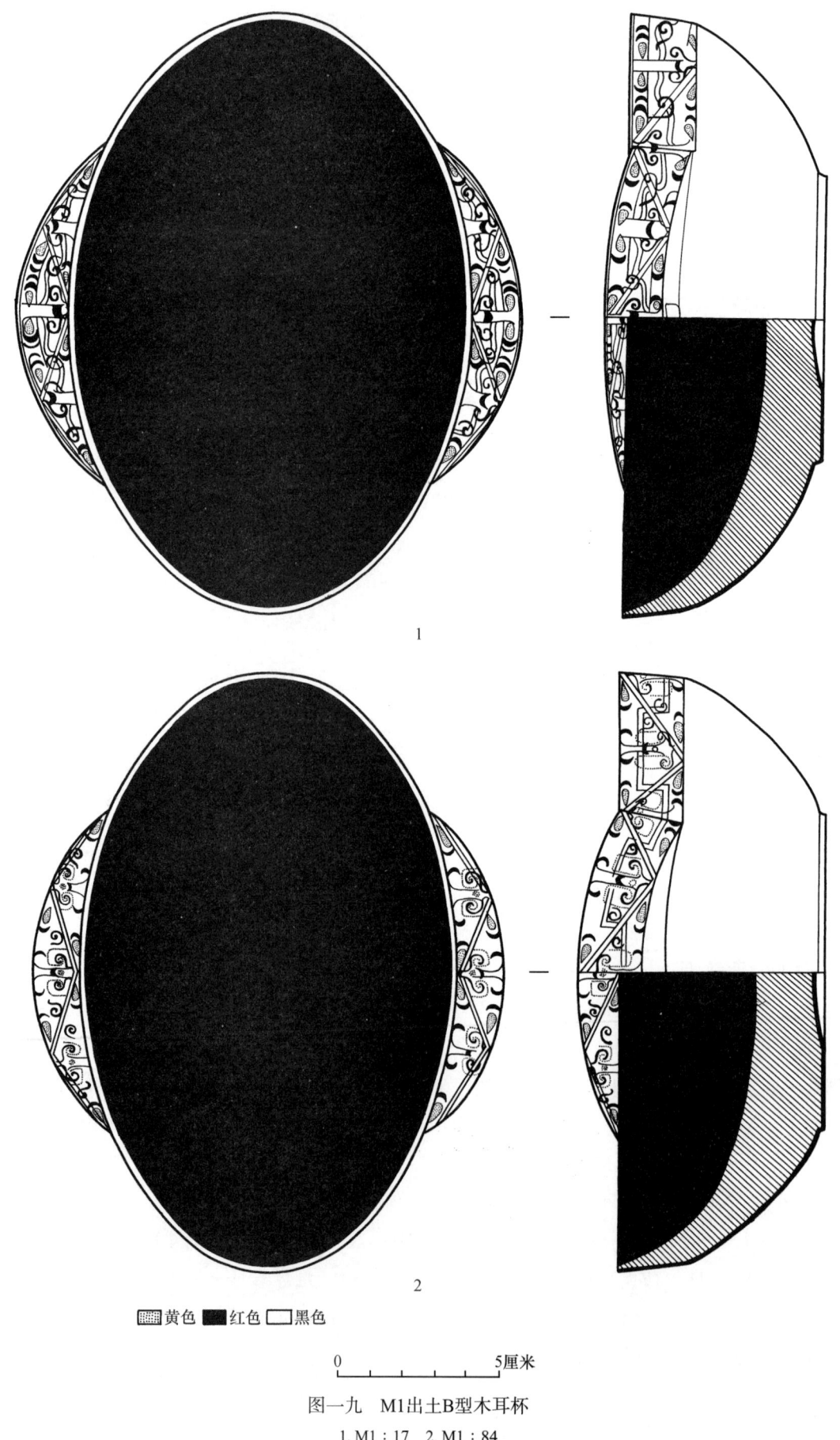

图一九 M1出土B型木耳杯

1. M1：17 2. M1：84

11.9、底长径9.3、底短径7.8、通高7.1厘米（彩版九，4~6）。M1：78，纹饰同M1：17。口长径18.1、口短径12.5、底长径9.4、底短径7.8、通高7.4厘米（彩版一〇，1~3）。M1：84，纹饰同M1：58。口长径17.9、口短径12.5、底长径9.3、底短径7.9、通高6.75厘米（图一九，2；彩版一〇，4~6）。

表一五　M1木耳杯尺寸登记表　　　　　　　　　　（单位：厘米）

分型	器号	杯身			耳			通高	备注
		高	长径	短径	长	宽	厚		
A型	5	5.8	16.5	11.7	10	2.2	1.8	6	
	7	5.5	17	11.8	10.2	2.2	1.8	5.9	残
	8	6	17.1	11.5	10.6	2.4	1.6	6.1	
	9	5.6	16.6	11.6	10	2.1	1.6	5.6	残
	11	5.5	17.3	11.7	10.6	2.2	1.7	6	
	15	5.8	15.9	11.5	8.2	2.2	1.9	6.3	口部残
	16	5.3	17	11.5	10.7	2.3	1.7	6.1	
	18	5.3	17.5	11.3	10.9	2.3	1.8	6.1	残
	19	6.1	17.1	11.6	10.4	2.3	1.8	6.1	
	23	5.4	16.6	10.6	10.9	2	1.7	5.4	一耳残
	25	5.7	16.8	11.4	10.3	2.4	1.7	5.8	口沿残
	59	5.5	17.4	11.4	10.2	2.3	1.7	5.7	
	65	5.1	17.1	11.6	10.4	2.2	1.7	6.3	
	73	5.4	16.9	11.5	10.2	2.4	1.8	5.7	口残
	79	5.9	17.1	11.8	10.2	1.9	1.8	6	
	119	5	18.1	11.7	10.2	2.3	1.9	5.4	口残
B型	17	6	18.1	11.6	9.4	1.6	1.8	6.5	
	58	5.7	18	11.9	9.4	1.5	1.7	7.1	
	78	6.3	18.1	12.5	9.7	1.6	1.7	7.4	
	84	6	17.9	12.5	9.5	1.6	2	6.75	

盒　4件。均出自头箱。按整体形制的不同可分四型。

A型　1件。M1：20，出自南端中部。木板斫削扣接制成。平面"凸"形。器身子口，直壁，前、后壁两侧各有一铜铺首衔环，平底，底近四角置四个铜质矮兽蹄足；承浅腹平顶盖，外壁直，与器身子口扣合，盖面后部正中置一铜铺首衔环。底面、顶面外缘一周略外凸。器表满髹黑漆。长39.3、前端宽13.1、后端宽26.5、通高20.2厘米（图二〇，1；图版一九，3）。

B型　1件。M1：56，出自东南部。体用整块方木剜凿而成，木胎较厚。器身长方体，平顶，顶四缘削成下斜小平面，直壁，短壁上端两侧各向外伸出一个八棱形短把手，下段四角出方形榫头；整块底板四角凿出方形凹槽，与器身扣合。器表髹黑漆地，以红、黄彩绘图案，盖面中部红线勾勒出相对双龙纹，向外依次饰绚索纹、正反"S"纹一周；两长壁红、黄彩绘两组变形凤鸟纹；两短壁绘蟠螭纹，其外为红彩勾边、其内黄彩绘雷纹、卷云纹、曲线、弧线补

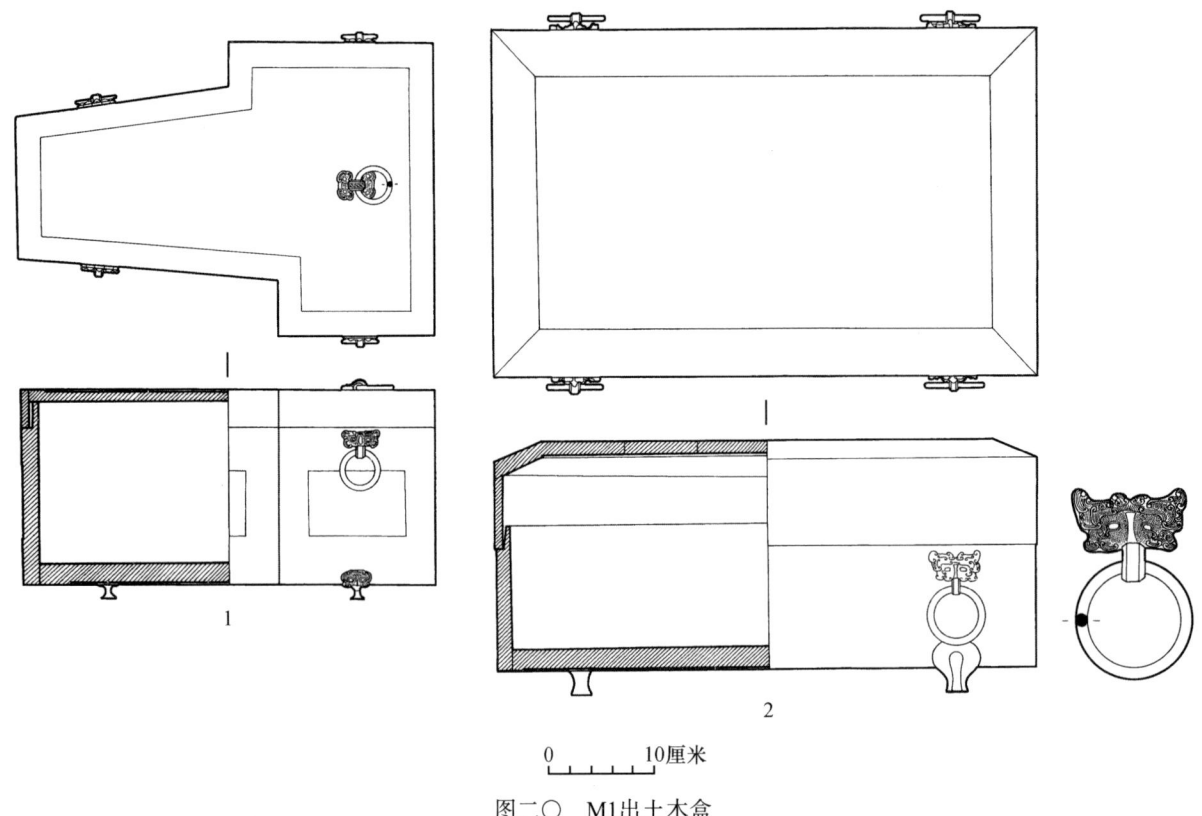

图二〇　M1出土木盒
1. A型（M1∶20）　2. C型（M1∶72）

充。通长39.7、身长35.2、宽18、高12厘米（图二一，1；图版一九，4）。

C型　1件。M1∶72，出自东北部。木板斫削扣接制成。长方体，子母口扣合，直壁，平底，两长壁各有一对铜铺首衔环，对应的下部各有一木质矮蹄足；上承浅折盘状盖，盖四边缘削成斜面呈坡状。器表满髹黑漆。长51.1、通宽31.8、高23.1厘米（图二〇，2；图版一九，5）。

D型　1件。M1∶103，出自东北角。木板斫削扣接制成。长方体，子母口扣合，直壁，平底，底近四角置四个木质矮兽蹄足；承浅折盘状盖，盖四边缘削成斜面。器表满髹黑漆。长54、宽23.4、高17厘米（图二一，2；图版一九，6）。

罐　1件。M1∶39，出自头箱北端偏西。用整块圆木剜凿而成，腹壁厚薄不均，上部较薄，下部较厚。直口微侈，卷沿，圆唇，微束颈，垂鼓腹，平底微凹。下腹饰两周凹弦纹，器表有刀削痕迹。表髹黑漆。口径7.4、底径9.7、高17.2厘米（图二二，2；图版二〇，1）。

案　1件。M1∶149，出自内椁室西室南部。由面板、足组成。面板长方形，用整块木板制成，周缘间隔穿80个小孔，孔径0.2厘米。长侧面前后各安一铜质兽蹄足，足上端连接钮衔环。器表满髹黑漆。面长42、面宽13.5、通宽15.8、面板厚1.3、通高4.8厘米（图二二，1；图版二〇，2）。

扇　1件。M1∶140，出自东边箱南端。扇叶腐烂，仅存扇柄，整木斫削而成。柄首方锥状，中部接扇柄处自下而上以丝带缠绕七道，每道有活结串联；外露腐烂后留下的少量扇

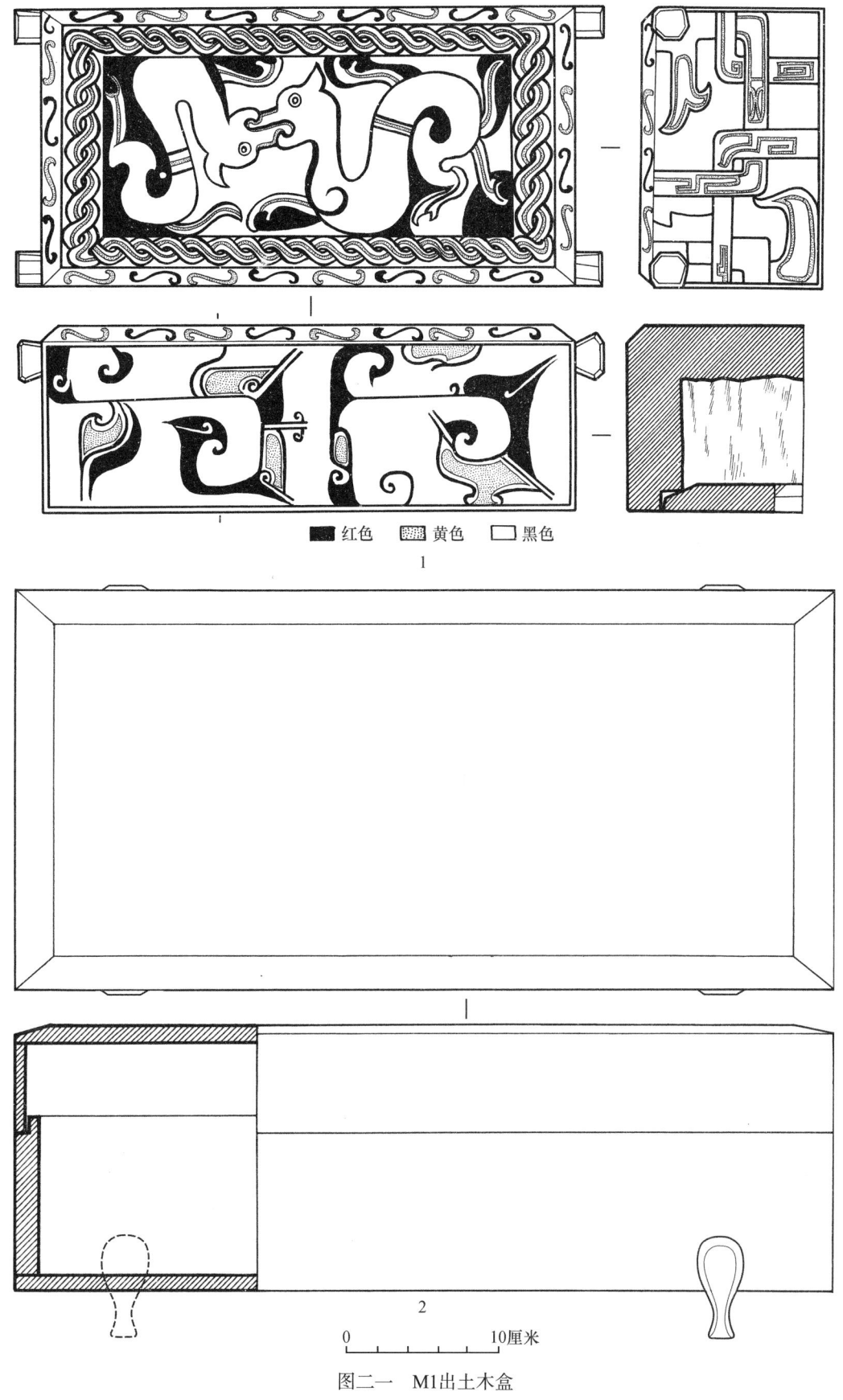

图二一　M1出土木盒

1. B型（M1∶56）　2. D型（M1∶103）

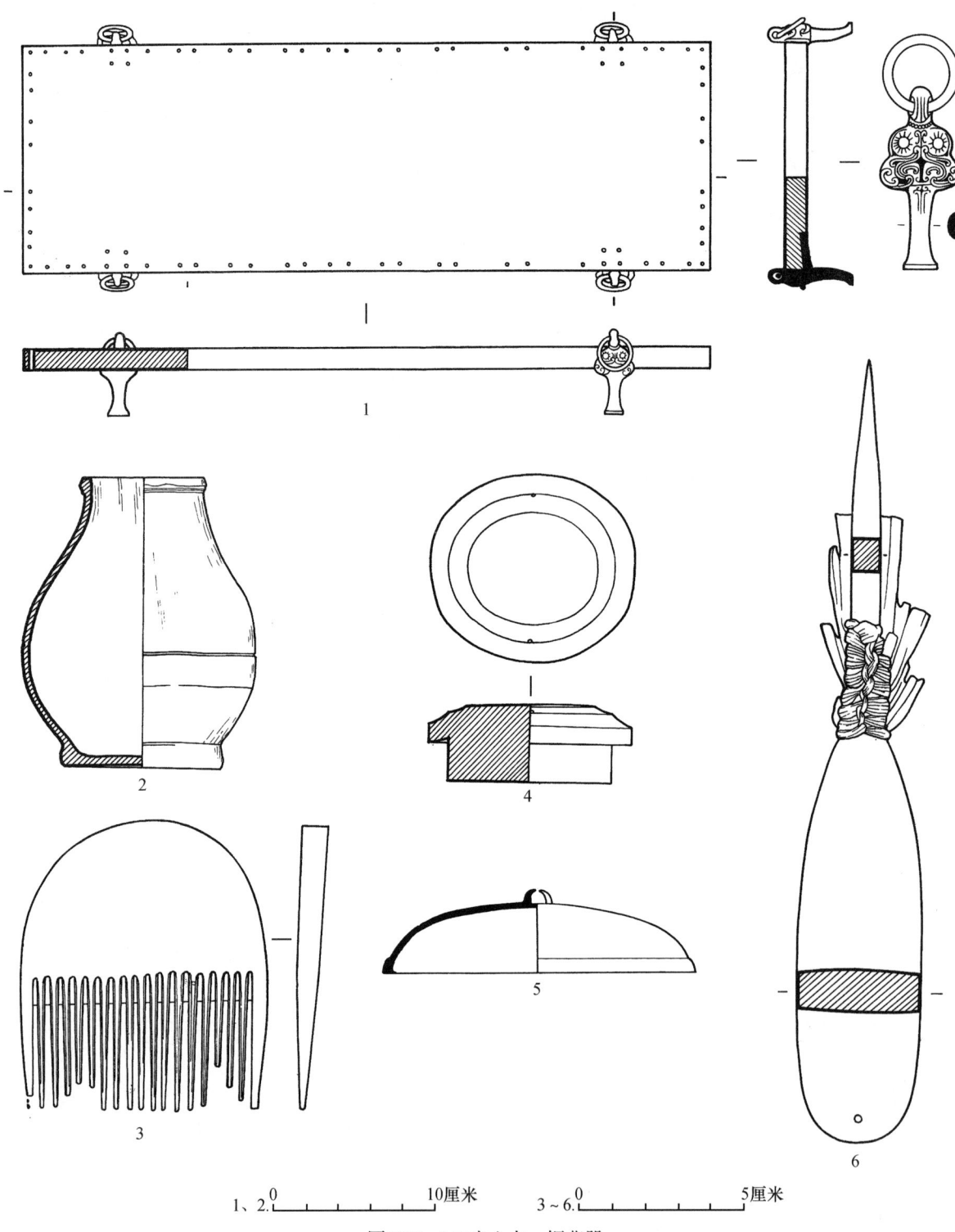

图二二　M1出土木、铜燕器
1. 木案（M1∶149）　2. 木罐（M1∶39）　3. 木梳（M1∶37）　4. 木器盖（M1∶113）　5. 铜器盖（M1∶102）
6. 木扇（M1∶140）

叶；扇柄平面弧边扁条形，面、背微隆，尾端穿一直径0.3厘米的小孔，两侧面各钻三四个小销孔，内插木楔，可能为装饰扇柄边缘所用。柄髹黑漆。通长23.2、柄宽3.8、厚1.3厘米（图二二，6；图版二〇，3）。

梳　1件。M1：37，出自东边箱中部，装于M1：132号竹筒内。整木制成。半圆背，前有19齿，背厚齿薄，齿根粗尖细，截面近方形。素面。长8.4、最宽7.5、齿长4.1厘米（图二二，3；彩版一八，1；图版二一，4）。

器盖　1件。M1：113，出自东边箱中部。整块圆木制成，实体。平面椭圆形，平顶微凹，向边沿呈两级凹面斜收，两弧面间起一周凸棱，凸棱内侧有对称小圆穿孔，直缘较厚，下部为短柱状塞，平底。长径6.2、短径5.6、高2.3厘米（图二二，4）。

2. 竹器

15件。器类有管、双联筒、笥等。

管　2件。M1：86、M1：131，均残。以单节竹子制成，中空。M1：86，出自头箱北端偏西。两端基本等粗。长25、口径3.4厘米（图二三，4）。M1：131，出自东边箱中南部。一端略粗，一端稍细，粗端近底部壁厚，口部外侧一周凹槽套另一节管口。粗端及另一节管口各髹一周红漆。长18.6、口径5.2~5.8厘米（图二三，3）。

双联筒　2件。M1：53、M1：85，出自头箱西北部。三节竹子制成，上、下节竹子各切口后形成相对的竹筒，靠下端竹节不穿通，形成底部，上端竹节中心穿通；中部从两竹节内侧削去三面，仅留一面削成竹片做成弯系连接两端竹筒。M1：53，竹筒通长55.2~57、口径5.7~6.1、整体高40.3厘米（图二三，5；图版二一，1）。M1：85，竹筒通长31~32.5、口径5.7~6.4、整体高43厘米。

笥　11件。M1：13、M1：24、M1：33、M1：34、M1：40、M1：70、M1：104、M1：120、M1：129、M1：132、M1：136，出自头箱和东边箱不同部位。一般保存较差，可分辨器形者6件。平面长方形。直壁，平底，器身以篾片呈"人"形编列，口沿部位一周用宽竹片间隔篾条捆扎加固。按照有无盖的不同可分二型。

A型　2件。M1：129、M1：132，有盖。盖、身均为双层篾，编织方法为盖心用细篾二上二下，外围大部分为三上三下，盖面、身底"人"字纹呈"回"形布局，身侧面"人"字纹上下顺编。盖口沿外侧及侧面上部各一周宽竹片间隔篾条捆扎加固，其间篾片编成空花。空花面髹黑漆。M1：129，身侧面下端一周宽竹片间隔篾条捆扎加固。长22.2、宽18.2、高6.5厘米（图二四，1；图版二一，2）。M1：132，长24.2、宽14、高6厘米（图二四，2）。

B型　4件。M1：13、M1：24、M1：34、M1：40，无盖。编织方法为宽篾单层三上三下"人"形纹平编，"人"形纹斜向平行布局。M1：13，长34、宽18厘米（图二三，1）。M1：24，内装细竹签和果核。长26、宽23厘米。M1：34，长30、宽13厘米。M1：40，长36、宽20厘米。

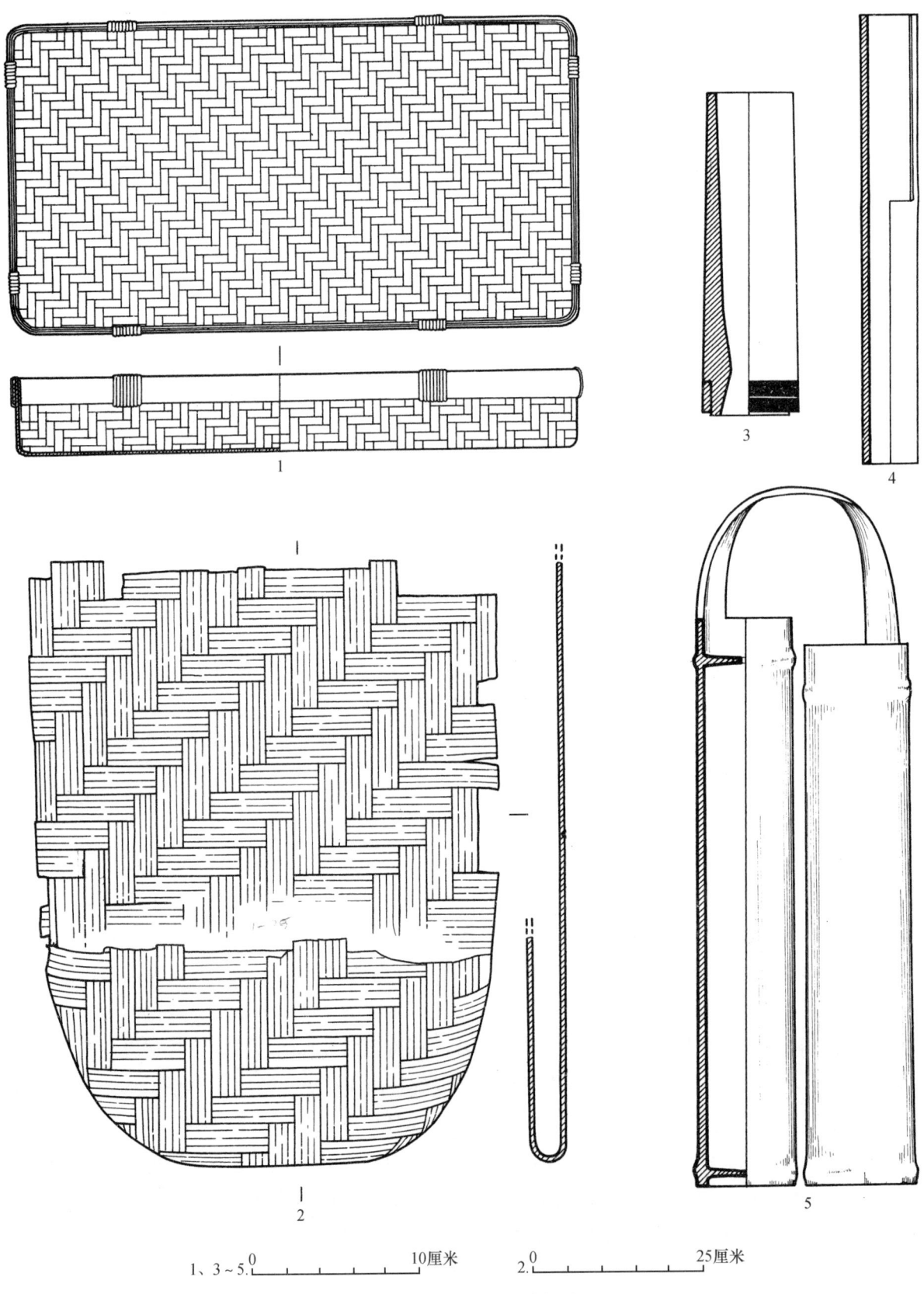

图二三　M1出土竹、苇燕器
1. B型竹笥（M1∶13）　2. 苇盒（M1∶75）　3、4. 竹管（M1∶131、M1∶86）　5. 竹双联筒（M1∶53）

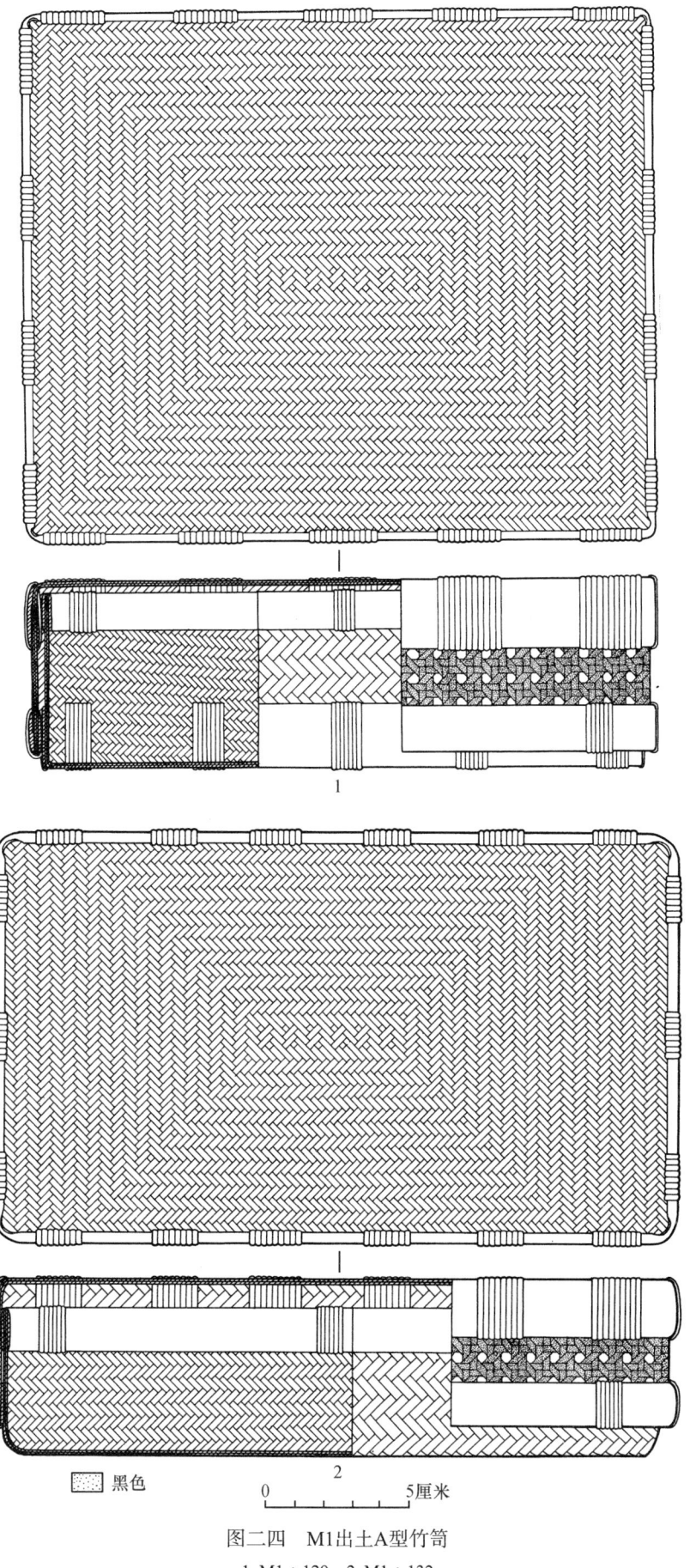

图二四　M1出土A型竹笥
1. M1∶129　2. M1∶132

3. 铜器

仅器盖1件。M1：102，出自头箱南端偏西。浅弧盘状盖，沿外卷，顶心有一弓形钮。盖一块外范、一块内芯合铸，器物胎厚用活芯铜垫片控制，浇口在盖口沿上，钮分范铸造后焊接于盖顶中部。口径9.5、高2.9厘米（图二二，5；图版二一，3）。

4. 苇编

仅盒1件。M1：75，出自头箱东南部。残甚。平面仅椭圆形，扁体，中空，一端有底，纵断面呈"U"形。以0.8厘米宽芦苇条三上三下呈"人"形纹平编。残长86.5、宽69.2厘米（图二三，2）。

（四）兵器

90件。分别出自头箱、东边箱和内椁室。依兵器主体分为铜、木、竹、革四类。

1. 铜器

74件。器类有戈、剑、镞等。

戈　3件。均出自东边箱。由戈、柲、鐏三部分组成。戈铜质，两范合铸而成；援较短，内平直，其间有阑，阑侧三或四穿，内中部一或二穿；柲木质，较长，前扁后圆，横断面呈水滴形，头端侧向长穿孔卡放戈身；鐏套于柲上。柲髹黑漆。根据戈援、穿的不同可分二型。

A型　2件。M1：135、M1：139，三角援较窄平，外侧刃部明显，中脊起棱，断面呈多棱形；有前锋；阑侧四穿，胡下端窄；内穿1个，近长方形。木鐏较短，呈喇叭形，外壁面呈八棱形。鐏外壁髹黑漆。M1：135，刃较窄，穿呈上一下三分布。援长21.5、胡长19.75、内长16、通长73.5厘米，戈重245克（图二五，1、2；彩版一一，4；图版二二，1左）。M1：139，刃较宽，4个穿基本等距；内穿2个，前穿"凸"形，后穿月牙形。援长19.5、胡长20.2、内长14.6、通长73厘米，戈重175克（图二五，3、4；彩版一一，5；图版二二，1右）。

B型　1件。M1：137，弧援，无刃部，援双面微外隆；阑侧三穿，上一下二，内上一长方形穿。内双面上、下、外侧阴刻一展翅变形凤鸟纹。戈身套鞘，鞘用两块薄木片做成戈形，用生漆粘接，外髹黑漆。铜鐏较长，分上中下三段，上段筒形，前扁后圆；中段浮雕立鸟形，断面椭圆形；下段长腿蹄足形，断面圆形。上段饰四方连续勾连云纹；中段鸟身饰重环、卷云纹；下段上部饰勾连云纹间卷云纹。援长21.6、胡长18.4、内长12.6、鐏长15.3、通长152厘米，戈重186克（图二六；彩版一一，1~3；图版二二，2）。

剑　2件。均出自内椁室西室中部。各包括铜剑和木剑鞘、剑棱。剑铜质，圆空首，细实茎，隆脊，横断面呈多棱形，双面窄刃。身、格、茎各双范合铸后焊接而成，箍双范合铸后套于茎上，再将双范合铸的首焊接到茎端。剑鞘用两块薄木片扣合而成，鞘上段宽且双面起脊，

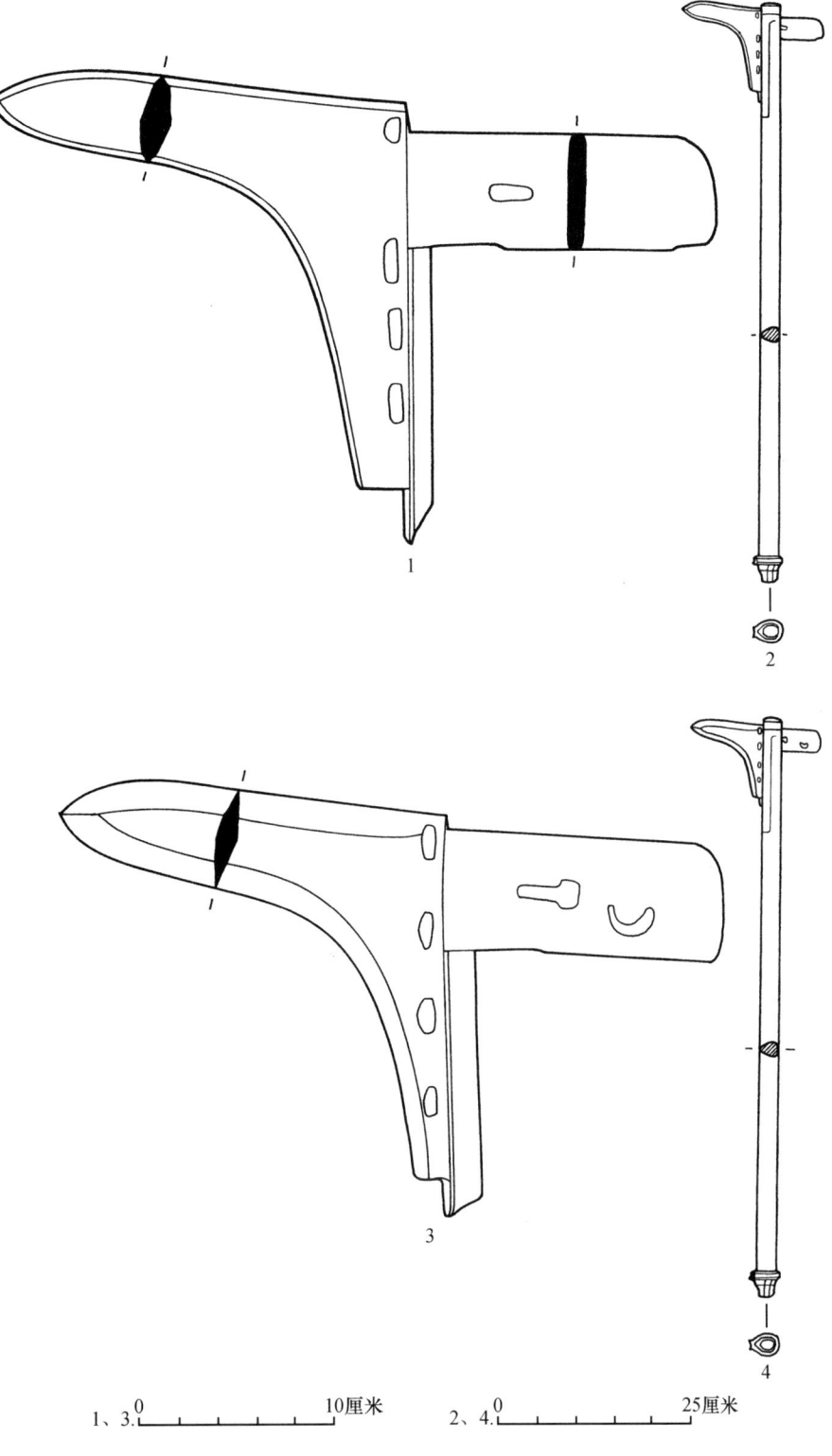

图二五 M1出土A型铜戈
1、3. 戈（M1：135、M1：139） 2、4. 戈、柲、镦（M1：135、M1：139）

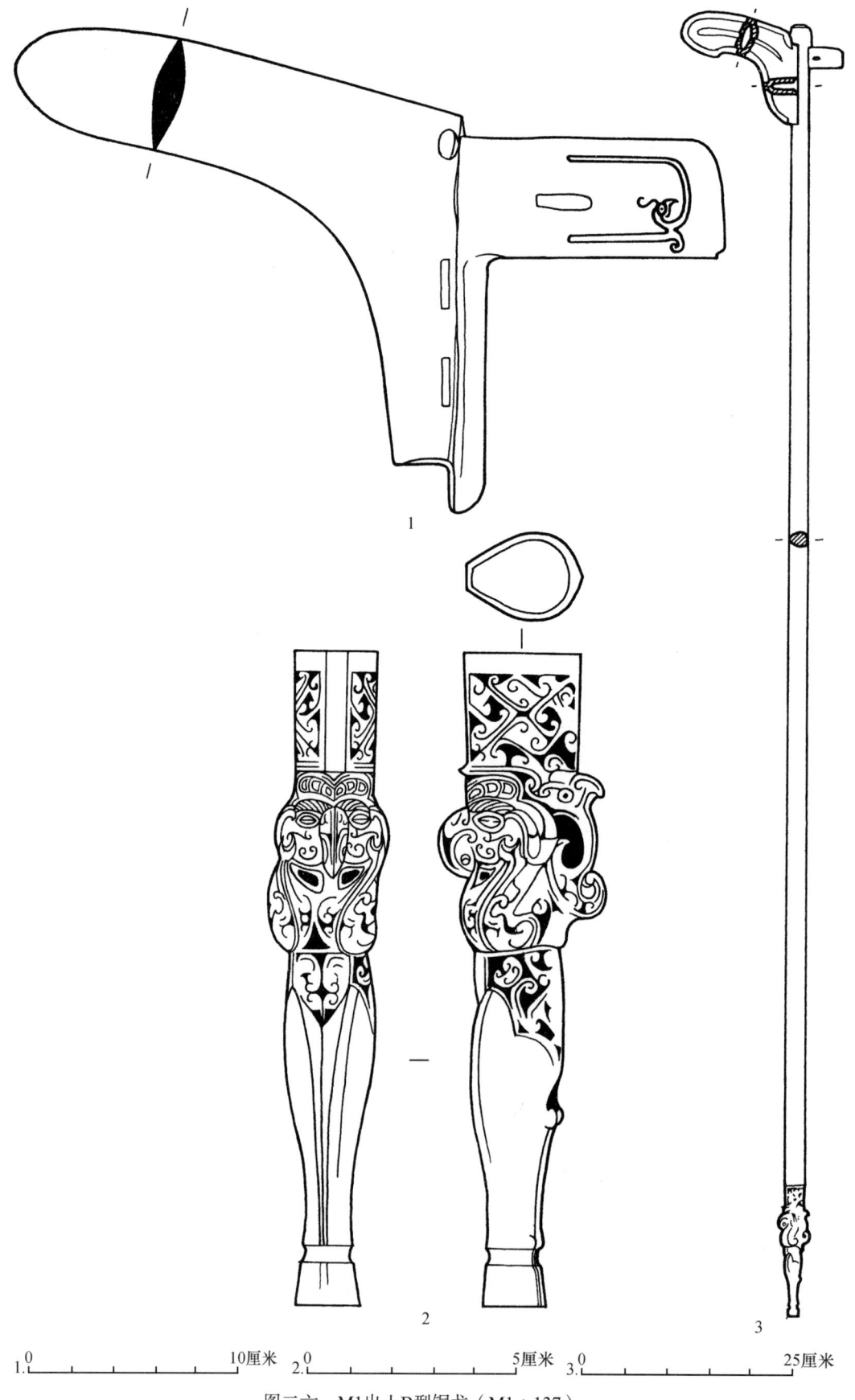

图二六　M1出土B型铜戈（M1∶137）
1. 戈　2. 镈　3. 鞘、戈、柲、镈

鞘口横断面呈菱形，尾段较窄，底平；器表髹黑漆。剑椟木质，长方体盒状，器身短子口，直壁、平底，承浅折壁盖；盖自两端往中间弧凸，弧顶，顶面顺向起多道凸脊；器身中段两侧与对应盖中段浮雕谷纹；满髹黑漆地。根据剑首、格形制不同可分二型。

A型　1件。M1：151，剑稍短。茎无箍，窄格。茎外有木套，以双边半圆形扣合，套下部有一绿松石箍。剑椟盖残，剑椟身两长侧饰红漆双线间黄彩蟠螭纹，椟身、盖两端侧面均红漆绘勾连卷云纹。首径4.2、茎长9.6、格宽4.6、通长49厘米（图二七，5，彩版一二，1、2；图版二二，3左），鞘长39.8、前端宽5厘米（图二七，4；图版二二，3中），椟长65、宽8.8、高8.2厘米（图二七，6；图版二二，3右）。

B型　1件。M1：152，剑较长。首内壁有八个同心圆纹；茎中部有两箍，箍上饰云纹和圆圈纹；宽格双面饰卷云、圆圈组合而成的兽面。首径3.8、茎长9.3、格宽4.8、通长66厘米，剑重752克（图二七，2；彩版一二，4~6；图版二二，4左）；鞘残长55.8、前端宽4.2厘米（图二七，1；图版二二，4中），椟长73.4、宽9、高9.4厘米（图二七，3；彩版一二，3；图版二二，4右）。

镞　69件。除3件出自东边箱中北部外，其余均出自头箱东南部。铜镞身两范或三范合铸而成，后有芦苇秆。根据镞身整体形制的不同可分五型。

A型　36件。M1：69，实体平头镞。无刃，实体，前细后粗，后有实铤。按照镞、铤长短情况不同分为三亚型。

Aa型　18件。M1：69-1~18，两范合铸。镞较短，自头至尾斜收渐粗，短铤。芦苇秆多残，秆首端用丝线缠绕数圈捆扎。箭秆前、后段髹红漆，中部髹黑漆。M1：69-1，镞长5.8、铤长5.1、秆长64、通长69.8厘米（图二八，2；图版二三，1）。

Ab型　1件。M1：69-19，两范合铸。镞较细长，前、中段基本等粗，后段渐弧加粗。秆残朽严重。镞长20.8、铤长11.7、通长32.5厘米（图二八，7；图版二三，4）。

Ac型　17件。M1：69-20~36，两范合铸。镞长短居中，平面略呈束腰长条形，长铤。秆残甚。M1：69-20，镞长11.6、铤长8.5、通长20.1厘米（图二八，4；图版二三，5）。

B型　8件。尖头镞。两范合铸。镞身短，圆体，前端呈小三棱形。后有芦苇质秆。按照銎、铤的不同可分二亚型。

Ba型　3件。M1：133-1~3，两范合铸。空腹，有銎。銎内插残芦苇秆。M1：133-1，残长8.2、镞长2.8、径0.6厘米（图二八，6；图版二三，3左1）。

Bb型　5件。M1：67-1~5，两范合铸。实体，短铤。铤插残芦苇秆内，秆表髹黑漆。M1：67-1，镞长0.8、秆残长38.6、残长39.4厘米（图二八，8；图版二三，3左3）。

C型　4件。M1：67-6~9，菱形有翼镞。1件带残秆，3件无秆。镞两范合铸。头部双刃，中脊起棱，横断面呈菱形，双刃与脊尾有短翼，形成倒刺；后部呈亚腰形，圆形实体。短铤插入芦苇秆内，残镞秆长短不等。M1：67-6，镞长8.3、铤长6.4、通长14.7厘米（图二八，5；图版二三，6）。

D型　19件。M1：54-1~19，菱形无翼镞。其中11件带秆。两范合铸。前部双刃尖锋，中

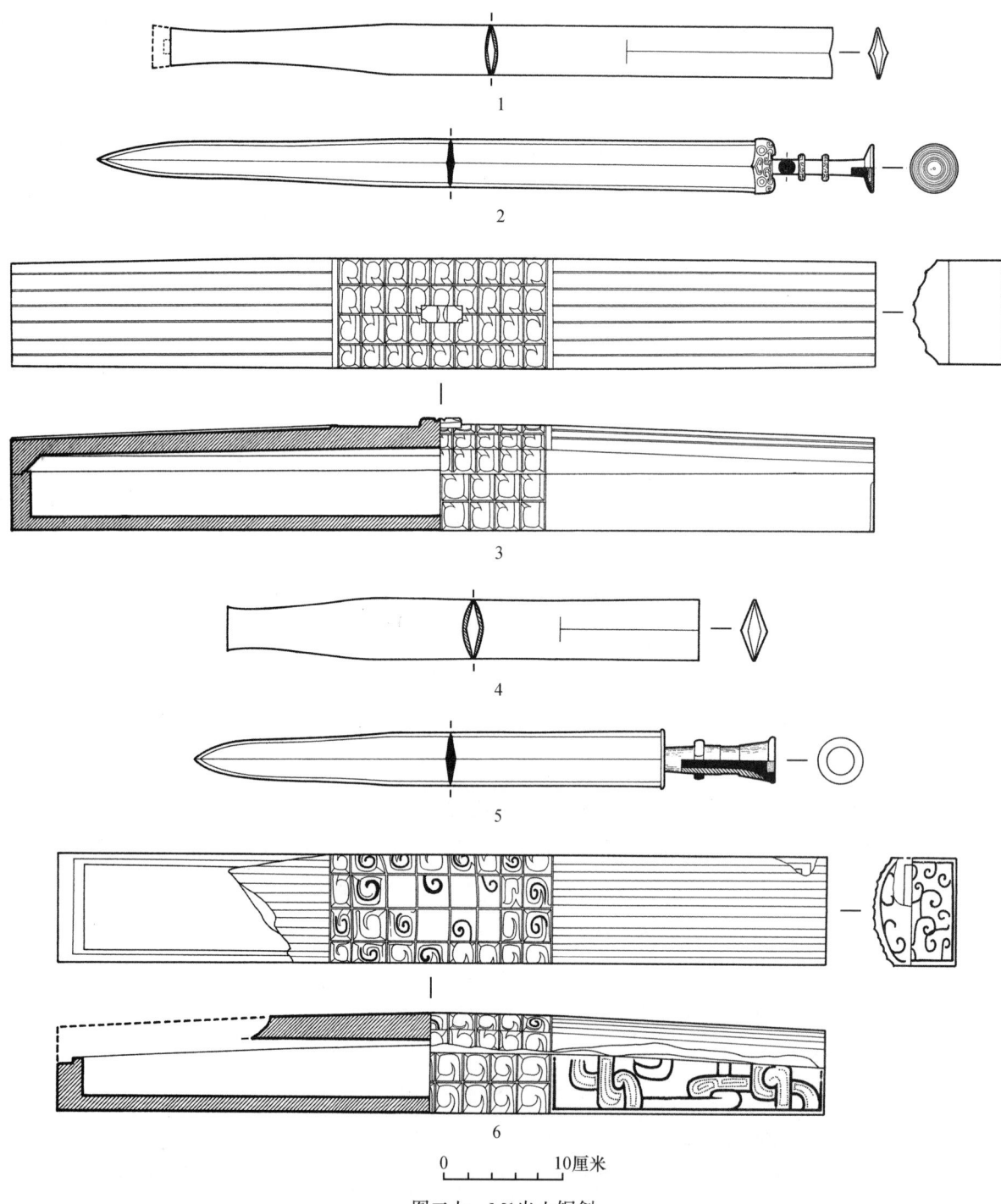

图二七　M1出土铜剑

1、4. 木剑鞘（M1：152、M1：151）　2. B型剑（M1：152）　3、6. 漆剑椟（M1：152、M1：151）　5. A型剑（M1：151）

脊起棱，横断面呈菱形；后部短圆柱状。短铤插入芦苇秆内，秆首、尾两端各用丝线缠绕数圈，尾端有残孔。箭秆髹黑漆，尾中部髹红漆。M1：54-1，镞长4.2、铤长8、秆残长62、通长66.3厘米（图二八，3；彩版一八，2；图版二三，2）。

E型　2件。M1：62，三棱镞。三范合铸。三面刃，平面呈三角形，三棱间有血槽，中有

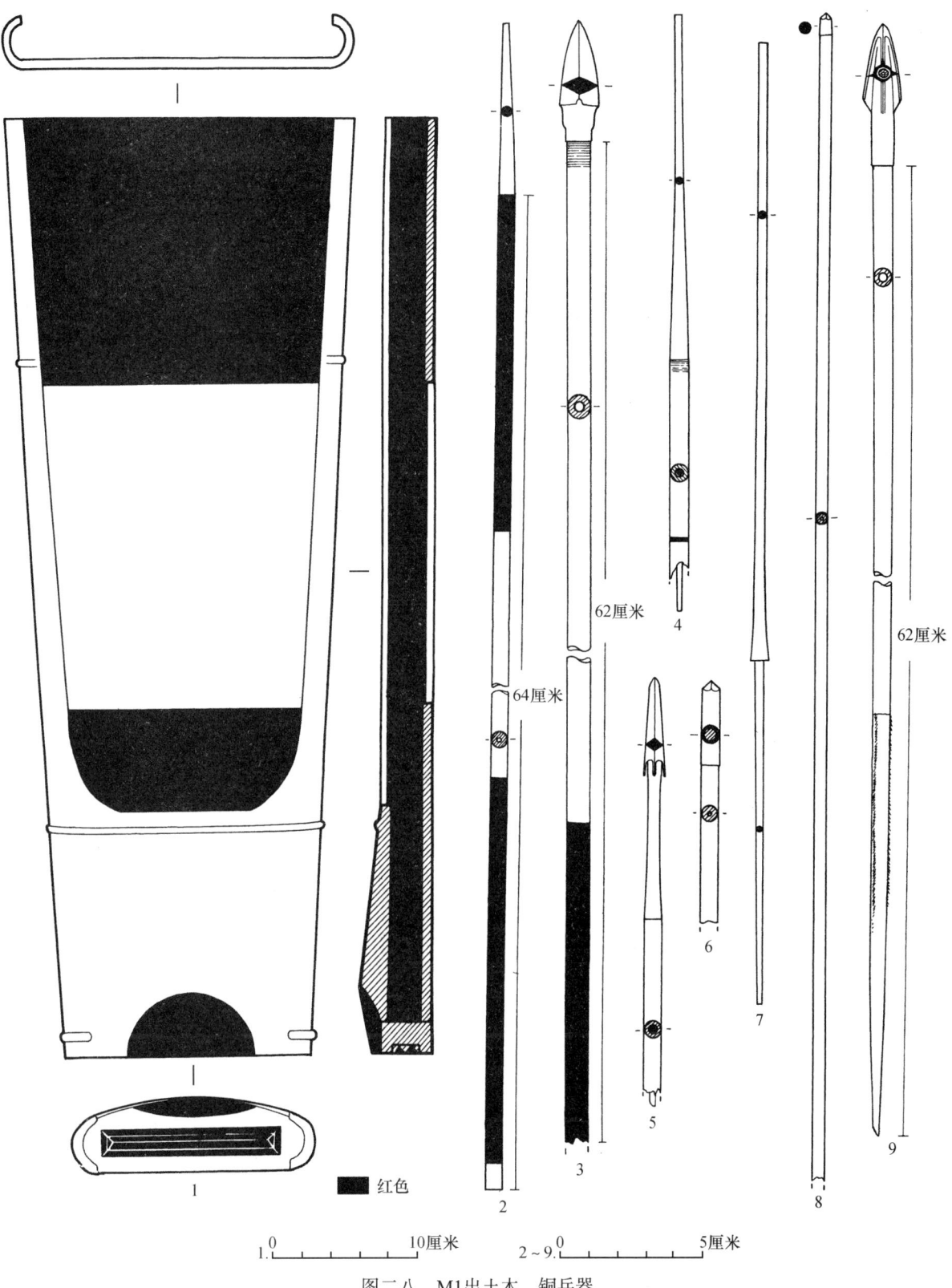

图二八　M1出土木、铜兵器

1. 木矢箙（M1：83）　2. Aa型铜镞（M1：69-1）　3. D型铜镞（M1：54-1）　4. Ac型铜镞（M1：69-20）　5. C型铜镞（M1：67-6）
6. Ba型铜镞（M1：133-1）　7. Ab型铜镞（M1：69-19）　8. Bb型铜镞（M1：67-1）　9. E型铜镞（M1：62-2）

鋈。鋈内插芦苇秆，秆尾部有丝线缠绕羽毛残痕。秆髹黑漆。M1∶62-2，镞长4.8、秆长62厘米（图二八，9；图版二三，7）。

2. 木器

10件。器类有弩、弓、矢箙、韣等。

弩　1件。M1∶38，出自头箱西北部。保存较完整。由弩臂和弩机组成。弩臂整木刻制，分首、身、尾三部分。身部较长，分前、中、后段，前、中段侧、底面平直，后段底面略下凸，侧面三段间间隔一小段上、下角各有一浅凹槽，顶面中部有箭槽，后部箭槽略宽。后端弩臂通穿"凸"形郭安装铜弩机。弩机由牙、牛、悬刀及连接各部件的键组成。牙突出臂上，竖置，左右两块，中空，前下角以铜条固接，前各有一齿勾弦，后仅左侧有望山；牛横置，呈钩形，钩齿朝后，弯部内侧卡于牙前下角铜条上，中间穿孔以键固定于臂上，箭射出前下齿尖端卡于悬刀内侧上部的凹槽内；悬刀近条形，竖置，前壁上部有三角状凹槽承牛下齿尖，下部处关内，下端略前卷；固接牙、悬刀、牛的键均为圆柱体。首部四面凸出，顶面两侧外凸1厘米，左侧上凸部分的后端向上伸出一短柱，顶平，柱高6.2、宽1.4~2.4、厚1.8厘米，应与弩机望山构成瞄准线；前部为侧视呈"L"形含口，下唇前伸稍长，体宽；上唇短而略上卷；首部中间横穿长方形孔，承一双牛角形横耳，为固弓弦之用。尾部较短，末端有红铜套，无托，下部有手柄，以竹制弧形关与弩臂相连。弩臂身部三段间上、下角无弧槽的侧面及尾部后端侧面的中部和首部横耳后、下部侧面髹黑漆地红漆块状纹；箭槽内壁满髹红漆；手柄黑漆地红漆环带纹；铜套双面彩绘变形龙纹，顶面彩绘前双、后单"S"纹。通长65、臂宽2.5、高4.2厘米（图二九，1；彩版一三，1；图版二四，1、2）。

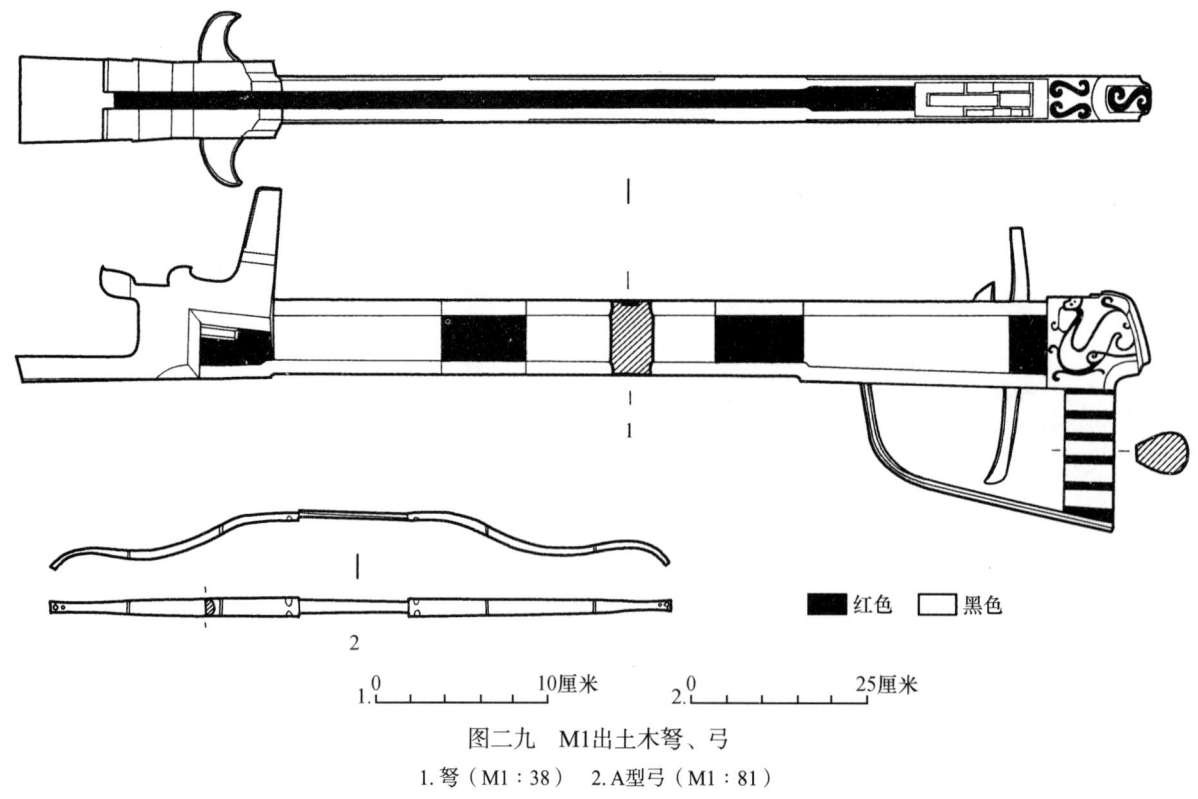

图二九　M1出土木弩、弓
1. 弩（M1∶38）　2. A型弓（M1∶81）

弓 4件。均仅存弓背，弓弦已腐朽（表一六）。出自头箱、东边箱的不同部位。弓背根据整体形制的不同可分二型。

表一六 M1木、竹弓形制、尺寸登记表

质地	器号	分型	木、竹片数	弓弣	弓弭	尺寸（厘米）	
						通长	最宽
木	81	A型	2		穿孔系弓弦	90	2.5
	97	A型	2		穿孔系弓弦	107	2.5
	32	B型	1	1	弓弭缺	125.6	2.8
	124	B型	1	1	双耳外凸	150.5	3
竹	22		1	1	木弓弭	122	2.7
	29		2	1	铜弓弭	140	3
	82		1	1	木弓弭	119.6	2.8
	134		1	1	竹弓弭	111.6	2.4

A型 2件。M1∶81、M1∶97，以两根木条对接而成，靠内侧一段削成片状并叠压后以丝线、藤条缠绕固结。整体呈马鞍形，中段平，两端弧凸，其间弧凹，间隔有刻槽。外段弓背截面呈半圆形，外弧内平。两端各一圆形小穿孔系弓弦。器表髹黑漆。M1∶81，通长90、宽2.5厘米（图二九，2）。M1∶97，通长107、宽2.5厘米（图版二四，3）。

B型 2件。M1∶32、M1∶124，以一根长木条削成，扁体，弧形，两端细，中部粗，正中间略弧收。器表满髹黑漆。M1∶32，弓中部外侧有短木片制成的弓弣，外用丝绳捆扎固定；弓身截面梯形，中部宽厚，两端渐窄，至端头近锥状；弓弭缺。通长125.6、最宽2.8厘米（图三〇，5）。M1∶124，弓身截面扁圆形，两端有双耳外凸，以系弓弦。通长150.5、最宽3厘米（图三〇，1；图版二四，4）。

矢箙 2件。M1∶83、M1∶125，各出自头箱东南部、东边箱中北部。整体平面呈上大下小的倒梯形，口宽底窄，分上、中、下三段。上段有木质后壁板。中段中空。下段有木质前、后壁板和底板，前壁板短，上口略呈弧形下凹，壁自口部向下外斜，至近底部中间形成半圆形浅槽；后壁板平。底板平面近扁圆形，外底面自外向内挖出两道四面坡尖顶式槽。整体两侧以竹质挡板与壁板扣接，用生漆粘连；挡板横断面呈弧形；上段上、下部及下段上、下部后壁板、挡板外侧有凸箍，下段上部凸箍一周闭合。内、外满髹黑漆地。M1∶83，上段上部凸箍缺失。各部位内壁及下端半圆形浅槽、底板两道凹槽内髹红漆。上口宽24.3、底宽17、通高63.4厘米（图二八，1；图版二五，1）。M1∶125，上段内壁饰红、黄彩绘左右对称正反方角大"S"纹，"S"纹内、外缘饰一周绚索纹，红彩勾边，黄彩点填实，绚索纹外侧单线、内侧双红线框；绚索纹间空隙红漆线绘勾连云纹组成的变形蟠螭纹，其内局部黄彩点填实。正反"S"纹上、下端各伸出一条双线框夹红彩勾边、黄彩点填实的绚索纹。上段壁板外侧纹饰分上、中、下三组，上、下组较窄呈带状，各以凸箍划为上、下部，上组上部饰红漆勾、填的二方连续波折纹间卷云、圆圈纹；上组下部和下组上部各饰红漆勾、填的二方连续三角勾连云纹，尖角伸出的卵纹为红线勾边，黄彩点填实；下组下部饰连续横"8"字纹，红漆勾单边，其内两侧饰红漆勾线或填实再套黄彩点充填和留白的多重水滴纹，上下侧饰与水滴纹手法一致的多重圆圈纹，圆圈纹两侧饰红漆勾边、黄彩点填实的闭合带纹，两"8"字间以红漆勾边、黄彩点填实的圆圈分隔；中组较宽，饰四方连续勾连卷云纹组成的变形凤鸟纹，局部红漆填实，局部红线勾边、黄彩点填实，整体纹饰呈中心点对称。下段前、后壁板纹饰分组与上段后壁板相同。其中前壁板上组上部与前、后壁板下组一周饰一道红线勾边、黄彩点填实的绹索纹；后壁板上组上部与上段下组下部基本相同；前、后壁板上组下部、下组上部与后壁上

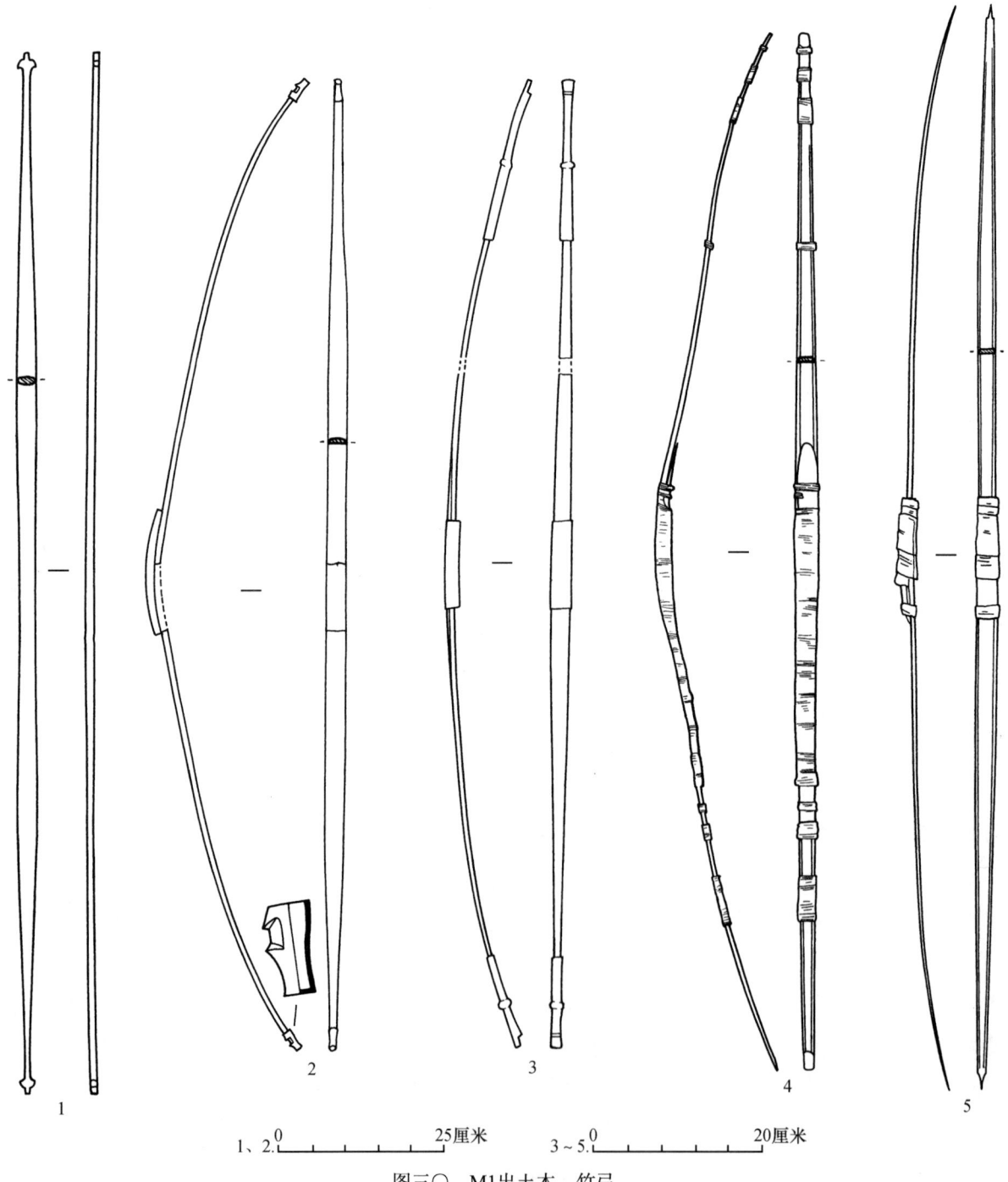

图三〇　M1出土木、竹弓

1、5. B型木弓（M1∶124、M1∶32）　2~4. 竹弓（M1∶29、M1∶134、M1∶82）

段对应部位纹饰相同；前壁板中组饰左右对称的变形龙凤纹，红线勾边或部分填实，间黄彩点外围填实套红线勾边、间隔填实、点点的鳞片、羽毛纹；后壁板下段中组纹饰与上段中组纹饰一致。凸箍上饰二方连续布局的以中心对称的四个三角勾连云纹。竹制挡板外壁饰二方连续三角勾连云纹，红彩勾边，局部红漆或黄彩点填实。上口宽27.2、底宽20、通高81.4厘米（图三一；彩版一三，2~4；图版二五，2、3）。

䩞　3件。M1∶106、M1∶172、M1∶173，出自头箱东南部。形制、大小相同。整木凿制而成。整体椭圆形，中空，一面平，一面凸凹起棱，一侧出角柱勾弦。M1∶106，长4、宽3.1、高1.9厘米（图三三，5；图版二五，4）。

3. 竹器

4件。器类均为弓。M1∶22、M1∶29、M1∶82、M1∶134，出自头箱、东边箱的不同部位。弧形。弓身扁体，自两端向中间渐粗、厚（表一六）。M1∶29，出土时弓身已散。以竹片削成，截面半圆弧形，中部有短木片制成的弓弣，其外有捆扎物痕；两端套铜质弓弭，弓弭圆柱筒状，顶平，中部外侧有凹槽，以系弓弦。通长140、最宽3厘米（图三〇，2）。M1∶82，以两节竹片并接而成，叠压部位较长，接合处用丝绳捆扎；截面梯形，中间厚，两端薄，间断有竹篾缠绕捆扎。器表髹黑漆。通长119.6、最宽2.8厘米（图三〇，4）。M1∶134，用一长条竹板削成，外侧贴一两头尖、中部宽木片制成的弓弣，外用丝带捆扎；弓身截面圆弧形，两端削出尖榫，套细长筒状竹弓弭，弭中部一周凸箍。器表髹黑漆较厚，大部分脱落。通长111.6、最宽2.4厘米（图三〇，3）。

4. 革器

2件。器类有盾、人甲等。

盾　1件。M1∶123，出自东边箱中部。革胎已腐朽无存，存有胎外较厚的黑漆壳。盾面长方梯形，上部略窄于下部，平顶有外凸方领，平折肩；正面微凸，背面微凹弧，凹面中部安木质盾柄，柄中部呈弓形，上、下接出较长的木条，中段突起部位截面圆形，两端扁圆形。自上而下间隔以八道丝绳穿过皮胎缠绕木柄固定。柄长87、盾长84.5、方领宽14、高3、肩宽52、底宽55.6厘米（图三二，1；图版二五，5）。

人甲　1件。M1∶147，出自棺底。出土时皮胎已朽，残剩漆膜，由于编缀甲片的丝带腐烂及棺室内积水浮动，甲已散乱，我们对甲片进行了清理，有完整甲片167片，其他因残损太甚，无法清理，也无法复原甲的形状。根据甲片部位的复原可分以下几种（彩版一八，4；图版二六）。

肩甲　8片。窄长条形。根据布孔的不同可分二型。

A型　5片。上、中、下部两侧各穿一孔。M1∶147-8，长5.9、宽2.25厘米（图三二，12）

B型　3片。一角斜抹。上、下部各横、竖穿两个小圆孔，中部自上而下各穿两个小圆孔，其中中间两孔间距小，上下两孔间距大且基本靠近边缘。M1∶147-7，长6.1、上边宽2.6、下边宽3厘米（图三二，7）。

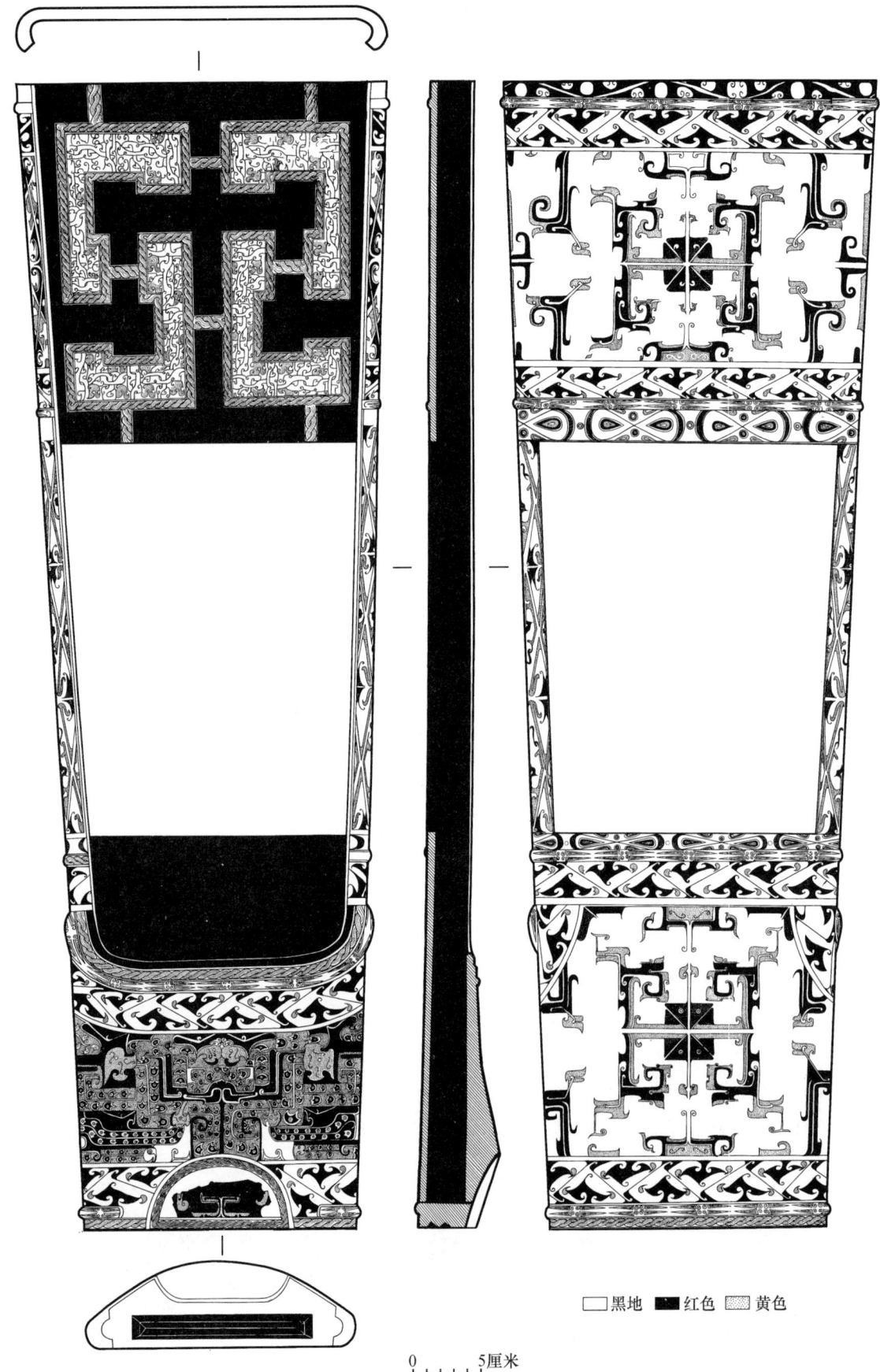

图三一 M1出土木矢箙（M1∶125）

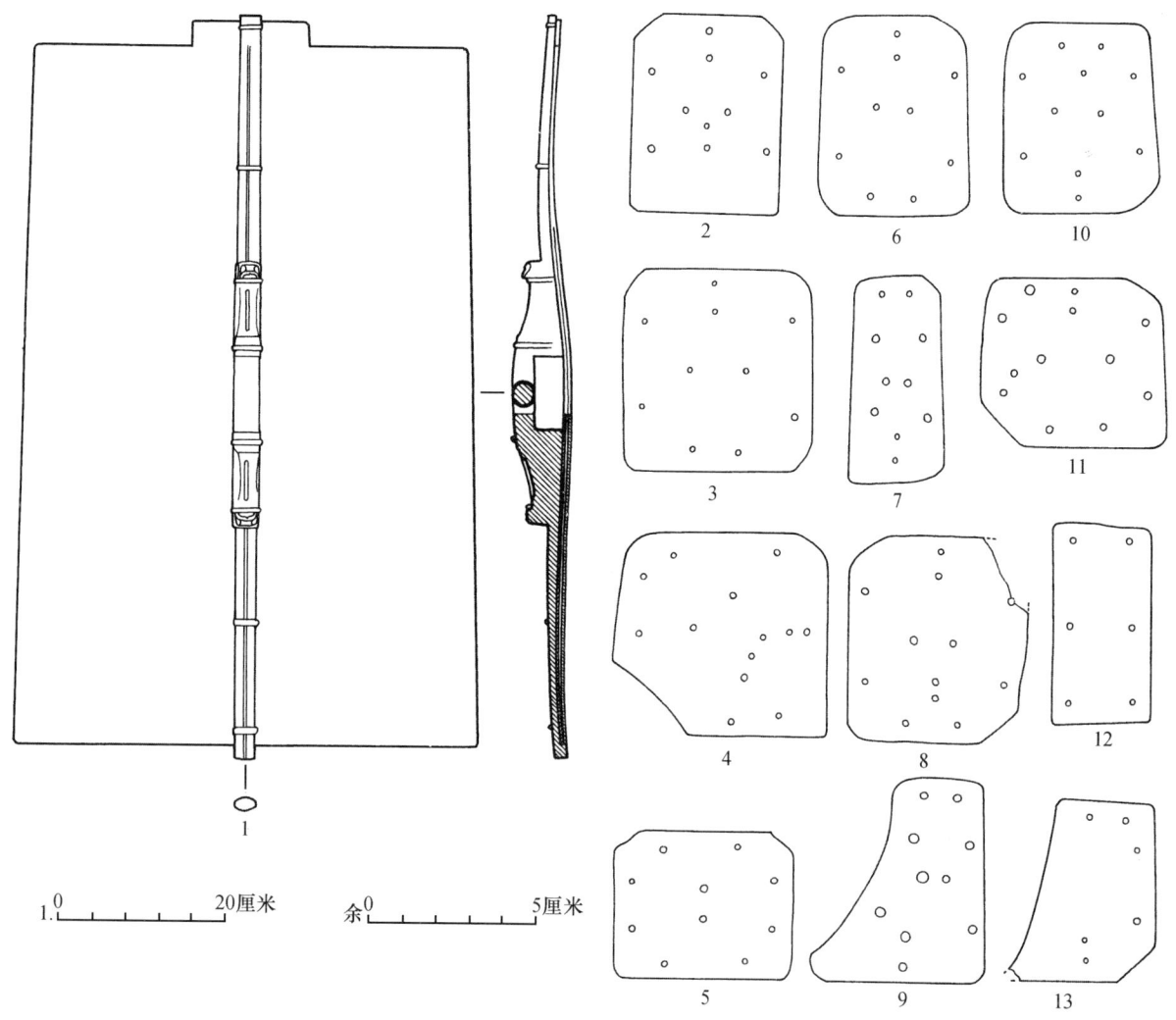

图三二　M1出土革兵器

1.盾（M1：123）　2～4、6、8、10、11.人甲胸背甲片（M1：147-1、M1：147-6、M1：147-9、M1：147-4、M1：147-2、M1：147-12、M1：147-5）　5.人甲袖甲片（M1：147-3）　7.B型人甲肩甲片（M1：147-7）　9、13.人甲肋甲片（M1：147-10、M1：147-11）　12.A型人甲肩甲片（M1：147-8）

身甲　142片。少量甲片有错穿孔现象。可区分为胸背甲和肋片两种形制。

胸背甲　135片。平面有纵长方形、方形、横长方形、梯形等几种。根据其他墓葬出土同类人甲的分析，甲片长度差别不大，但宽度自上排向下排渐宽。除个别一端两角斜抹外，一般两斜角抹角。一端中间纵穿两孔，除个别排甲片另一端中间纵穿孔外，其另一端及两侧面沿边线顺向间隔穿两孔，中间呈平行、三角、菱形分别穿二、三、四孔，穿四孔者上、下和左、右各一孔。M1：147-1，共7片。长5.8、宽4.5厘米（图三二，2）。M1：147-2，共27片。长6.1、宽5.5厘米（图三二，8）。M1：147-4、12，共63片。长5.65～5.7、上边宽4.3～4.4、下边宽4.6～4.7厘米（图三二，6、10）。M1：147-5，共12片。长5、上边宽5.3、下边宽5.6厘米（图三二，11）。M1：147-6，共22片。边长5.8厘米（图三二，3）。M1：147-9，共4片。一角凹弧稍甚，应是接近两侧部位肋片的甲片。长6、上部宽5.6、中宽6.5、下部宽4.3厘米（图三二，4）。

肋甲　7片。近靴形。上窄下宽，靠身体外侧弧扩，内侧直。上部、外侧边缘顺向穿两孔，下部中间竖向穿两孔。M1：147-10，共3片。弧角。长6、宽2.8～5.3厘米（图三二，9）。M1：147-11，共4片。外下角斜抹，内下角尖残。长5.4、宽3～4厘米（图三二，13）。

袖甲　17片。上部两角斜抹。四边各顺向间隔穿两孔，中间纵向穿两孔。M1：147-3，长4.3、宽5.4厘米（图三二，5）。

（五）工具

3件。器类有削刀、刻刀等。

削刀　2件。M1：145、M1：150，出自内椁室西室北部。铜质刀身、环首分别双范合铸（表八），刀身弧形，厚背薄刃，刀身前部为直柄，柄末端铸接椭圆环。M1：145，环首截面圆形，刀身近背部起脊，柄截面近八棱形。长26.6、刀身最宽1.6、环首长径3.4、短径2.8厘米，重47克（图三三，3；彩版一四，1）。M1：150，刀身中部起脊，环首截面椭圆形，柄截面近梯形。刀长35.3、最宽1.8、环首长径4.2、短径3、柄长9.5厘米（图三三，2；彩版一四，3；图版二七，1下）。刀带木鞘，鞘脱胎，平面弧形，鞘口扁宽，尾端稍细窄，截面扁圆形；鞘表髹黑地，以红、黄、蓝三色彩绘纹饰，口部一周绚索纹，一面为二方连续菱形纹，一面为一段红色块状接二方连续三角卷云纹。鞘残长35.4、最宽3.8、厚0.8厘米（图三三，1；彩版一四，4；图版二七，1上）。

刻刀　1件。M1：171，出自东边箱中部。由铜质刻刀、木柄组成。两范合铸，刻刀表面灰黑（表八）。截面弧形，对称双面刃，刃部凹，背部凸，凸面有脊，脊上有三道凸棱，凸棱两侧铸阳文"王"和"V"字符。木柄与刀同宽，平面长条形，截面八棱形，刀与柄衔接处用四道丝绳捆绑固定，柄末端削成凹弧斜面。刀身长11、宽2.6、柄长16.6、通长21.6厘米（图三三，4；彩版一四，2；图版二七，2）。

（六）车马器

135件。因出土时拆开分放，且部分较轻的器物漂动移位，有的还腐烂殆尽，无法整体叙述，现依据车马器的功能分述如下。

1. 车器

18件。质地有木、铜等。

（1）木器

12件。器类有车伞、车舆构件等。

车伞　1件。M1：55，下葬时有意拆散放入头箱东南部。由木盖斗、三节伞柱、盖弓和铜箍、盖弓帽等部件组成。盖斗凸弧顶葫芦状，上部侧壁一周凿20个长方形外大内小的卯眼，卯

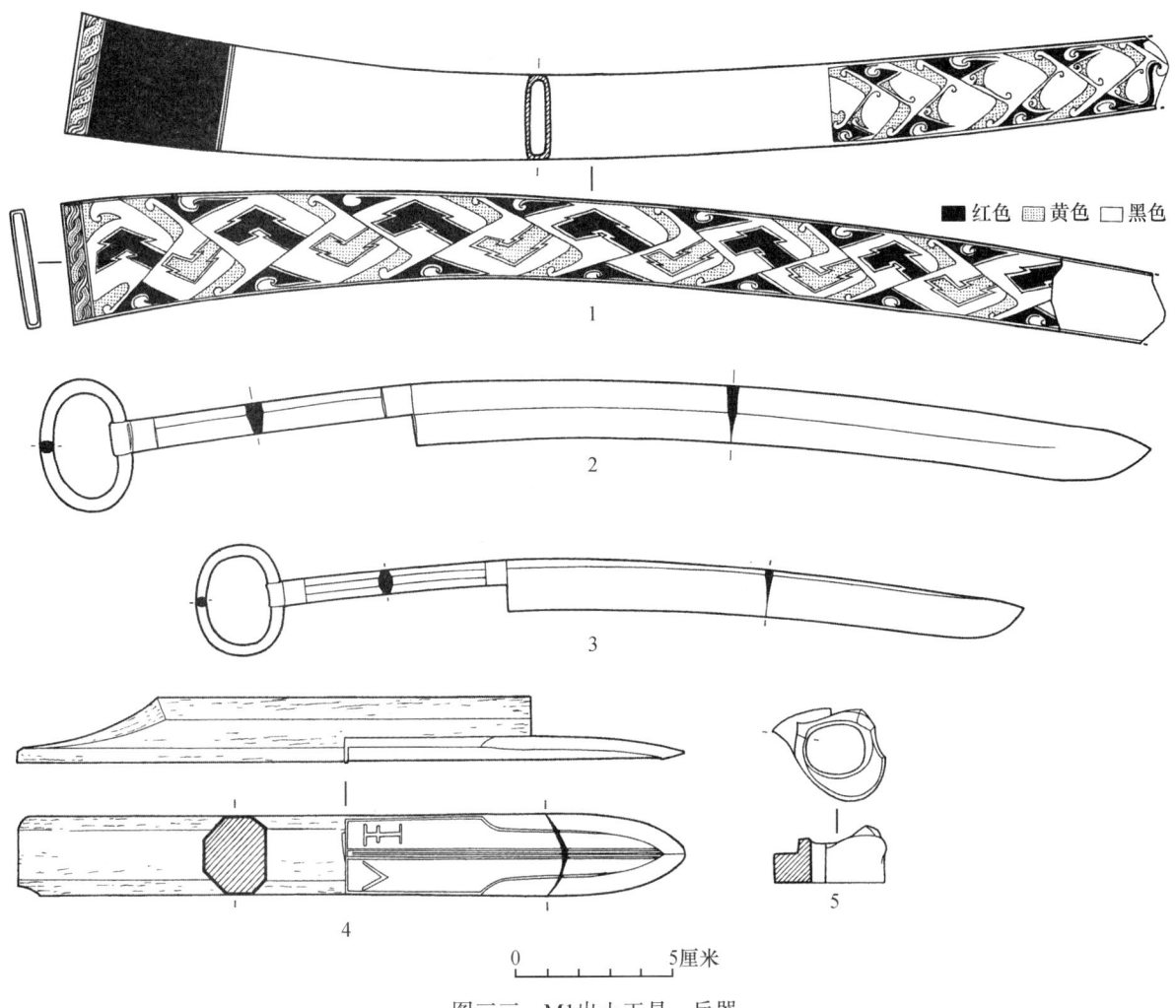

图三三 M1出土工具、兵器
1. 铜削刀木鞘（M1∶150） 2、3. 铜削刀（M1∶150、M1∶145） 4. 铜刻刀（M1∶171） 5. 木軎（M1∶106）

眼长2.5、宽1.3、深6厘米，下端中间凿锥状卯眼。柄圆柱体，上段较短，上、下端分别出锥状、截锥状榫头；中段稍长，上、下端均加粗，内凿截锥状卯眼；下段最长，上部加粗，上端出截锥状榫头，下端平。盖斗与三段柄自上而下依次通过榫卯套接。上、中段与中、下段柄套接处中部外侧以铜箍固结，每处也是上、下两个单箍通过侧面的上榫、下卯扣接，单箍中部有一道凸棱。盖弓略弯曲呈弧形，内、外侧横断面分别呈扁圆形、圆形，盖弓距柄端36～39厘米处均有一直径0.5厘米的小圆孔，头端有长方形榫头插入盖斗卯眼内，尾端套铜盖弓帽，帽一侧带长约0.8厘米的钩，钩两侧有对穿销孔。伞盖、柄、盖弓表面满髹黑漆。伞盖水平径266、通高226厘米（图三四，2～4；图版二七，3～5）。

车舆构件 11件。根据整体粗细、长短的不同可分二型。

A型 7件。整体棍形，稍短粗。散于东边箱北部。三面平，一面两角斜削，致截面呈六棱形。一端斜削面下凿成凹面，其下两侧面有对穿小圆孔。根据形制的不同可分二亚型。

Aa型 2件。M1∶143-1、2，整木等粗，另一端也下凿弧面、穿孔，部位、方式与上同。M1∶143-1，长31、宽2、厚2厘米（图三五，1）。

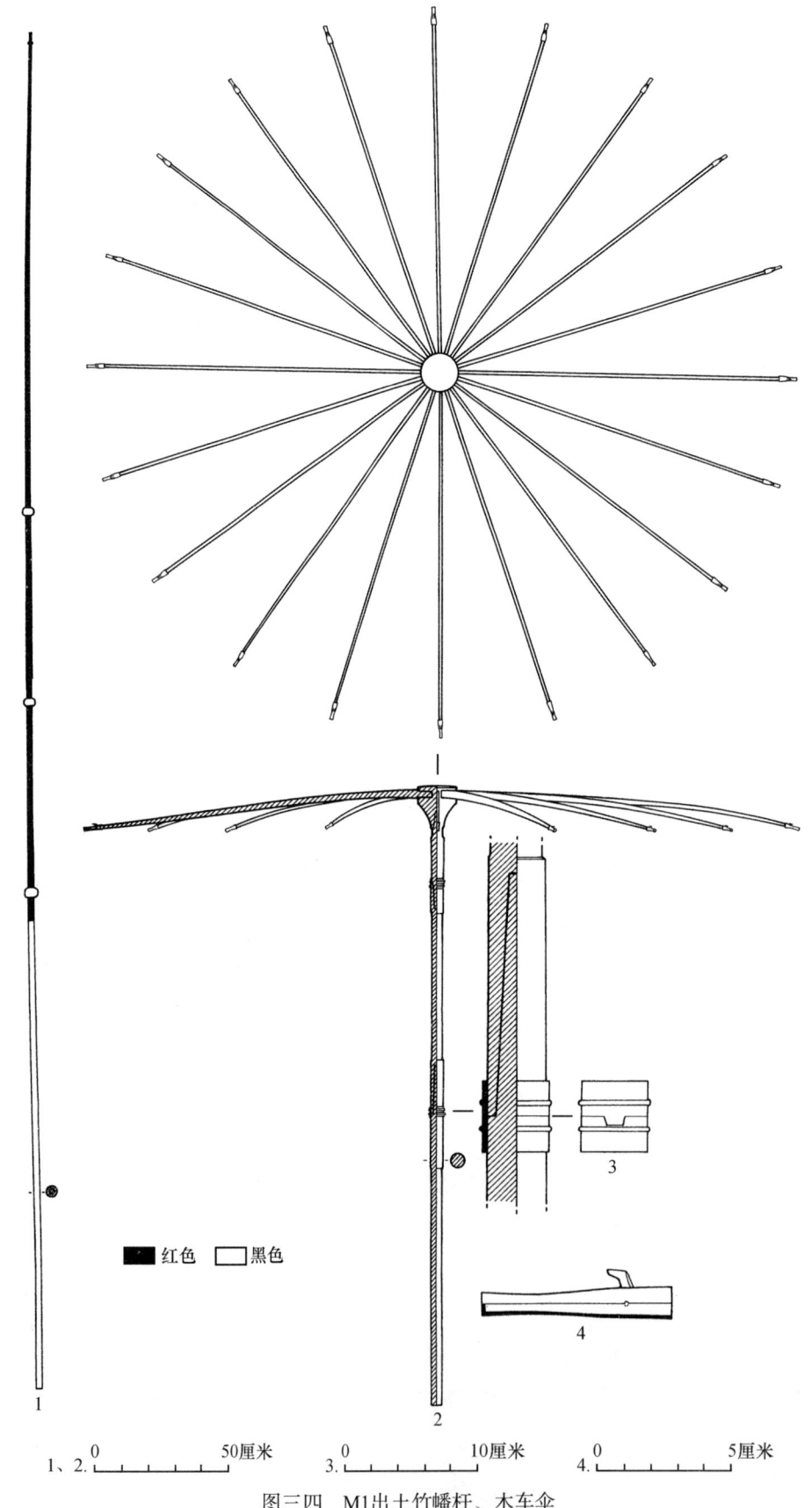

图三四　M1出土竹幡杆、木车伞

1. 竹幡杆（M1∶63）　2. 木车伞（M1∶55）　3. 木伞柱与铜箍结合（M1∶55）　4. 铜盖弓帽（M1∶55）

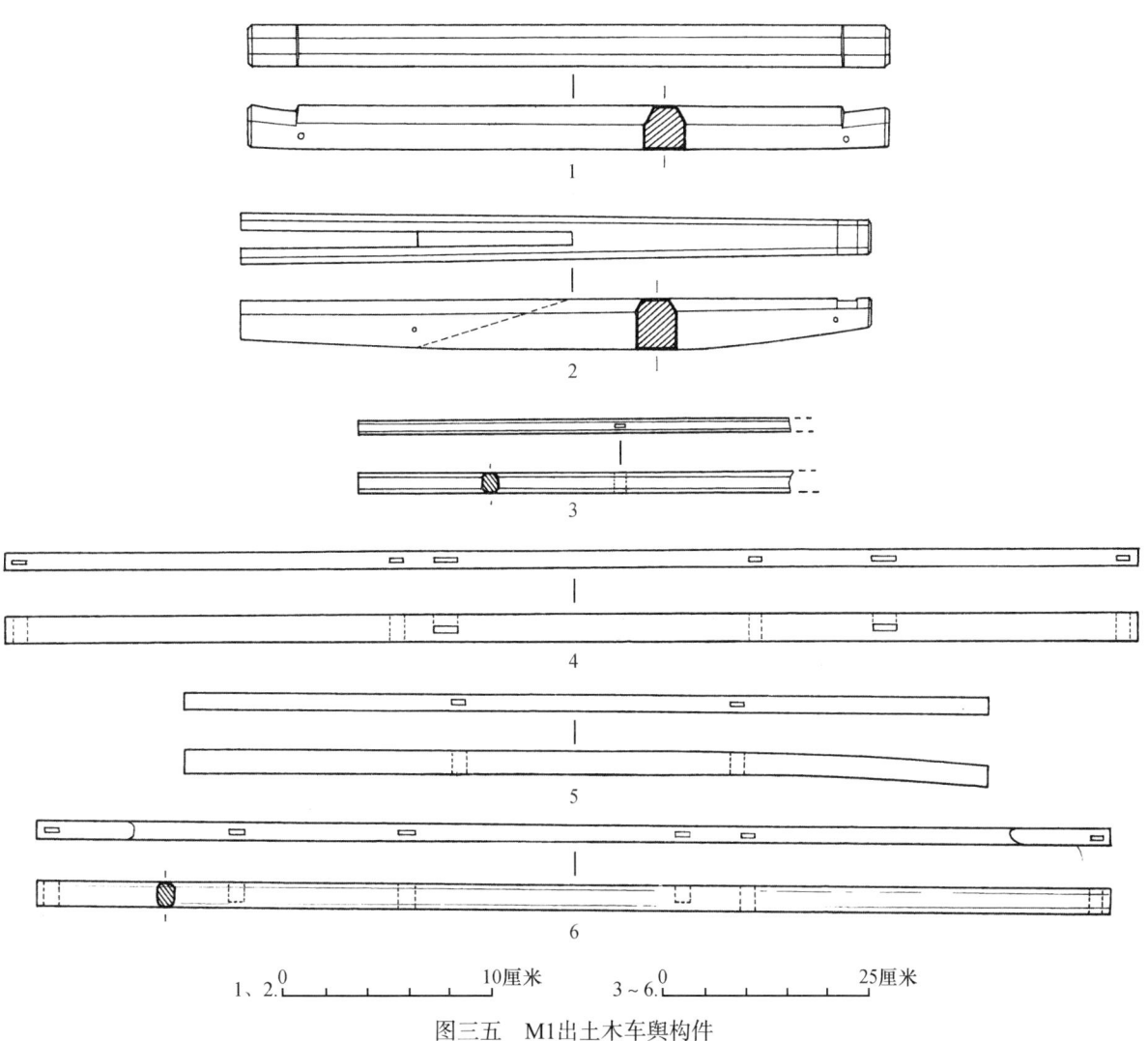

图三五 M1出土木车舆构件

1. Aa型（M1∶143-1） 2. Ab型（M1∶143-3） 3. Bc型（M1∶114-4） 4、6. Ba型（M1∶114-2、M1∶114-3）
5. Bb型（M1∶114-1）

Ab型　5件。M1∶143-3～7，底面两端上翘，中部粗，两端细。自另一端往中部劈成穿槽，其中一面短，一面长，致自一侧到另一侧成斜面，穿槽中部两侧面对穿小孔。M1∶143-3，长30.6、宽2.4、厚2.3厘米（图三五，2）。

B型　4件。整体较细长。根据断面及卯眼的不同可分三亚型。

Ba型　2件。M1∶114-2、3，截面长方形。M1∶114-2，侧穿四个小长方形卯眼，中间两侧面凿两个曲尺状卯眼。长136.5、宽3.5、厚2厘米（图三五，4）。M1∶114-3，侧面穿四个长方形卯眼和凿两个未穿卯眼。侧面髹黑漆。长129.8、宽3、厚2厘米（图三五，6）。

Bb型　1件。M1∶114-1，截面长方形。侧面中部穿两个长方形卯眼。长97、宽3、厚2厘米（图三五，5）。

Bc型　1件。M1∶114-4，残断。截面八棱形。侧面中部穿一个长方形卯眼。长52、宽2.5、厚1.7厘米（图三五，3）。

（2）铜器

6件3对。均为车軎。M1：118、M1：127、M1：130，均出自东边箱南端。形制、大小相同。表面灰黑露铜黄色。軎体两块外范、一块内芯浇铸，冒口因磨平不明；辖两块外范整体浇铸。軎身圆筒形，末端平，首端口部直折，窄沿方唇。軎体单凸箍，箍下有垫片；箍与口部间有对称长方形穿。辖首长方形，侧面对穿长方形孔，辖尾横穿方孔。均素面。M1：127-1，末端径3.3、首端径6、通高7.25、辖长6.2厘米，重320克（图三六，1；图版二八，1）。

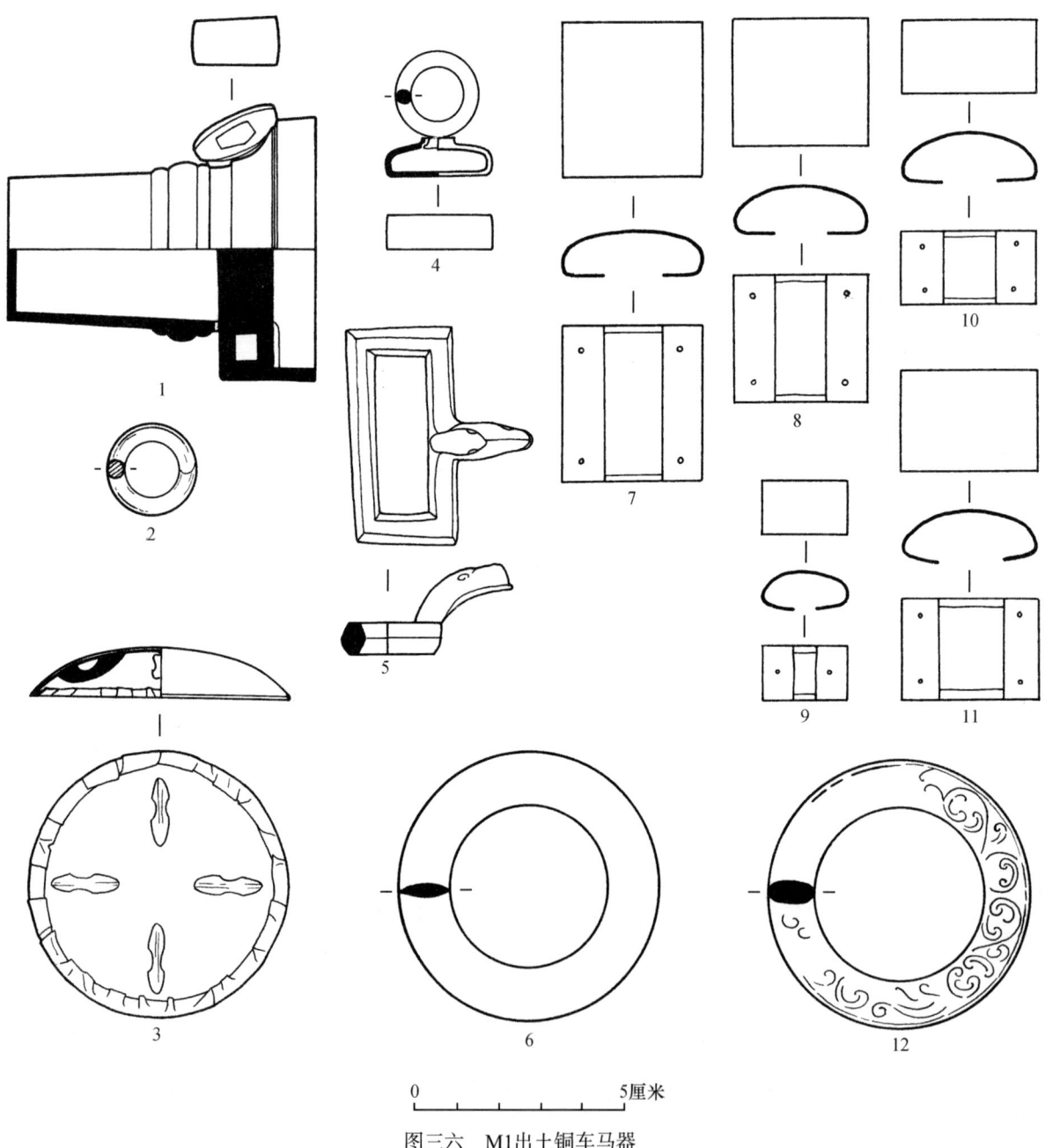

图三六　M1出土铜车马器

1. 车軎（M1：127-1）　2. B型环（M1：98-1）　3. 节约（M1：138-1）　4. 套环（M1：141）　5. 方策（M1：108-1）
6、12. A型环（M1：107-1、M1：107-2）　7～11. 镳（M1：142-1、M1：142-17、M1：142-56、M1：142-37、M1：142-25）

2. 马器

117件。质地有铜、木、骨等。

（1）铜器

94件。器类有马衔、节约、环、方策、锸、套环等。

马衔　8件。M1∶41（图版二八，2上）、M1∶88（图版二八，2下）、M1∶93、M1∶96、M1∶99、M1∶101、M1∶110、M1∶121，除1件出自东边箱北端外，其余均出自头箱南部。形制相同，两节套合，每节两端各一大一小两环，小环相套，索状杆。两大环扁圆形，小环圆形。杆较短细，横断面近圆形。杆上索槽不多。一节整体及另一节杆、大环分范合铸，浇冒口在大环顶端，然后再套到一小环范内铸接到一起，后铸小环外端正中圆凸或正中细凹两侧粗凸，铸痕已打磨。大小略有区别（表一七）。M1∶93，通长23厘米，大环径3.8厘米×5.2厘米，小环径2.6厘米×3厘米，重220克（图三七，1）。

表一七　M1铜马衔尺寸登记表　　　　　　　　　　（单位：厘米）

器号	通长	大环径	小环径	截面径
41	23	3.7×5.1	2.5×2.7	1
88	23	3.7×5.1	2.5×2.7	1
93	23	3.8×5.2	2.6×3	1
96	22.8	3.8×5.1	2.5×2.7	1
99	22.9	4×5	2.7×2.8	1
101	22.7	4.1×5.1	2.4×2.6	1
110	23	3.9×5	2.7×2.8	1
121	21	3.9×5.1	2.6×2.7	1

节约　12件。M1∶138-1~12，均出自东边箱南端。锻打焊接而成。形制、大小相同。圆形弧盘状，外面弧隆，边沿内卷，内面呈"十"字形分布四个半环钮。M1∶138-1，直径6.2、高1.2厘米，重68克（图三六，3；图版二八，3左）。

环　4件。均出自头箱南部。两范合铸。圆形，单体。根据大小及截面不同可分为二型。

A型　2件。M1∶107-1、2，形体较大。截面扁圆形。M1∶107-1，素面。外径6.3、内径3.8、厚0.3厘米，重38克（图三六，6；图版二八，5左）。M1∶107-2，双面饰阴线卷云纹。外径6.3、内径4.1、厚0.55厘米，重44克（图三六，12；图版二八，5右）。

B型　2件。M1∶98-1、2，形体较小。截面呈圆形。素面。M1∶98-1，外径2.1、内径1.3厘米，重22克（图三六，2；图版二八，4左）。

方策　2件。M1∶108-1、2，出自头箱南端中部。两范合铸。体近长方形环状，截面椭圆形，一长侧面中部伸出一上翘鸟首。M1∶108-1，体长4.9~5.5、宽2.4~2.6、鸟首长2.4厘米，重56克（图三六，5；图版二八，6左）。

镈　67枚。M1∶142-1～67，集中出自东边箱南部。铜片锻打而成。形制相同，大小有别。扁体，平面纵或横长方形，截面"C"形。未闭合面较大者四角各有一孔，较小者两侧中部各有一孔。表面贴银箔。部分镈内残留有丝带，平纹编织，经纬组织点一上一下，其经纬密度每平方厘米经线48根，纬线82根。M1∶142-1，长3.6、宽3.3、高1厘米，重9克（图三六，7；图版二九，1左）。M1∶142-17，长2.98、宽3.2、高1.05厘米，重7.2克（图三六，8；图版二九，2左）。M1∶142-25，长2.35、宽3.3、高1.2厘米，重5.8克（图三六，11）。M1∶142-37，长2.6、宽3.25、高1.1厘米，重4克（图三六，10；图版二九，3左）。M1∶142-56，长1.28、宽2、高0.9厘米，重1.8克（图三六，9）。

套环　1件。M1∶141，出自东边箱中南部。由小圆环和座组成。环截面圆形，一端外侧铸有短柱，另有一扁体空心套座，座口与柱铆接。通高2.95、环径2、座长2.55、宽0.8厘米，重29克（图三六，4；图版二九，4）。

（2）木器

20件。器类有马镳、纛、橛等。

马镳　12件6对。M1∶95、M1∶100、M1∶112、M1∶167、M1∶168、M1∶169，散置于头箱南部。整木斫制，弧形杆，两端较细，中部较粗，横断面中部椭圆形，两端圆形，中段对穿两长方形孔，两端出榫头套帽，帽均失。尺寸相差较大（表一八）。器表髹红漆。M1∶100-1，通长31.8、截面径0.6～1.88、侧穿孔径0.8厘米×0.9厘米（图三七，2）。

表一八　M1马镳尺寸登记表　　　　　　　　　　（单位：厘米）

形制	器号	质料	通长	截面		侧面孔（长×宽）	备注
				长径	短径		
椭圆形马镳	95-1	木	30.5	1.8	1.1	1×0.5	略残
	95-2	木	30.7	1.85	1.3	0.9×0.7	略残
	100-1	木	31.8	1.88	0.6	0.9×0.8	略残
	100-2	木	31.8	1.88	0.8	0.9×0.8	略残
	112-1	木	31.1	1.8	1	1.1×0.6	略残
	112-2	木	30	1.6	1.1	1×0.5	略残
	167-1	木	30.3	1.8	1.3	1×0.5	略残
	167-2	木	30.5	1.8	1.2	1.1×0.7	略残
	168-1	木	27.5	1.9	1.2	1×0.6	略残
	168-2	木	23.1	2	1.1	1×0.5	严重残
	169-1	木	30	1.5	0.9	1×0.7	略残
	169-2	木	32.2	1.7	1	0.9×08	略残
六棱形马镳	77-1	骨	残12	2.1	1.5	0.6×0.6	残
	94-1	骨	残13.4	1.8	1.8	0.6×0.6	残
	94-2	骨	残13.4	1.8	1.8	0.6×0.6	残

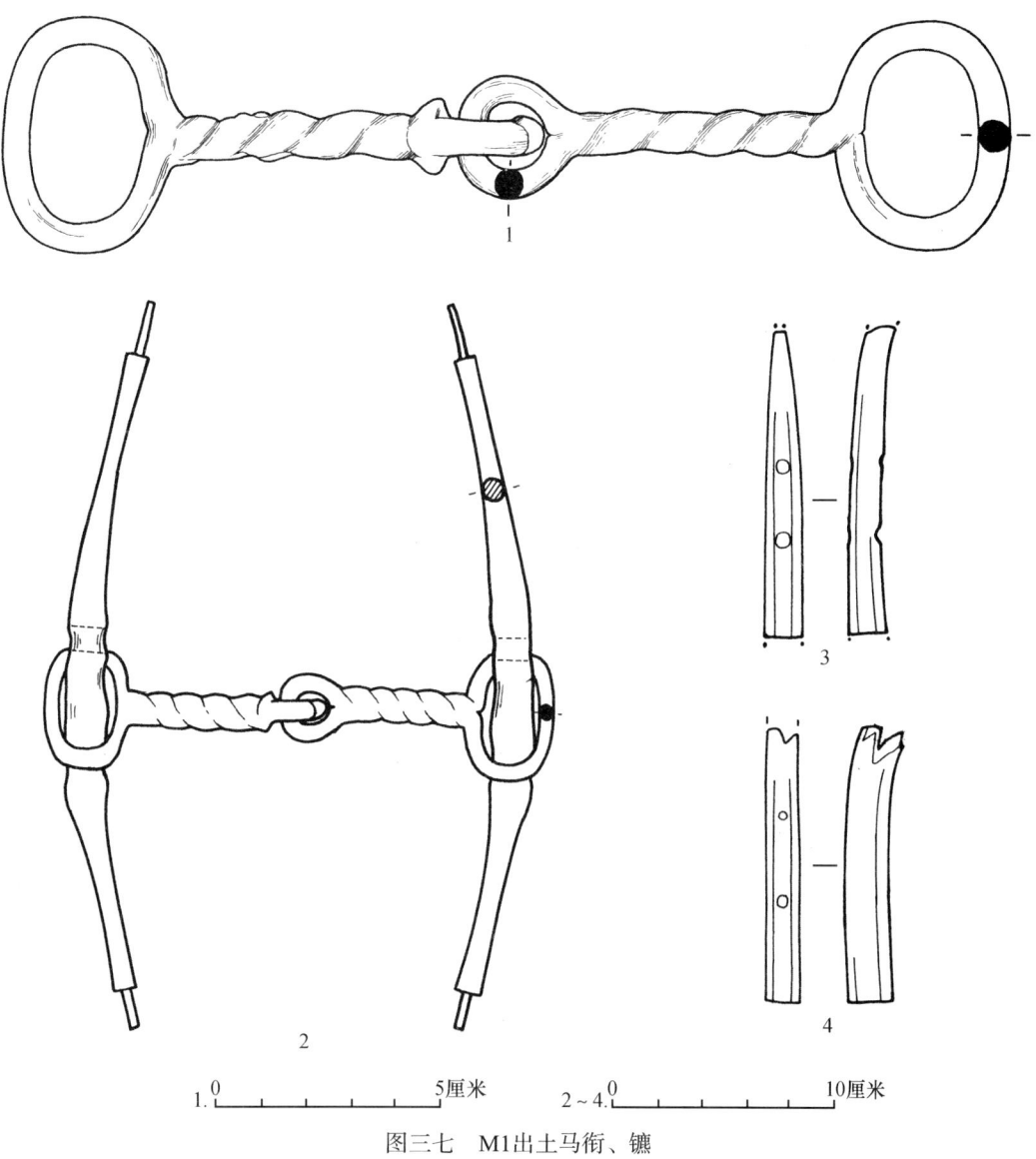

图三七　M1出土马衔、镳
1. 铜马衔（M1：93）　2. 木马镳（M1：100-1）　3、4. 骨马镳（M1：94-1、M1：77）

纛　6件。分别出自头箱中部、东边箱北端。整块木外削内凿而成，内空。尺寸差别不大（表一九）。根据整体形制的不同可分为二型。

A型　4件。M1：91、M1：111、M1：116、M1：117，平面椭圆形，平顶，斜壁略弧似覆碗形；平顶上钻20个小圆孔，内插竹签均残断，近底部两侧分别有一圆形和方形穿孔，圆孔长径0.3厘米，方孔长0.45、宽0.4厘米。M1：91，顶径5.3~5.5、底径8.5~11.5、高4.8厘米（图三八，5）。

B型　2件。M1：90、M1：126，平面扁圆形，弧顶，斜壁略弧，沿长径壁、顶面内削微凹近平，宽1.2厘米，近底部两侧分别有一圆形和方形穿孔，圆孔长径0.35厘米，方孔长0.5厘米。M1：90，底长径12.4、短径7.8、高6.8厘米（图三八，1；图版二九，5）。

表一九　M1木蠹尺寸登记表　　　　　　　　　　（单位：厘米）

分型	器号	座			高	签		备注
		顶径	底端长径	底端短径		长	径	
A型	91	5.3~5.5	11.5	8.5	4.8			平顶
	111	5.3	12.6	6.2	4.8		0.3	平顶
	116	5.3	11.6	7.6	4.9		0.3	平顶
	117	5.3	11.5	6.9	4.8		0.3	平顶
B型	90		12.4	7.8	6.8		0.3	弧顶
	126		12.5	8.6	7			弧顶

橛　2件。M1：92、M1：154，出自头箱中南部。圆棒形，中间粗，一端略细，一端更细，两端均出榫头套帽，帽已失。稍粗的一端内侧穿一长方形孔，横贯一根扁薄长方形骨条，两者呈十字交叉状，内侧套一圆饼形革片，仅存漆皮；另一端套一圆环。橛髹黑漆。M1：92，革片漆皮正面边缘髹黑漆地，黄彩绘相向内填绿彩点的三角卷云纹，间相向"C"形卷云纹，两种卷云纹间填黄彩点；中部髹红漆地，黑、黄彩顺时针绘四凤鸟纹。背满髹红漆。M1：92，通长52、粗径2.6厘米，革片直径14.7、厚0.7厘米（图三九；彩版一四，5）。M1：154，形制、大小与M1：92基本相同，应为一对（彩版一四，6）。

（3）骨器

3件（一对半，缺1件）。均为马镳。M1：77、M1：94，出自头箱中东部。均残损。兽骨（角）斫削并钻孔制成。形制大体相同。尖角形，一端粗，端面平，一端细尖，截面六棱形，腹中空。中部各有两个圆形小穿孔，孔径0.6厘米。器表髹黑漆。M1：77，仰角端残损。残长12、径1.5~2.1厘米（图三七，4）。M1：94-1，略残，可复原。残长13.4、径1.8厘米（图三七，3）。

（七）葬仪品

8件。分木、竹两类。

1. 木器

7件。均为俑，分为俑和片俑。

俑　3件。M1：4、M1：57、M1：64，出自头箱中东部、西南部。按照真人形貌依比例刻成。头、身整木雕成，四肢单独雕刻后以榫头与身体扣接，其中双手与衣袖呈木块状。正身站立状，五官分明，双脚并立，两臂微曲前伸。身着宽袖深衣，脚穿鞋。黑彩绘头发、鞋。M1：4，面较瘦长，左手侧握，右手平伸。黑彩描摹眼珠。深衣髹黑漆地，白彩绘桃心领，红彩绘宽腰带，除领、腰带外的部位以白彩绘圆圈套点纹。通高59厘米（图四〇；图版三〇，1）。M1：57，左手平伸，手指微曲；右手侧握。深衣髹黑漆地白彩装饰纹样，交领存少量波折纹；衣、袖面绘多种形态的凤鸟纹，袖缘绘"人"字纹；衣下摆绘竖条纹。通高50.8厘米

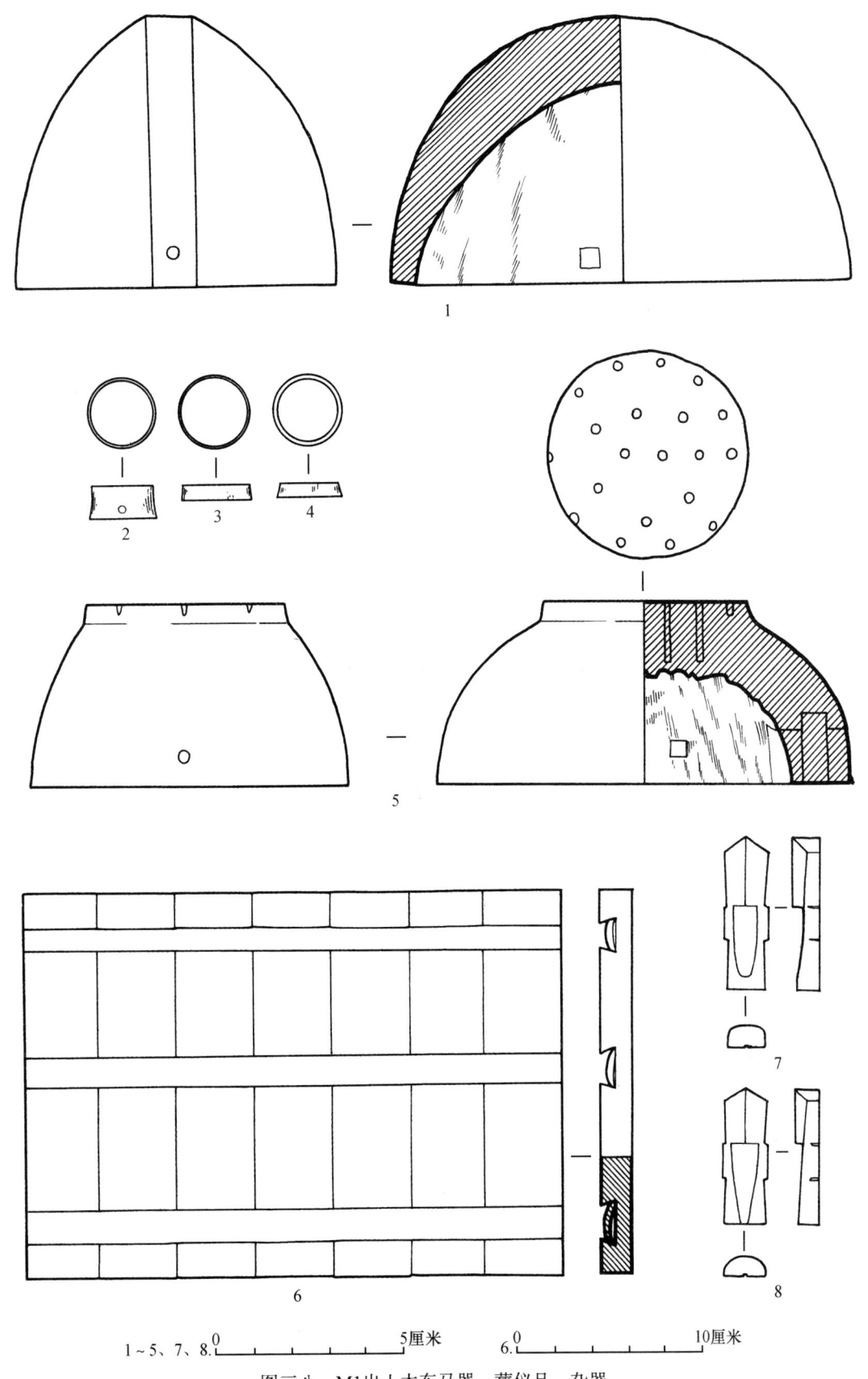

图三八　M1出土木车马器、葬仪品、杂器

1. B型轙（M1：90）　2~4. 圆饼（M1：28-1、M1：28-2、M1：28-3）　5. A型轙（M1：91）　6. 连板（M1：68）
7、8. 片俑（M1：128、M1：148）

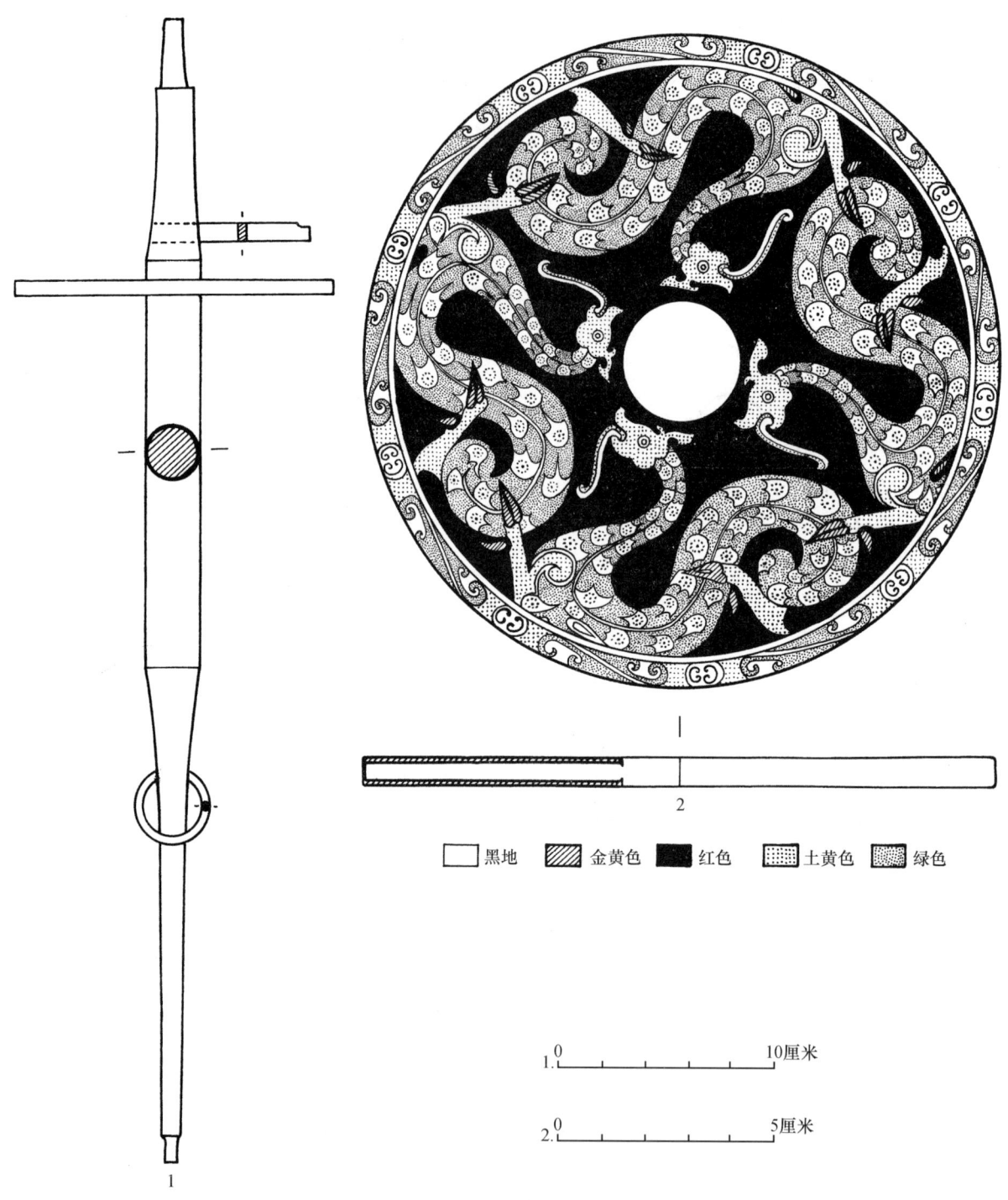

图三九　M1出土木樾（M1∶92）
1. 樾　2. 樾片彩绘纹饰

（图四一；图版三〇，2）。M1∶64，双手形态同M1∶57。深衣髹黑漆地白彩装饰纹样，交领与下摆绘竖条纹，衣面绘多种形态的凤鸟纹间涡纹、雷纹、圆圈纹等，后腰部留白。左手袖面绘四鹿昂首站立，外侧上、下方为两雄鹿，一小一大，双角高耸，另两鹿为雌鹿，后部雌鹿仅绘出头、颈部；右手袖面绘双线"図"纹，每个角各绘一大圆，内有五个小圆圈呈斜"十"

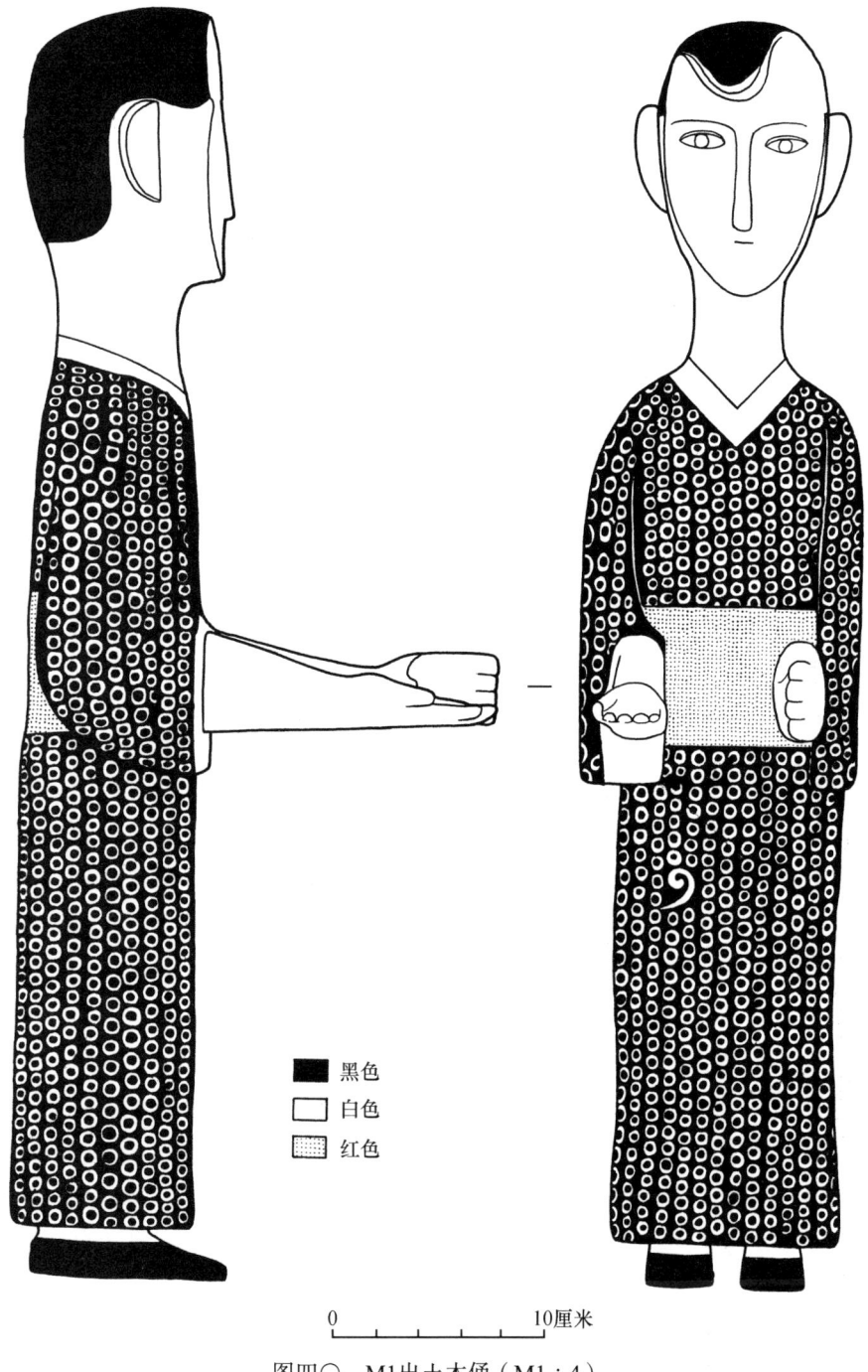

图四〇　M1出土木俑（M1∶4）

字组成的图案，任两角间的双线内填连续"人"纹，方框内双线外填点纹；袖缘绘"人"字纹。通高52.6厘米（图四二；图版三〇，3）。

片俑　4件。M1∶128（图版三〇，4左2）、M1∶148（图版三〇，4左1）、M1∶174（图版三〇，4右2）、M1∶175（图版三〇，4右1），均出自东边箱中南部。形制、大小基本相同。小半圆木削成人体轮廓，未雕刻或描画五官及手足细部。头顶三角形，前凹后平，下颚平齐，肩宽较薄，下足较厚。M1∶128，高4、厚0.4～0.75厘米（图三八，7）。M1∶148，高3.6、厚0.45～0.65厘米（图三八，8）。

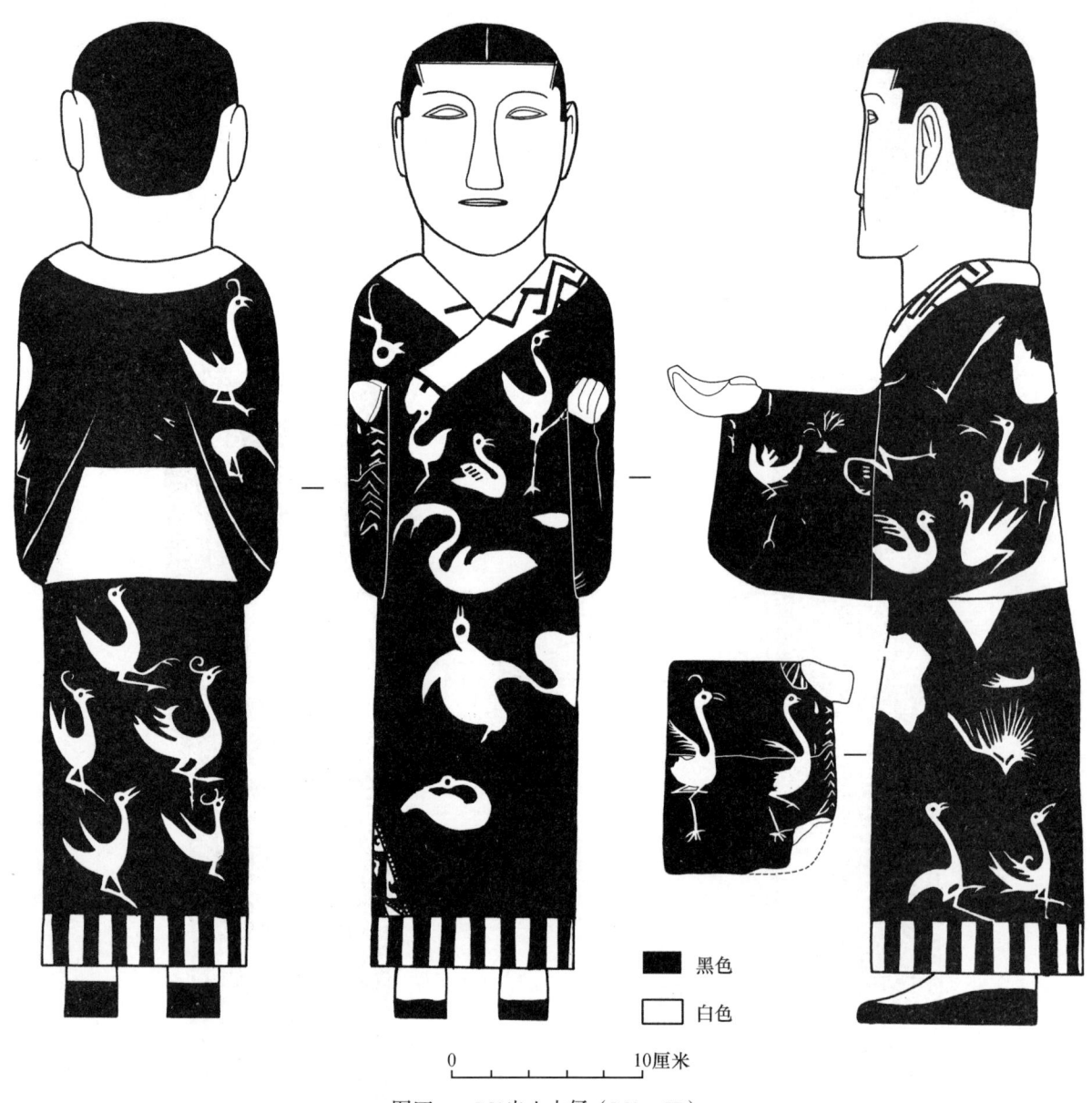

图四一　M1出土木俑（M1∶57）

2. 竹器

仅1件幡杆。M1∶63，下葬时折为三段放于头箱东部。木芯，一端粗，一端细，外用细竹条包裹，间隔穿4个圆木箍。自尖端往后326厘米段髹红漆，以下髹黑漆。全长496、粗径2.5、细径2厘米（图三四，1；图版三〇，5）。

（八）装饰品

16件。分玉、石、料三类。

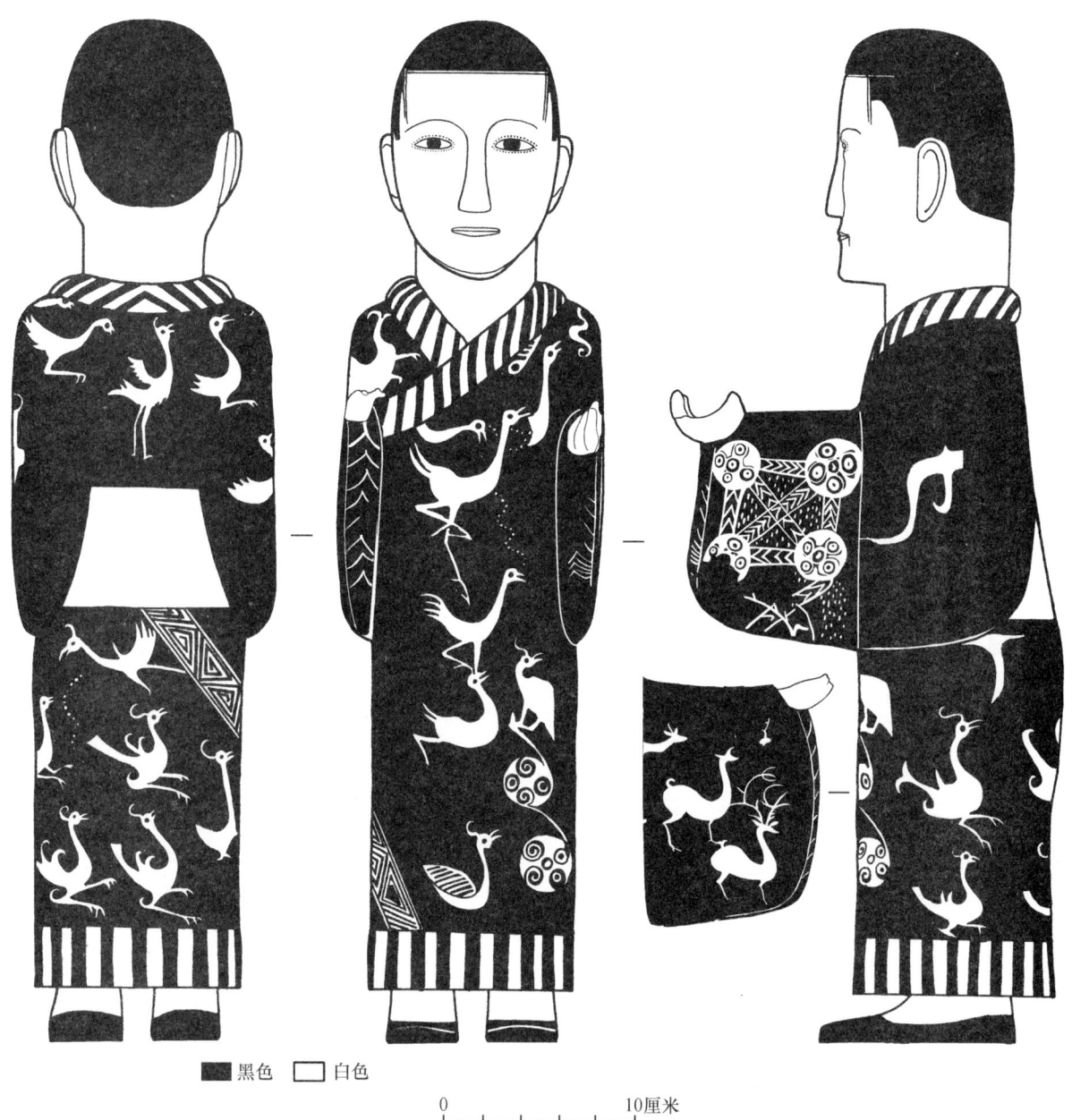

■ 黑色　□ 白色

0　　　　10厘米

图四二　M1出土木俑（M1∶64）

1. 玉器

12件。均出自棺室人骨架内外。器类有佩、璜、珩、璧、瑗、环、珠、管、条等。

佩　1件。M1∶160，灰绿色，局部有白沁。平面近扁圆形。两面图案相对，透雕双龙戏珠，左右对称，龙首相背，龙身弯曲近"3"形，前爪同下腹扶珠。龙身浅刻谷线，龙耳、足、尾部及珠面浅刻斜线、网格、双弧线纹等。宽12.1、高5.35、厚0.35厘米（图四三，1；彩版一五，1）。

璜　1件。M1∶157，浅绿色，边缘有沁。平面呈扇形。两面图案相对，中部透雕双龙戏珠，两端透雕附龙，龙首向下。细部及龙体轮廓阴线刻划，内填网格、斜线、卷云纹等。宽

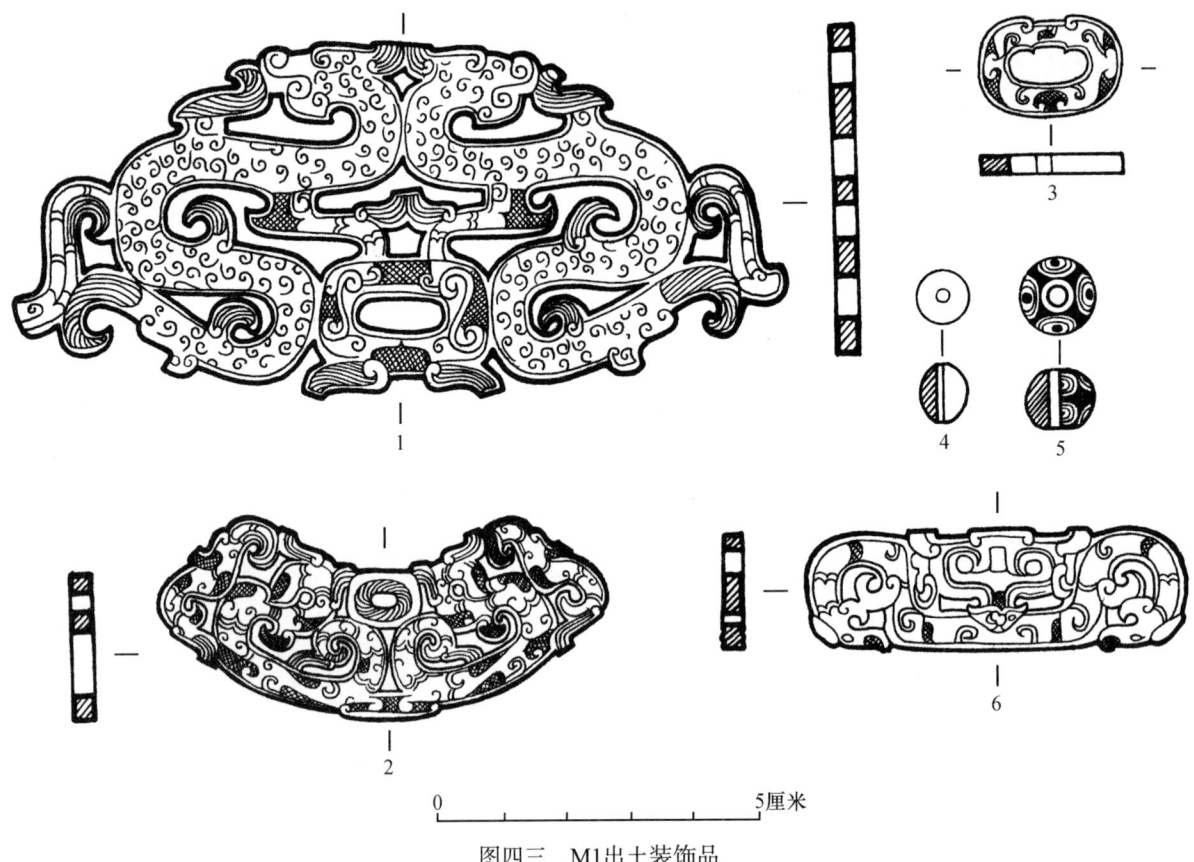

图四三　M1出土装饰品

1. 玉佩（M1∶160）　2. 玉璜（M1∶157）　3. 玉环（M1∶164）　4. 玉珠（M1∶155）　5. 料珠（M1∶87）
6. 玉珩（M1∶162）

7.1、高3.05、厚0.35厘米（图四三，2；彩版一五，3）。

珩　1件。M1∶162，浅灰泛白色。平面近长方形，两短边略弧。面、背透雕双龙回首相向状，中部透雕双角兽，一面平，一面略向三面斜。龙身浅刻波浪、网格、卷云纹等。宽5.9、高1.8、厚0.35～0.4厘米（图四三，6；彩版一五，2）。

璧　1件。M1∶161，青灰色。一侧薄，一侧厚。双面阴刻卷云纹。肉径6.2、好径2.5、厚0.45～0.7厘米（图四四，2；彩版一七，1、2）。

瑗　1件。M1∶159，青灰色，一边有间断沁。内外缘微起凸棱。双面阳刻卷云纹。肉径6.28、好径3.73、厚0.4厘米（图四四，5；彩版一七，3）。

环　1件。M1∶164，浅灰色。扁圆形，一外侧中部下凹。正面浅刻卷云纹，局部填网纹；背面光滑。长径2.2、短径1.6、厚0.3厘米（图四三，3；彩版一五，4）。

珠　1件。M1∶155，浅灰白色。椭圆体，中部对穿一圆孔。素面。长径0.9、短径0.7、孔径0.2厘米（图四三，4；彩版一六，6）。

管　2件。扁体，条形。中间纵穿一小圆孔。素面。按照整体形制的不同可分二型。

A型　1件。M1∶156，浅绿色。体较长。截面长方形。长4.9、宽1、厚0.45、孔径0.15厘米（图四四，8；彩版一六，1）。

B型　1件。M1∶163，浅绿色，微泛白。体较短。截面长方形，两端中部各有一浅凹槽，两侧面各有三浅凹槽。长2.6、宽0.9、厚0.4、孔径0.2厘米（图四四，3；彩版一六，3）。

条　3件。实体。根据整体形制的不同可分二型。

A型　2件。M1∶158、M1∶165，灰白色。长条形，截面呈八棱形，一侧中部有"W"形凹槽。M1∶158，一端面有浅椭圆形凹槽。长5.4、宽1.05、厚0.6厘米（图四四，7；彩版一六，2）。M1∶165，长5.4、宽1.1、厚0.62厘米（图四四，6；彩版一六，5）。

B型　1件。M1∶166，浅绿色。平面三竹节状，截面半圆形。长2.65、宽0.6~0.8、厚0.6厘米（图四四，4；彩版一六，4）。

2. 石器

仅1件璧。M1∶115，出自内椁室北室中部。青灰色。圆形，好大于肉。一边薄，一边厚。双面阳刻谷纹。肉径7.1、好径2.33、厚0.3~0.6厘米（图四四，1；彩版一五，5）。

3. 料器

3件。均为珠。M1∶87、M1∶146、M1∶176，出自头箱北端中部、东边箱南端。陶胎。圆形，中有一孔，壁面有八个圆孔，内镶蓝色琉璃块。琉璃外饰同心圆纹。M1∶87，同心圆重圈。直径1.15、穿孔径0.35、长径1.8厘米（图四三，5；彩版一七，5）。M1∶146、M1∶176，器表饰绿彩，彩脱落后成黑灰色。直径1.4、穿孔径0.4厘米（彩版一七，4左、右）。

（九）杂器

814件。分木、麻两类。

1. 木器

813件。器类有连板、圆饼、构件和管等。

连板　1件。M1∶68，出自头箱中东部。整器呈长方形，由七块长木板横向拼接，纵向分间隔凿三道燕尾槽，凹槽口小内大，用竹条穿连而成。长28.8、宽20、厚1.7厘米（图三八，6）。

圆饼　4件。M1∶28，出自头箱北端中部。圆形，实体，面平，截面呈梯形。M1∶28-1，微束腰，腰下部有一穿孔。径3.3~3.6、厚1.7厘米（图三八，2）。M1∶28-2，径3.6~3.8、厚0.8厘米（图三八，3）。M1∶28-3，径3.2~3.6、厚0.7厘米（图三八，4）。M1∶28-4，形制、大小同M1∶28-1。

构件　1件。M1∶170，出自东边箱中部。平面长方形，一端面有倒角棱，一角弧至侧腹内凹；另一端一面从器身中部凿空。长7.8、宽4.85、高1厘米（图四五，1）。

管　807件。M1∶60，散置于内椁室各处。其中195件残。管体较小，两端平齐，横穿一孔或不穿孔，表面多有修削痕迹，截面作多棱形或圆形，少量管表髹红漆。其加工方法一般是将小木棍截成木管的合适长度，再修削成器。这些众多的小木管用途不明。长2.8~5、最大径1~1.55厘米（图四五，2~10；图版二九，6）。

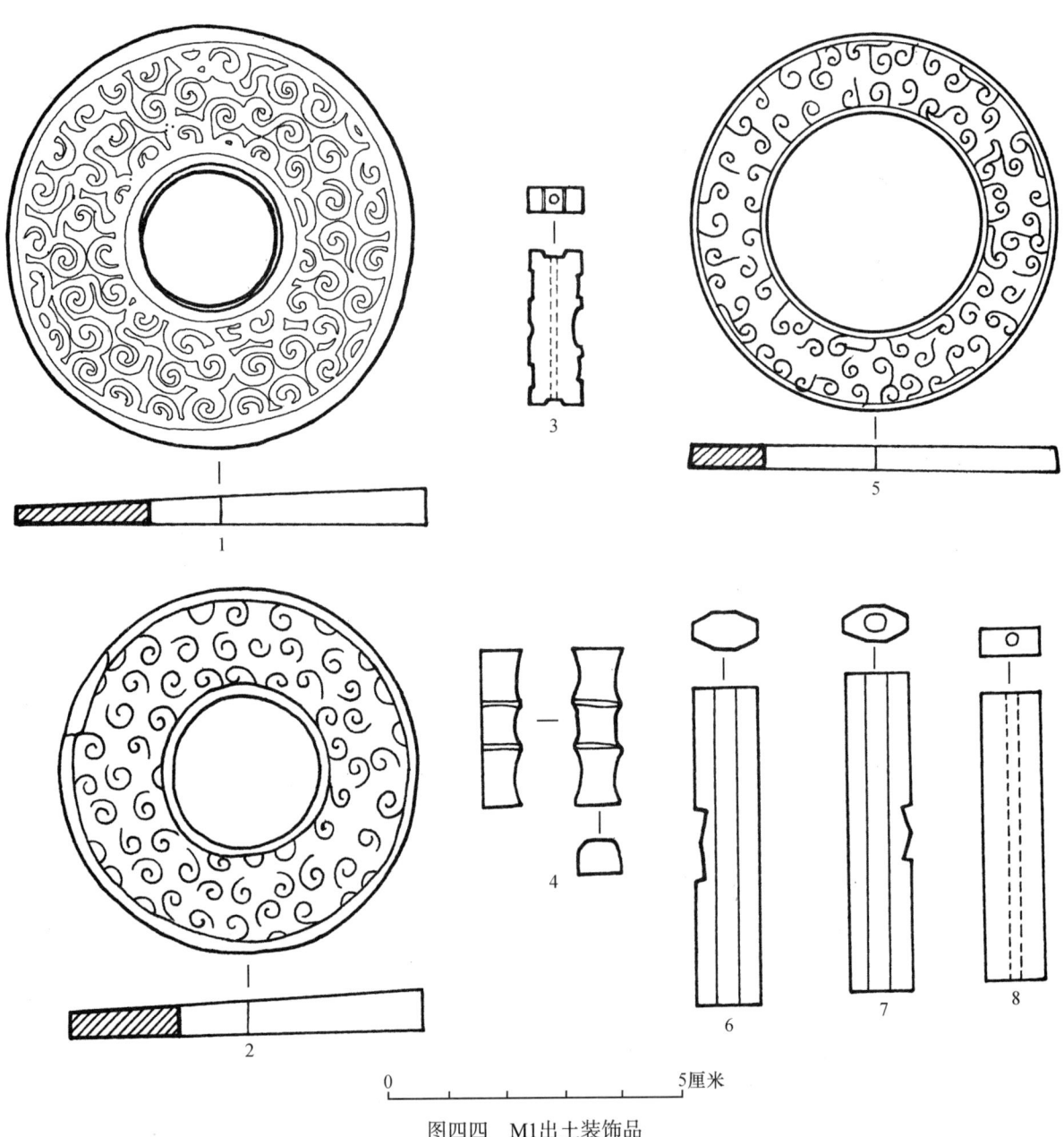

图四四　M1出土装饰品

1.石璧（M1∶115）　2.玉璧（M1∶161）　3.B型玉管（M1∶163）　4.B型玉条（M1∶166）　5.玉瑗（M1∶159）
6、7.A型玉条（M1∶165、M1∶158）　8.A型玉管（M1∶156）

2.麻

仅1件麻团。M1∶89，出自头箱东北部。已基本腐烂。

（十）竹简

44支。M1∶144，出自东边箱中部，出土时呈卷状，表面粘满淤泥，后经清理、拼对。其中，有字简21支，无字简23支，无字简皆残断，应是有字简书写剩余的空白。6支简基本完

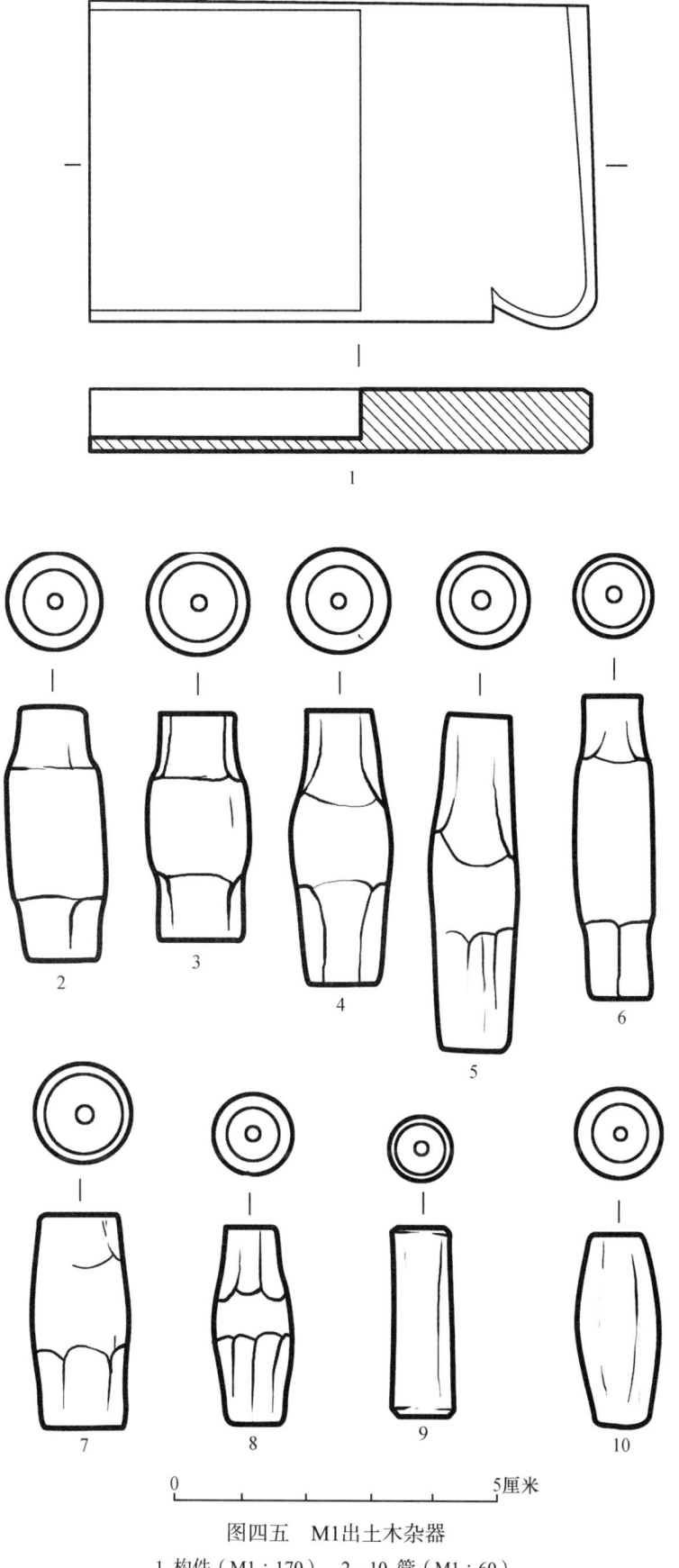

图四五　M1出土木杂器
1. 构件（M1：170）　2~10. 管（M1：60）

整，其余均不同程度残损，残断处不少是竹节或契口的位置。脱水处理后，整简长57.8~68、宽0.3~0.9、厚0.1~0.2厘米（表二〇）。竹简背面保留有竹皮，两端头平齐，简正面近简首、尾端处被削薄，形成约1.5厘米长的向简端头倾斜的坡面。部分竹简的正反面皆可见经修整的竹节，竹节处不避字。竹简以两道编绳编连，部分简在右侧修三角形契口，契口未切破简背。少数简在契口处留有丝质编绳或编痕。简的上道编绳距简首端17.2~19.4厘米，下道编绳距简末端16.4~18.3厘米，编绳的位置大体分为两种。竹简文字全部写在篾黄面，字间距不等，书写风格不完全一致，字体大体可分两类，一类文字较大且显潦草（如简1），一类文字较纤细、工整（如简17）。简文顶格书写，分段时文字不接抄，转行另简书写。简文使用短横"-"作为不同物品记录之间的分隔标识，同时在段末使用了钩号"∟"来提示内容的分段。竹简的编痕均未压字，但个别简的编痕几乎遮住文字下部笔画（如简4），反映出竹简应当是先写后编。竹简内容属遣册。记录的物品主要是车乘及车马器、食器及食物、兵器及工具、乐器、服饰和日常生活用具等，与实际出土随葬品的器类大体相符，其中也有一部分因没有下葬或在墓中腐朽，而未见实物出土（图版四四~图版四七）。简1记有"周客南公痈跎楚之岁，夏栾之月，癸酉之日，君葬贤子，列尹命执事人为之藏"，当是墓主下葬日期。

表二〇　M1竹简（M1∶144）有字简尺寸登记表

整理号	完残情况	尺寸（厘米）	备注
1	完整，断为两段	长67.6、宽0.7~0.8、厚0.15	脱水后尺寸
2	残存前半段	残长31、宽0.5~0.7、厚0.15	
3	完整，断为五段	长68、宽0.4~0.8、厚0.1~0.2	
4	完整，断为四段	长66.8、宽0.4~0.8、厚0.15~0.2	
5	残存前半段，并断为两段	残长31.3、宽0.7~0.8、厚0.15~0.2	
6	残存后半段，并断为三段	残长36.5、宽0.5~0.8、厚0.1~0.15	
7	残存前端一小段	残长22、宽0.7~0.8、厚0.15	
8	残存前部小段	残长9.4、宽0.7、厚0.15	
9	残存后大半段，并断为两段	长49.5、宽0.6~0.8、厚0.15~0.2	
10	完整，断为四段	长68、宽0.65~0.9、厚0.15~0.2	
11	完整，断为两段	长65.9、宽0.4~0.7、厚0.1~0.15	
12	残存后端小半段	残长19.8、宽0.5~0.6、厚0.15	
13	残存后端小段	残长9.8、宽0.5~0.6、厚0.15	
14	残存后端小半段	残长20、宽0.5~0.7、厚0.15	
15	完整，断为两段	长57.8、宽0.4~0.6、厚0.1~0.15	
16	残存前端小半段，并断为两段	残长17、宽0.4~0.5、厚0.1~0.13	
17	残存前半段，并断为两段	残长34.4、宽0.4~0.8、厚0.1~0.15	
18	残存前端小段，并断为两段	残长8.5、宽0.3~0.4、厚0.1	
19	残存前端小段	残长9.7、宽0.6~0.7、厚0.15	
20	残存前端小段	残长9.5、宽0.5、厚0.1	
21	残存前部小段	残长5.8、宽0.3~0.4、厚0.1	

第三章 二 号 墓

二号墓（编号M2）位于墓地西北部，与M1东西并列，处东部，两墓相距7米。具体叙述如下。

第一节 墓葬形制

一、兆 域

该墓因取土，其上部已被破坏。为"凸"字形土坑竖穴墓。

（一）墓圹

墓圹平面呈长方形，方向197°。现存坑口长4.6、北宽2.8、南宽2.6米，底同口大，深4.35米。壁面较为光滑，经过人工加工修整。

南设墓道，前大部为斜坡，上口长4.35、宽2.6、斜坡长4.35、宽2.6、深1.95米，坡度26°；下端有一级台阶，长2.6、宽0.4、高0.36米（图四六）。

（二）填土

墓道前部呈倒三角形，填五花土，最深处1米，墓道其余部分及墓圹满填青膏泥，土质黏。

墓圹填土内中层东北角发现1块残牛骨和1件木楔，东南角也有1块牛骨和木棒、盒各1件，木器均未髹漆。

木棒　1件。M2∶03，条形，一端粗，一端细，横断面近八棱形。长43、宽2.1~4.8厘米（图四七，1）。

楔　1件。M2∶02，扁体，双面微弧，一侧面直壁，一侧面弧壁，一端粗，一端细，细端有凸箍。素面。长17.8、宽3.8~6.6、厚1~4.4厘米（图四七，2）。

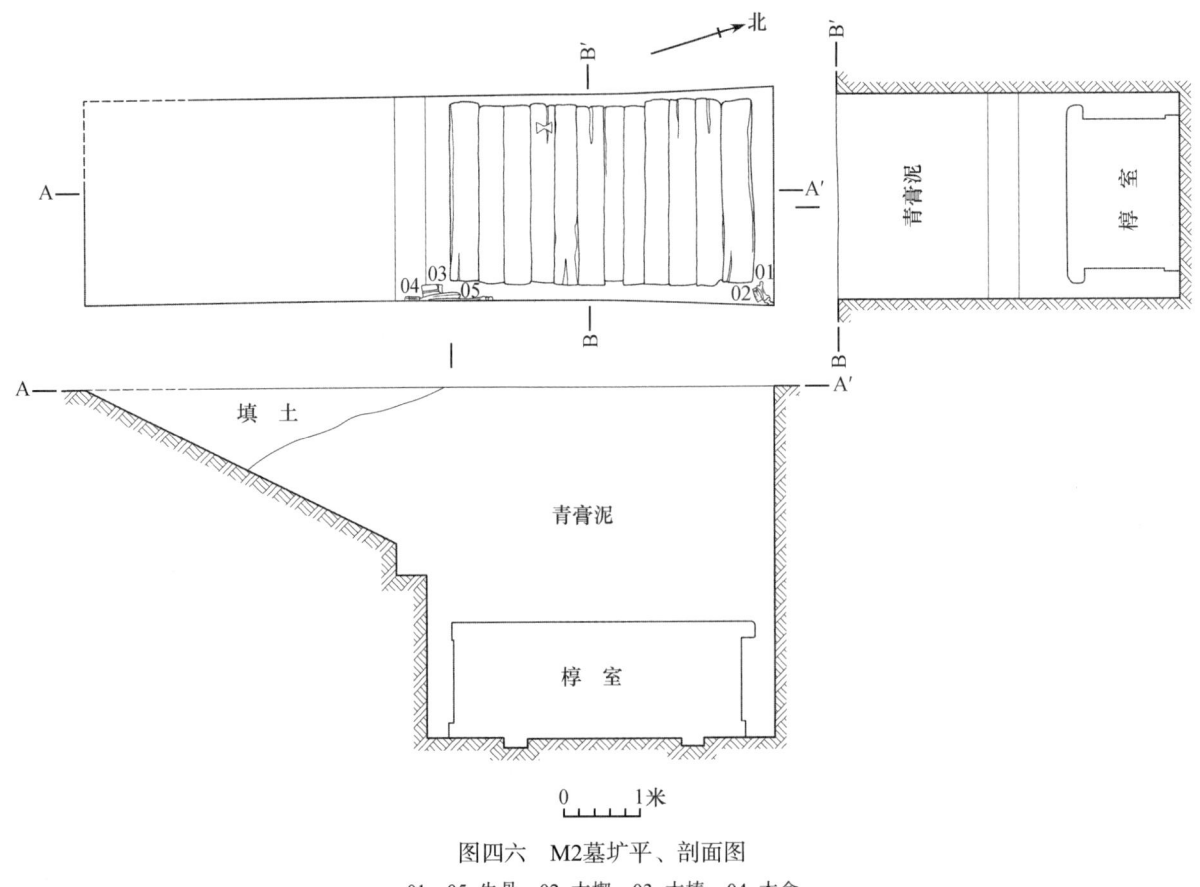

图四六　M2墓圹平、剖面图
01、05. 牛骨　02. 木楔　03. 木棒　04. 木盒

盒　1件。M2:04，盖局部残。厚胎。长方形，子口，外壁斜收，下壁四角弧削，平底；内壁均斜平，浅腹，内底平。外壁两端各出长方形柄。上承平板盖，外缘一周凹进且体薄，中部体厚。素面。口长25.6、口宽15.2、底长15.2、底宽7.2、通高8厘米（图四七，3）。

（三）封土

该墓因上部遭到破坏，封土情况不明。据附近的几座较大封土堆情况分析，该墓原也应有封土堆，以灰白土夯筑而成。结合取土前未发现土堆看，封土早年已被取平。

二、葬　具

葬具皆为木质，置于墓坑底部正中，为单椁重棺。

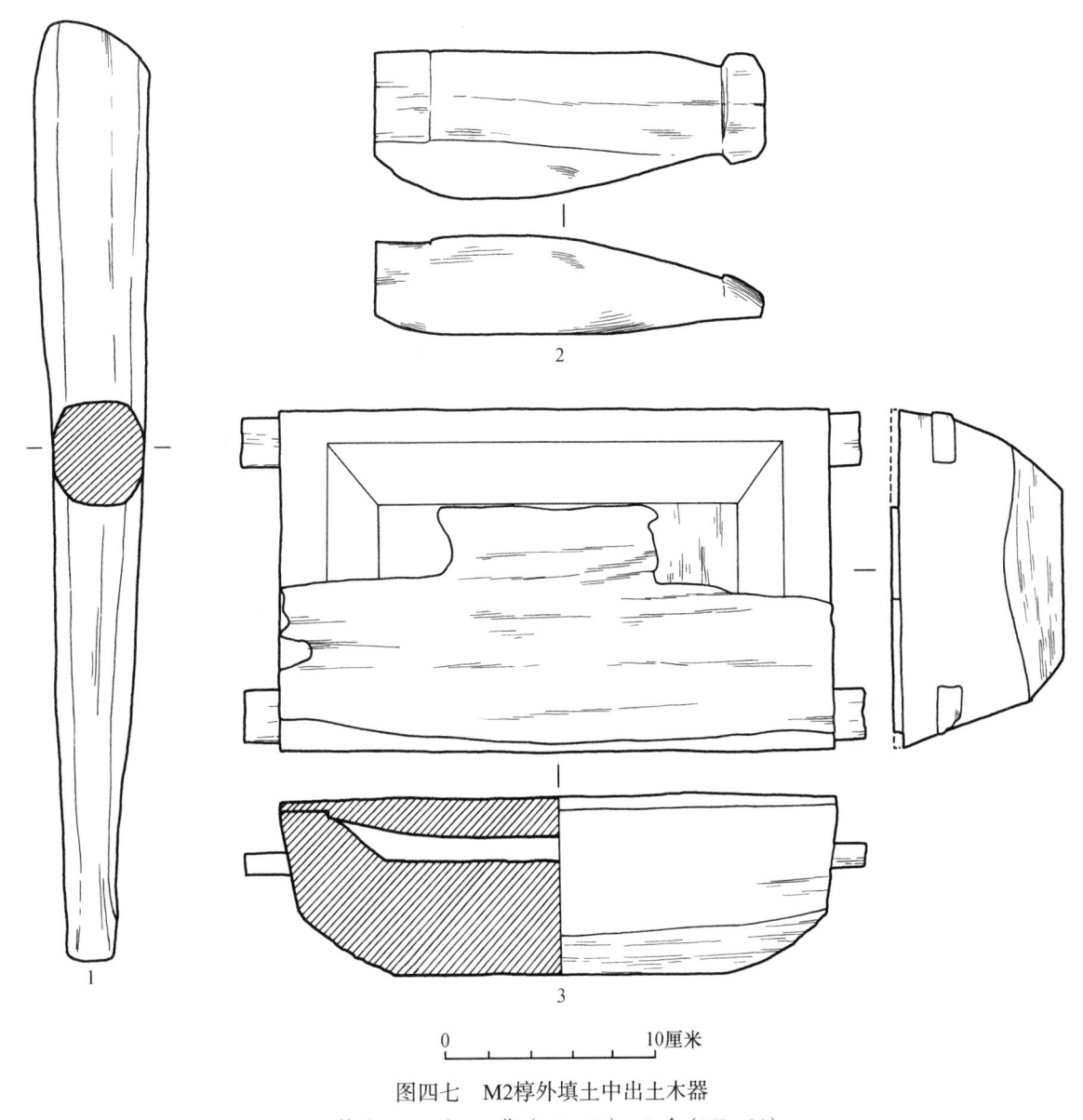

图四七　M2椁外填土中出土木器
1. 棒（M2：03）　2. 楔（M2：02）　3. 盒（M2：04）

（一）椁

椁室平面呈"Ⅱ"形，南北长3.85、东西宽2.3、高1.47米。由方木排列的底板、墙板、挡板、盖板组成，其中底板纵向平铺而成，墙板纵向上下叠成，挡板横向上下叠成，盖板横向并排而成。

底板7根方木，单根长3.88～3.93、宽0.22～0.37、厚0.2米。底板每根方木两端靠内侧底面横向凿宽0.26～0.3、深0.05米左右的梯形浅凹槽，槽内各横向叠放垫木1根，北垫木长2.32、宽0.3、厚0.15米；南垫木长2.39、宽0.3、厚0.15米。因承重，2根垫木已完全压入墓底平面下，形成了两条垫木槽。底板上直接叠放墙、挡板。

东墙板4根方木，单根长3.42、宽0.22、厚0.23～0.3米；西墙板5根方木，最下面一根方木弧角，长3.42、宽0.22、厚0.08～0.3米。墙板内侧两端均出短榫头，长0.07、宽0.18米。西墙板最上层方木距南挡板0.05米、北挡板0.9米处的内上角凿一边长0.05米的小方槽；两面墙板最上层方木各距北墙板0.62米处的内上角各凿一边长0.05米的小方槽。

南、北挡板各有4根方木，最下端方木外下角弧。南挡板单根长2.33、宽0.26米，厚自下而上分别为0.09、0.26、0.4、0.32米；北挡板单根长2.33、宽0.22米，厚自下而上分别为0.17、0.28、0.34、0.28米。挡板两端靠内侧凿浅凹槽，与墙板榫头相扣，形成长方形椁室。北挡板最上层方木内上角凿一边长0.05米的通槽。南挡板最上层方木及头箱与棺室隔板上层盖板南上角各距东挡板内侧0.06米处均凿一长0.14、宽0.05、深0.05米的浅槽。

盖板12根方木，单根长2.18～2.34、宽0.26～0.41、厚0.18～0.23米（图四八）。少量盖板下葬时已开裂，其中自南向北第4块盖板面西部以燕尾形木楔固结（表二一）。

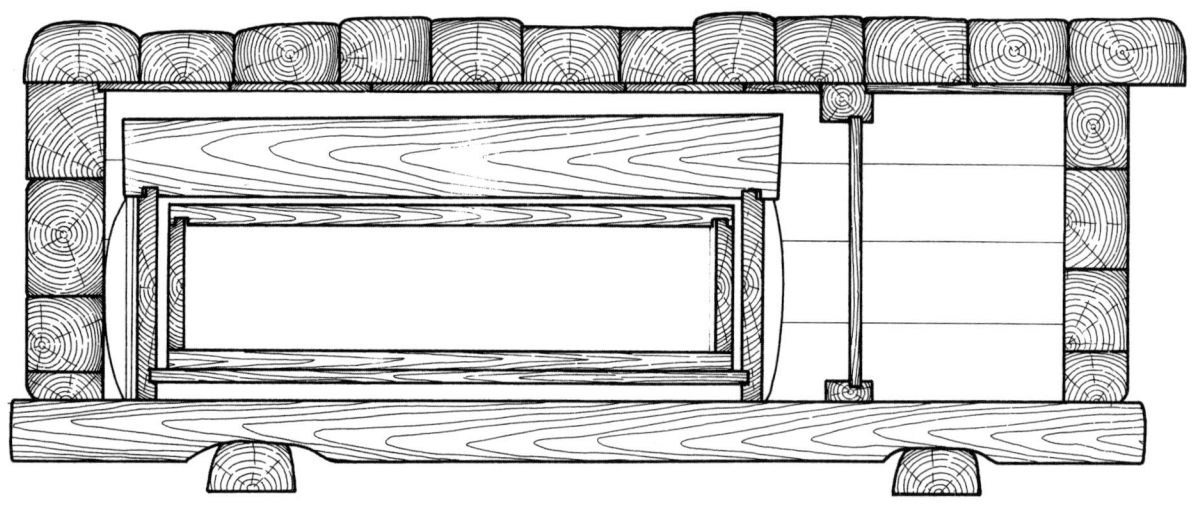

1

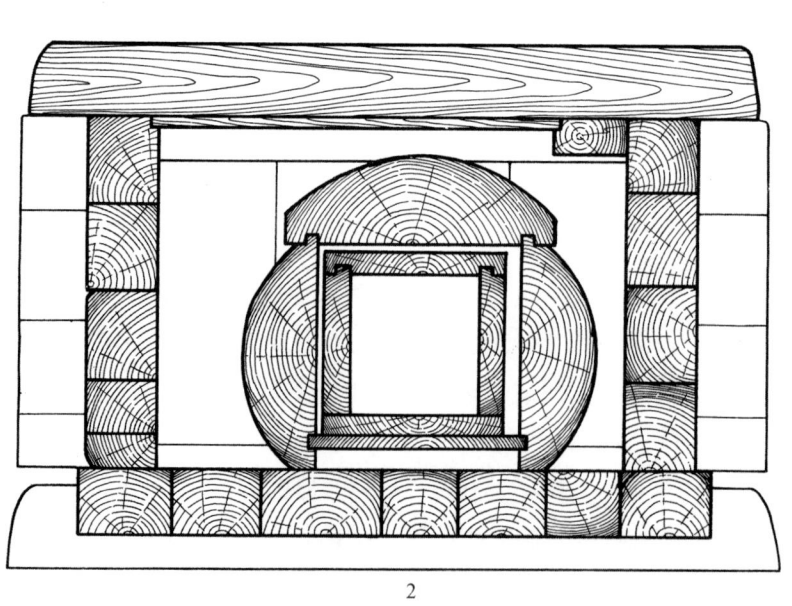

2

图四八　M2棺椁剖面图
1.纵剖面图　2.横剖面图

表二一 M2椁板尺寸登记表 （单位：米）

序号	尺寸（长×宽×厚）					
	盖板（自南向北）	底板（自东向西）	东墙板（自上向下）	西墙板（自上向下）	南挡板（自下向上）	北挡板（自下向上）
1	2.3×0.4×0.2	3.88×0.27×0.2	3.42×0.22×0.23	3.42×0.22×0.28	2.33×0.26×0.09	2.33×0.22×0.17
2	2.34×0.34×0.18	3.89×0.22×0.2	3.42×0.22×0.28	3.42×0.22×0.3	2.33×0.26×0.26	2.33×0.22×0.28
3	2.34×0.36×0.2	3.91×0.27×0.2	3.42×0.22×0.3	3.42×0.22×0.25	2.33×0.26×0.4	2.33×0.22×0.34
4	2.31×0.33×0.215	3.91×0.24×0.2	3.42×0.22×0.26	3.42×0.22×0.16	2.33×0.26×0.32	2.33×0.22×0.28
5	2.24×0.31×0.21	3.93×0.37×0.2		3.42×0.22×0.08		
6	2.18×0.35×0.18	3.92×0.29×0.2				
7	2.24×0.26×0.18	3.92×0.3×0.2				
8	2.26×0.28×0.23					
9	2.24×0.31×0.22					
10	2.24×0.36×0.22					
11	2.24×0.35×0.22					
12	2.24×0.41×0.23					

椁室内空长3.32、宽1.46、高1.07米。被隔板分为头箱和棺室两部分。

椁室盖板下有一层薄分板，共11块（表二二）。其中头箱与棺室间1块盖板呈长方形，长1.5、宽0.16、厚0.13米，其北侧内上角与西墙板最上层方木对应部位有浅槽，南侧内上角东端与东墙板最上层方木东端内上角有浅槽（图四九，1）；棺室上部东端有1块纵向盖板呈长方形，紧贴东墙板，长2.67、宽0.22、厚0.11米，两端出榫头，正好嵌在南挡板最上层方木、头箱与棺室间盖板内上角东端的浅槽内（图四九，2）；头箱内分板3块，东、西两块外角内凹，均长0.72、厚0.05米，自西向东分别宽0.43、0.5、0.53米，3块板东西并排嵌在北挡板最上层方木、头箱与棺室间盖板北侧内上角对应的浅槽内（图四九，3~5）；棺室内分板6块，均长1.34、厚0.05米，自北向南分别宽0.26、0.42、0.45、0.44、0.5、0.44米，嵌在西墙板最上层方木与棺室上部东端盖板内上角的浅槽内（图四九，6~11）。

表二二 M2椁室分板尺寸登记表 （单位：米）

序号	名称	方向	尺寸（长×宽×厚）
1	头箱与棺室间盖板	横向	1.5×0.16×0.13
2	棺室上部东端盖板	纵向	2.67×0.22×0.11
3	头箱分板	纵向	0.72×0.43×0.05
4	头箱分板	纵向	0.72×0.5×0.05
5	头箱分板	纵向	0.72×0.53×0.05
6	棺室分板	横向	1.34×0.26×0.05
7	棺室分板	横向	1.34×0.42×0.05
8	棺室分板	横向	1.34×0.45×0.05
9	棺室分板	横向	1.34×0.44×0.05
10	棺室分板	横向	1.34×0.5×0.05
11	棺室分板	横向	1.34×0.44×0.05

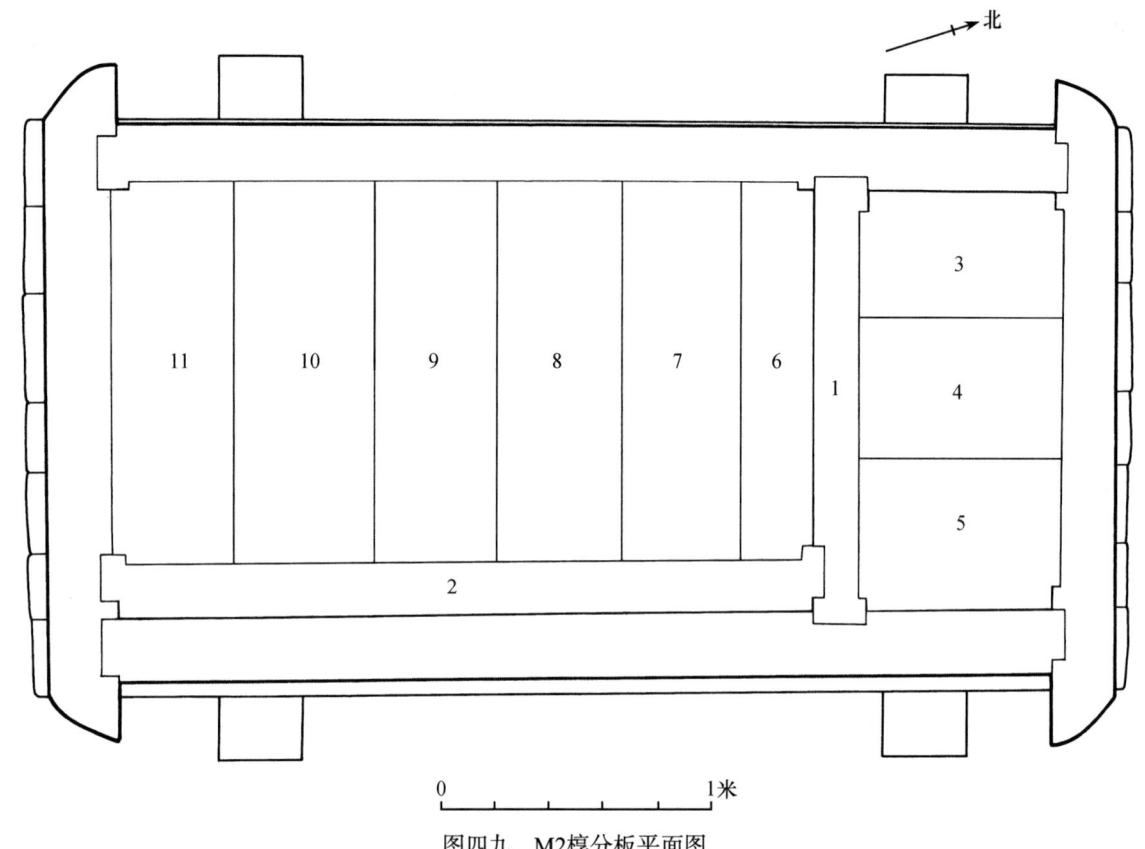

图四九　M2椁分板平面图
1. 头箱与棺室间盖板　2. 棺室上部东端盖板　3~5. 头箱分板　6~11. 棺室分板

头箱内空长0.69、宽1.46米，棺室内空长2.55、宽1.46米。

头箱与棺室之间安有隔板。隔板上、下各为一根方木，中间为木板。上端方木，即上述头箱与棺室间分板之盖板，其底面中部有宽0.08、深0.04米的通槽；下端方木长1.46、宽0.16、厚0.07米，顶面中部有宽0.07、深0.04米的通槽；中部木板分4块，东西并接，长0.36~0.37、均高0.95、厚0.08米，上、下部分别嵌入上、下端方木通槽内固结（图五〇）。

椁盖板上铺盖一块芦席，每组以四根芦苇片编织成"人"字形（图五一）。

（二）棺

分内、外重棺。

1. 外棺

弧棺。通长2.3、最宽1.1、最高0.95米。由盖板、墙板、挡板、底板组成。

盖板由整板凿成，内壁面平，外壁面中弧。长2.28、宽0.84、最厚0.26米。盖四角约距边缘0.07米处各有一长0.06、宽0.04、深0.03米的卯眼。盖板外壁面前、后端各有2个、两侧各有3个相对的长方形凹槽，凹槽长0.06、宽0.03、深0.1米，应为固定、捆扎棺绳所凿。盖板上放置

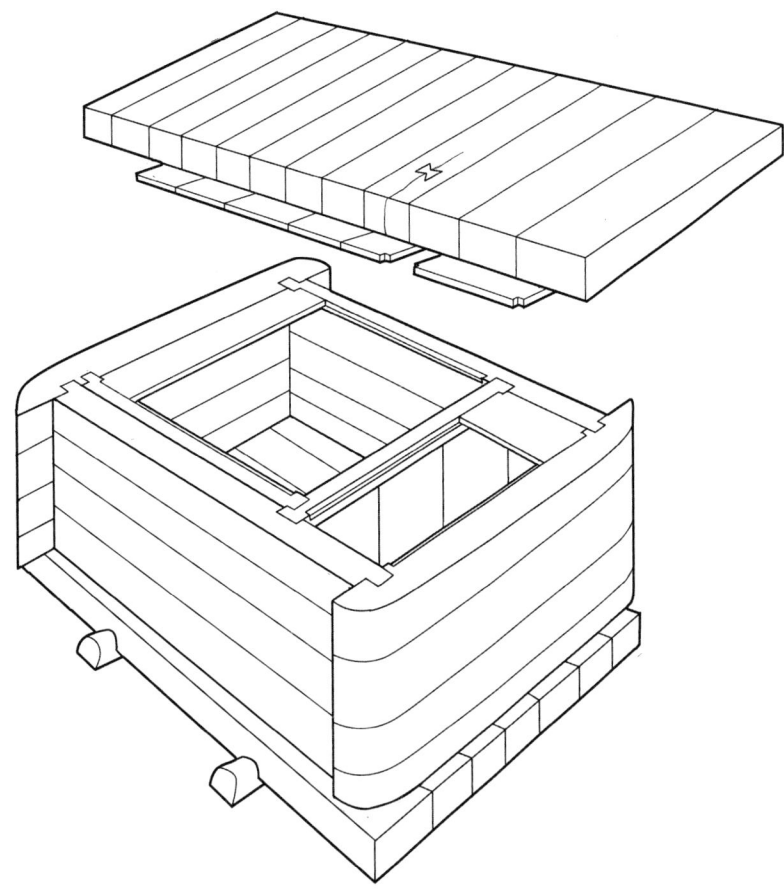

图五〇　M2椁板组合示意图

图五一　M2椁盖板铺芦席编织图

有捆扎外棺的麻绳，盘成数道铺在盖板上（图五二，1）。

两侧墙板两端面自外向内斜削，外壁长2.28、内壁长2.22、宽0.71、最厚0.22米。内壁面平，外壁面中弧。顶面两端各出榫头与棺盖对应卯眼相扣。内壁面两端距边缘约0.05米处各有一条宽0.05、深0.03米的纵穿凹槽，凹槽内上、下部各有一长约0.08米的通穿长方形卯眼；下距底面0.04米的内侧，在两条凹槽之间有一长2.1、宽0.05、深0.03米的横向长凹槽。外壁面下端与盖板顶面相同部位有同样的小长方形凹槽用于穿绳捆扎（图五二，2）。

两端挡板均高0.7、宽0.65、厚0.14米。挡板两侧上、下部各出一正、倒梯形长榫头，各长0.18、宽0.08～0.1、厚0.04米。榫头正好横向插入两侧墙板的卯眼内，外端与墙板外壁面平。上缘及侧缘分别套入盖板、墙板内侧的凹槽内。内壁下距底面0.1米处有一横向通长凹槽，宽0.1、深0.03米。挡板内壁面中部有红色漆绘"十"字，应为区分前、后部位之用（图五二，3）。

底板双面平，长2.08、宽0.68、厚0.08米（表二三），两侧及两端分别嵌入墙板、挡板下部的凹槽内。

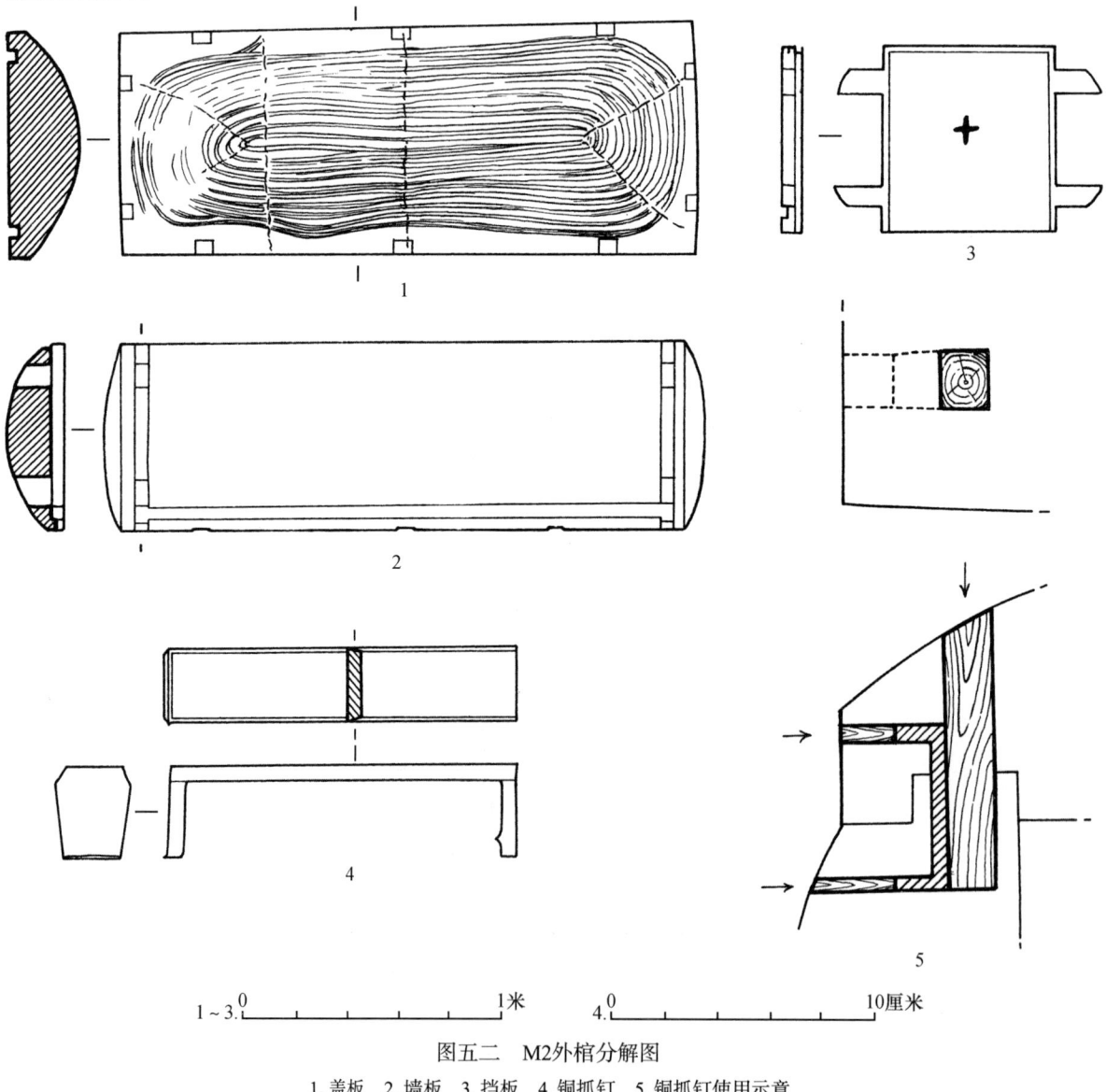

图五二　M2外棺分解图
1.盖板　2.墙板　3.挡板　4.铜抓钉　5.铜抓钉使用示意

表二三 M2外棺板尺寸登记表　　　　　　　　　　　　　　　　　　（单位：米）

序号	尺寸（长×宽×厚）					
	盖板	底板	东墙板	西墙板	南挡板	北挡板
1	2.28×0.84×0.26	2.08×0.68×0.08	2.28×0.71×0.22	2.28×0.71×0.22	0.7×0.65×0.14	0.7×0.65×0.14

棺盖与棺身除用榫卯固定外，两边还各有两个长12.5、宽2.6、高3.2厘米的铜抓钉（图五二，4）相扣。其安装方法是在两块木板连接处凿出与铜抓钉形状一样的浅槽，然后将铜抓钉扣入。表面再用木楔嵌入浅槽内，将铜抓钉完全遮盖（图五二，5；图五三）。

2. 内棺

方棺，套合于外棺内。通长1.98、宽0.57、高0.55米。由盖板、墙板、挡板、底板组成，均为整块长方形木板，双面平。

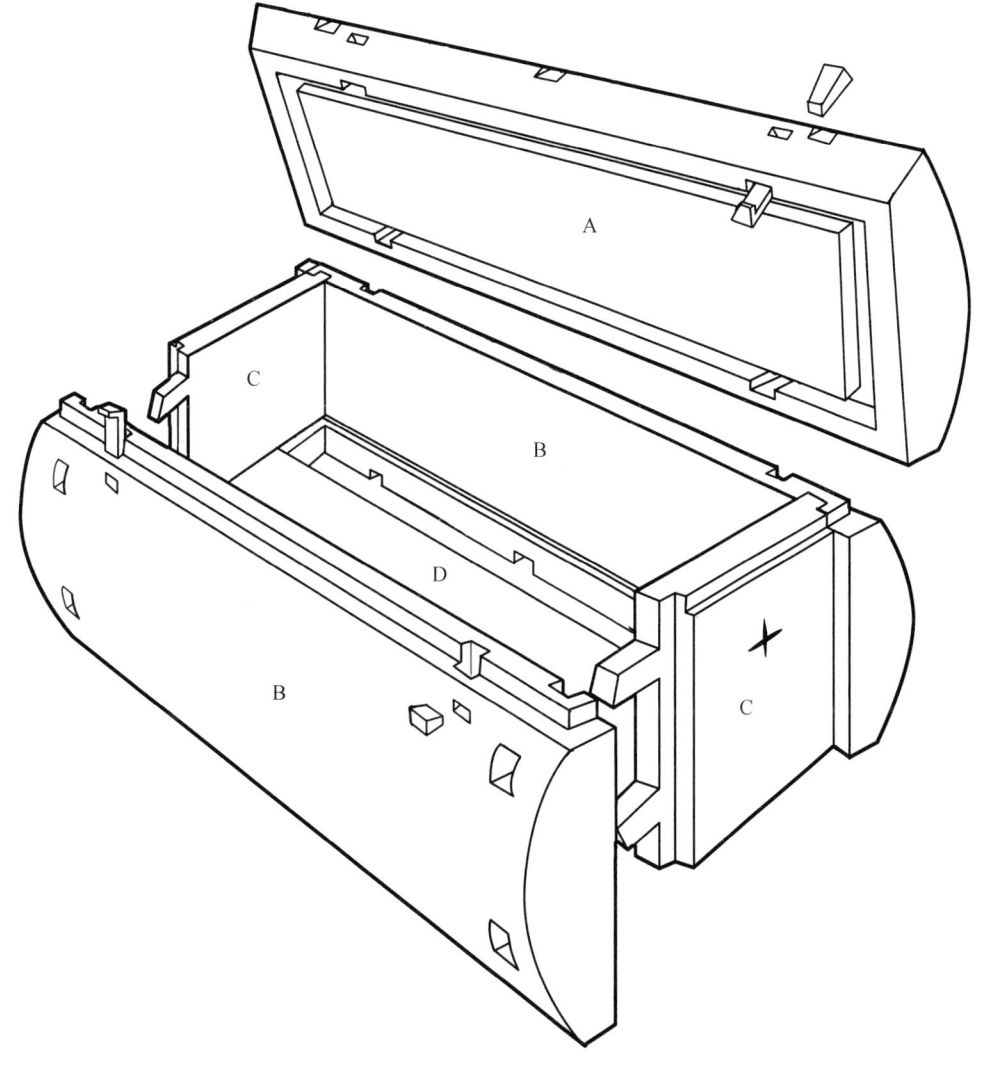

图五三　M2外棺组合示意图
A.盖板　B.墙板　C.挡板　D.底板

盖板长1.98、宽0.57、厚0.08米。内壁面两端、两侧各距外缘0.02、0.04米处分别凿宽0.04、深0.03米浅槽（图五四，1）。

两侧墙板均长1.98、宽0.42、厚0.08米，上段内侧出通长榫头，与盖板浅槽扣接；两端内壁面距边缘0.04米处各凿宽0.04、深0.03米的纵向通槽，槽内上、下部各穿一长0.06、宽0.04米的孔；每块底面间隔凿四个小长方形孔，长0.04、宽0.02、深0.03米；外壁面下端两边各有一个长方形孔槽，宽0.04、深0.02米（图五四，2）。

两端挡板均长0.42、宽0.46、厚0.08米，两侧上、下部各出一方形榫头，边长0.06米，直接穿接于墙板两端对应的孔内，两边嵌入墙板通槽内（图五四，4）。

底板长1.98、宽0.57、厚0.08米（表二四），两边与底板底面间隔四孔对应的部位同样凿四个大小相同的孔，每孔以一长0.06米的木楔插接；与墙板外壁面下端长方形孔也对应各有一孔，呈燕尾形，用来系结麻绳捆扎内棺（图五四，3；图五五）。盖板上两端及中间正好残存3或4根麻绳一束的捆扎痕迹。

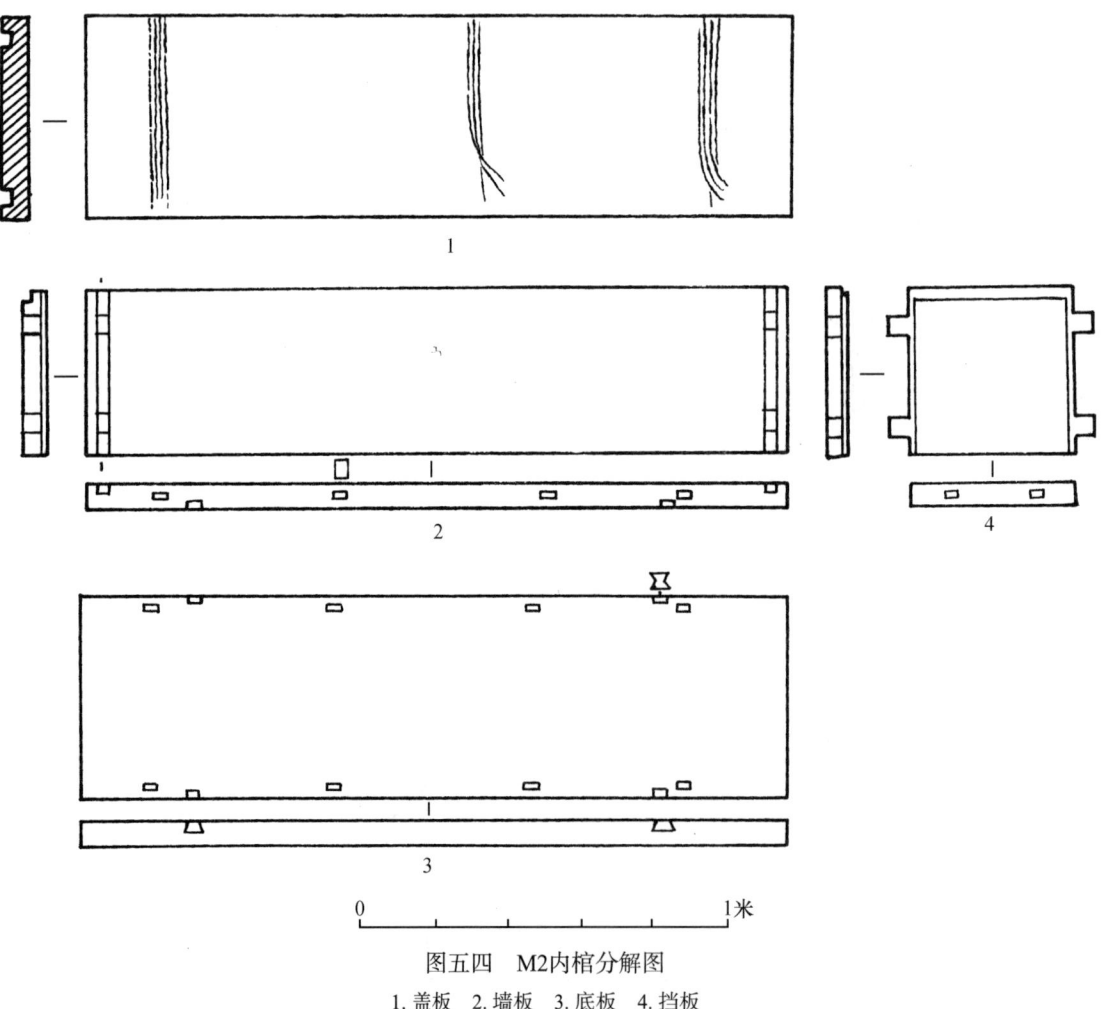

图五四　M2内棺分解图
1. 盖板　2. 墙板　3. 底板　4. 挡板

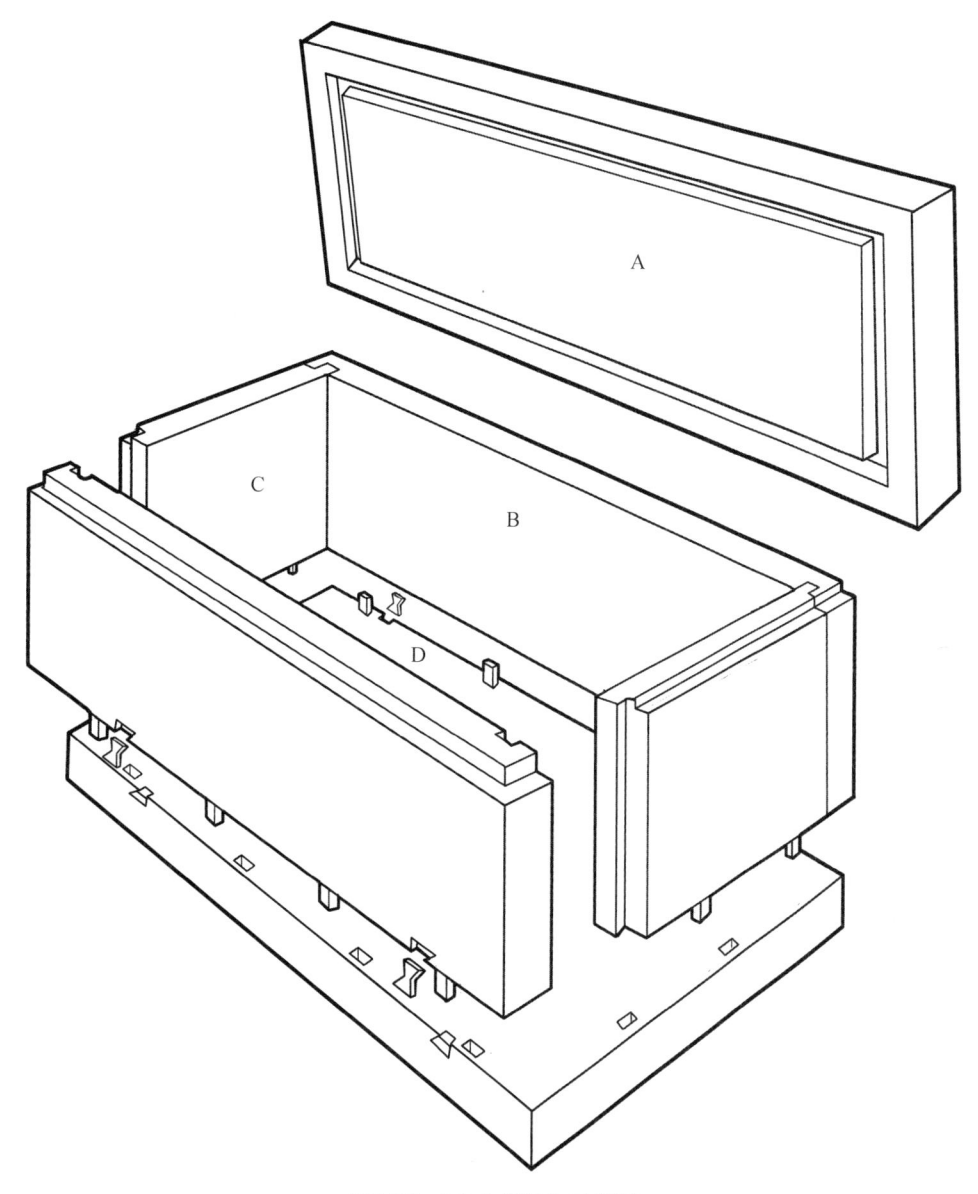

图五五　M2内棺组合示意图
A.盖板　B.墙板　C.挡板　D.底板

表二四　M2内棺板尺寸登记表

（单位：米）

序号	尺寸（长×宽×厚）					
	盖板	底板	东墙板	西墙板	南挡板	北挡板
1	1.98×0.57×0.08	1.98×0.57×0.08	1.98×0.42×0.08	1.98×0.42×0.08	0.42×0.46×0.08	0.42×0.46×0.08

棺内髹红漆，外髹黑漆。

三、葬　　式

内棺底有人骨架1具，长1.63米。头朝北，头向12°，与墓道相反，面朝上，仰身直肢葬式，双臂交叉于胸前。人骨架下铺垫有一块竹席（图五六）。

第二节　随葬器物

一、随葬器物种类与数量

本墓的随葬器物共155件（支），根据功能可分为祭器、乐器、燕器、车马器、葬仪品、装饰品、杂器和竹简八大类（未计动、植物遗骸），而按照质地则可分为铜、木、竹、革、玉、石、陶、铁、角九种（表二五）。

1. 祭器

12件。分铜、木两类。

（1）铜器

8件。器类有鼎、敦、壶、盘、匜等。

（2）木器

4件。均为俎。

表二五　M2随葬器物种类与数量登记表　　　　　　（单位：件）

	铜	铁	陶	木	革	竹	玉	石	角	合计
祭器	8			4						12
乐器				1						1
燕器	1	2	2	10	1	11				27
车马器	4			1						5
葬仪品				3						3
装饰品							5	1		6
杂器				81					15	96
竹简						5				5
合计	13	2	2	100	1	16	5	1	15	155

2. 乐器

仅1件。木瑟。

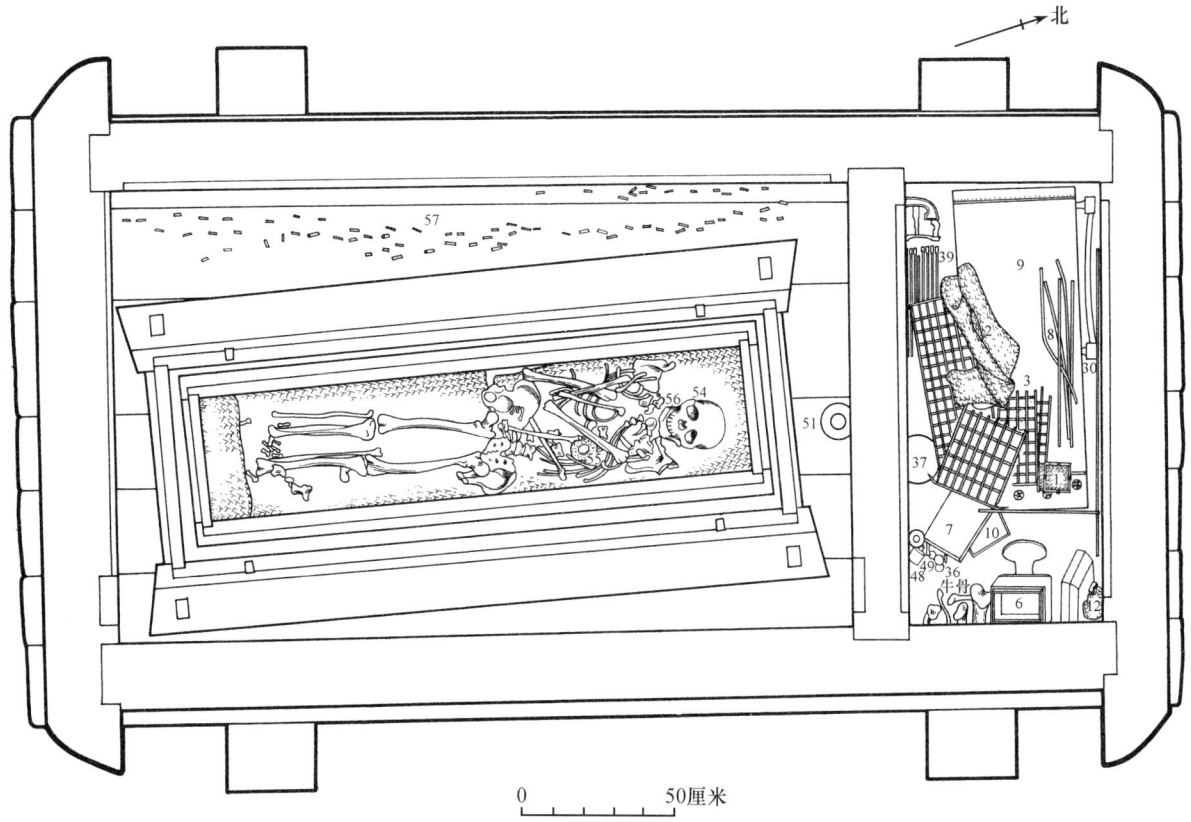

图五六A M2椁、棺室及随葬器物分布平面图

1、12. 竹笥 2. 竹荐席 3. 木车軨 6. 木方豆 7、10. 木俎 8. 竹筒 9. 木瑟 30. 木几 36. 木圆饼 37. 铜镜 39. 竹枕 48. 木塞 49. 木柱 51. 石璧 54. 玉瑗 55. 玉璧 56. 玉珠 57. 木管

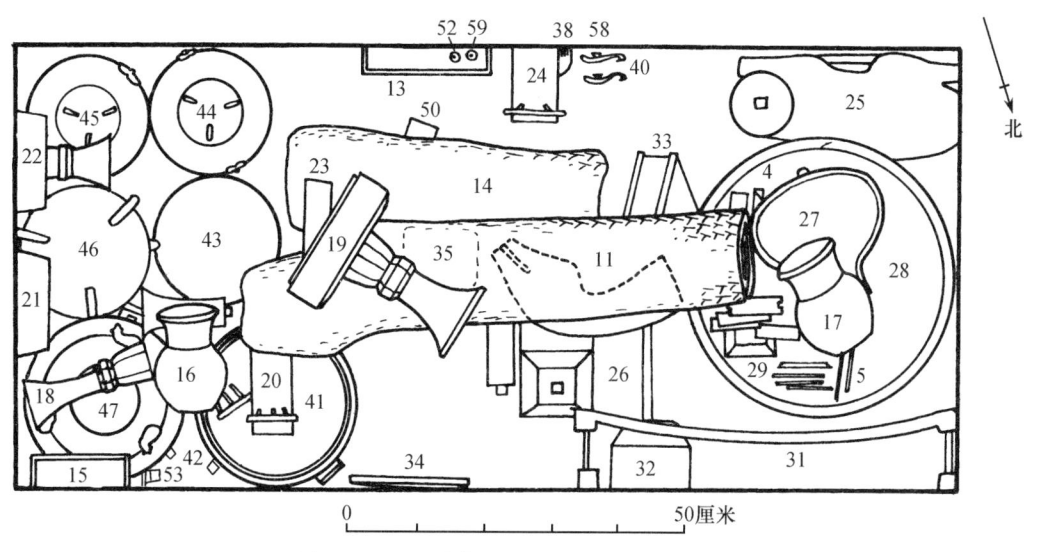

图五六B M2头箱下层随葬器物分布平面图

4. 木构件 5. 角构件 11. 竹荐席 13~15、33、35、50. 竹笥 16、17. 陶罐 18、21~23. 木豆 19. 木方豆 20、24. 木俎 25. 木卧鹿 26、32. 木镇墓兽 27. 铜匜 28. 铜盘 29. 木方盒 31. 木几 34. 革盒 38. 木梳 40、58. 铁带钩 41、47. 铜鼎 42、53. 铜车䡇 43、46. 铜敦 44、45. 铜壶 52、59. 玉珠

3. 燕器

27件。分铜、铁、陶、木、革、竹六类。

（1）铜器

仅1件。镜。

（2）铁器

2件。均为带钩。

（3）陶器

2件。均为罐。

（4）木器

10件。器类有豆、方豆、几、方盒、梳等。

（5）革器

仅1件。盒。

（6）竹器

11件。器类有枕、笥、荐席等。

4. 车马器

5件。分铜、木两类。

（1）铜器

4件。均为车軎，配成两对。

（2）木器

仅1件。车軨。

5. 葬仪品

3件。均为木器。器类有镇墓兽、卧鹿等。

6. 装饰品

6件。分玉、石两类。

（1）玉器

5件。器类有瑗、璧、环等。

（2）石器

仅1件。璧。

7. 杂器

96件。分木、角两类。

（1）木器

81件。器类有圆饼、柱、管、塞、构件等。

（2）角器

15件。均为构件。

8. 竹简

5支。

二、随葬器物分布

M2随葬器物相对较丰富，但较M1要少得多。主要分布在头箱内，基本占满，有上下两层，其中上层器物为漂在水中形成的。内、外棺之间除北端发现1件外，其余均在西部散置较多小木管；内棺也仅3件（表二六）。

祭器居头箱多处，其中铜器均处头箱下层，而4件木器在上、下层各分布2件。

唯一的1件乐器漂在头箱上层北部。

较多的燕器散置于头箱上、下层多处。

少量车马器或沉于头箱下层东北部，或漂于上层中部。

葬仪品均处头箱下层，散开于中部及西北、西南部。

装饰品分布于头箱、外棺和内棺内，分别置于头箱南部中段和外棺北部及内棺人骨架腰部以上。

杂器一部分置于头箱上、下层多处，一部分散置于外棺西部，可能已漂散（图五六）。

表二六　M2随葬器物分布情况登记表

室别	类别	质料	器名	件数	器号	出土位置
头箱（79）	祭器（12）	铜（8）	鼎（2）	2	41、47	下层东北部
			敦（2）	2	43、46	下层东部中段
			壶（2）	2	44、45	下层东南部
			盘（1）	1	28	下层西部
			匜（1）	1	27	下层西部中段
		木（4）	俎（4）	2	7、10	上层东南部
				1	20	下层东北部
				1	24	下层南端中部
	乐器（1）	木（1）	瑟（1）	1	9	上层北部

续表

室别	类别	质料	器名	件数	器号	出土位置
头箱（79）	燕器（27）	铜（1）	镜（1）	1	37	上层南端偏东
		铁（2）	带钩（2）	2	40、58	下层南部偏西
		陶（2）	罐（2）	1	16	下层东北部
				1	17	下层西北部
		木（10）	豆（4）	1	18	下层东北部
				2	21、22	下层东部
				1	23	下层中东部
			方豆（2）	1	6	上层东端
				1	19	下层中部
			几（2）	1	30	上层西北部
				1	31	下层西北部
			方盒（1）	1	29	下层西部偏北
			梳（1）	1	38	下层南端偏西
		竹（11）	枕（1）	1	39	上层西南部
			笥（8）	1	1	上层东北部
				1	12	上层东北角
				1	13	下层南部中段
				1	14	下层中南部
				1	15	下层东北角
				1	33	下层中部偏西
				1	35	下层中部
				1	50	下层中部偏南
			荐席（2）	1	2	上层西南部
				1	11	下层中部
		革（1）	盒（1）	1	34	下层北端中部
	车马器（5）	铜（4）	车軎（4）	2	42	下层东北部
				2	53	下层东北部
		木（1）	车軨（1）	1	3	上层中部
	葬仪品（3）	木（3）	镇墓兽（2）	2	26、32	下层西北部
			卧鹿（1）	1	25	下层西南角
	装饰品（2）	玉（2）	珠（2）	2	52、59	下层南部中段
	杂器（24）	木（9）	饼（3）	3	36	上层东南部
			柱（1）	1	49	上层东南部
			构件（2）	2	4	下层西南部
			塞（3）	3	48	上层东南部
		角（15）	构件（15）	15	5	下层西北部
	竹简（5）	竹（5）	简（5）	5	8	上层中北部

续表

室别	类别	质料	器名	件数	器号	出土位置
外棺（73）	装饰品（1）	石（1）	璧（1）	1	51	北部
	杂器（72）	木（72）	管（72）	72	57	西部
内棺（3）	装饰品（3）	玉（3）	瑗（1）	1	54	北部头骨右侧
			璧（1）	1	55	中北部骨架左腰部
			珠（1）	1	56	北部骨架颈下

三、随葬器物的制作与装饰手法

本墓随葬器物根据功能可分为八大类，与M1相比减少了兵器、工具。这八类器物的品种与M1大部分相同，同类器物的制作与装饰手法基本一致（表二七）。其中不同于M1的器物包括燕器之铜镜、铁带钩、陶罐、木方豆、木几、竹枕、竹荐席、革盒，车马器之木车軎，葬仪品之木镇墓兽、木卧鹿，杂器之木柱、木塞、角构件等。

表二七　M2铜祭器铸造工艺一览表

器名	器号	铸造技术	器体			附件	纹饰范	浇冒口	垫片	芯撑	加工痕迹	使用痕迹	备注
			外范	底范	内芯								
鼎	41	分铸焊接	3块	1块	1块	2块		底部	有垫片		口肩部有打磨	烟炱痕	有补铸痕
鼎	47	分铸焊接	3块	1块	1块	2块		底部	垫片较多		口肩部有打磨	烟炱痕	有补铸痕
敦	43	分铸焊接	3块		1块	2块		口沿			有打磨痕	烟炱痕	有补铸痕
敦	46	分铸焊接	3块		1块	2块		口沿	垫片较多		有打磨痕	烟炱痕	有补铸痕
壶	44	分铸焊接	3块		2块	2块	2块	底部	下腹有垫片痕	1个			
壶	45	分铸焊接	3块		2块	2块	2块	底部	下腹有垫片痕	1个			
盘	28	锻打铆焊				2块					打磨痕		
匜	27	锻打铆焊				2块					打磨痕		

铜镜上下各一块范合铸。镜背黑漆地上红、绿、黄彩绘带、弦纹及凤鸟纹。

铁带钩双范合铸。腹部错银装饰对称"S"纹、圆圈纹及弦纹、带纹。

陶罐陶土经淘洗后和泥，罐身为轮制，盖为泥条盘筑法制成，表面均磨光。一件罐施以暗纹。

木方豆采用器身、盖分开制作。器身之盘、柄、圈座分别用木板掏挖、斫削而成，其中盘、圈座中部凿方形卯眼，柄上下端削出方形榫头，采用榫卯扣接而成；器盖为整木掏挖、斫削。内、外壁满髹漆，外壁以红漆与棕红、黄彩勾勒、套合、填充纹饰。木几以木板斫削的面板及木条斫削的足、支座穿插榫卯扣接。素面，仅表面髹漆。竹枕实际为复合器，支架为木制，采用木头斫削，以榫卯法接合；枕面用竹片斫削，穿孔与枕架销接。革盒也为复合器，木质底、盖分别整体斫削，革制筒形身已朽，仅存漆皮。竹荐席以刮削的细篾条交错呈"人"字状编成。无装饰。

木车軎为木棍斫削，横向木棍间隔穿孔，竖向木棍插接，部分以绳捆扎。通体髹漆。

木镇墓兽、木卧鹿也为复合器，身为木制，角为鹿角。镇墓兽之座、身各为整木斫削、钻凿，以榫卯扣接。卧鹿身为整木斫削而成。二者之大角为多个小角通过榫卯插接制成，整个大角再插入器身头部两边的卯孔内。满身黑漆地上用黄、白彩绘，纹样有卷云纹、三角雷纹、波浪纹、目纹、点纹、斜羽纹等。

木柱、木塞形体较小，为整木斫削而成。有的表面髹黑漆。

角构件以动物角斫削后打磨而成。素面。

四、随葬器物分述

随葬器物共155件（支），现按照功能分述如下。

（一）祭器

12件。分铜、木两类。

1. 铜器

8件。器类有鼎、敦、壶、盘、匜等。

鼎　2件。M2：41、M2：47，出自头箱东北部。形制、大小相同。鼎身采用三块外范、一块内芯、一块圆形底范铸造，浇口设在底范边沿，铸缝未经细磨，但口、肩部经过打磨。盖采用三块外范、一块内芯浇铸，浇冒口设在底部。体内、外壁和盖面上分布有垫片痕，内壁较外壁密集，垫片呈小长方形、三角形、棱形、多边形等。耳、钮、足为二范相合浇铸，然后再焊接到器体上。其中足为前后合范，浇口在足底中间，泥芯未取出。M2：41之体下腹和M2：47耳部、体上腹有补铸痕。子母口，沿内折，折肩，弧腹，长方形曲耳外撇，平底，三兽首铁蹄足直立，截面六棱形；上承子口弧盘状盖，盖顶有一钮衔环，盖周有三个卧牛钮。体、盖腹分别有一、两道凸棱。底有烟炱痕。M2：41，口径22.2、底径17.8、通高29.6厘米，重4.84千克（彩版一九，1；图版三一）。M2：47，尺寸与M2：41相同，重4.9千克（图五七，1；彩版一九，2；图版三二）。

敦　2件。M2：43、M2：46，出自头箱东部中段。盖与体基本等同，上下扣合。采用三块外范、一块内芯铸造，浇冒口设在口沿部。足、钮、卡扣采用两范相合单独浇铸，然后再焊接到器体上。体、盖经细磨。M2：43器底有砂眼，器盖有补铸痕迹，未见垫片痕。M2：46体内、外壁有垫片痕，外壁较内壁分布密集，垫片多呈三角形、椭圆形、棱形、多边形等。器盖一钮为铆焊连接，和腹壁交接处有补铸痕。敞口，沿内敛，弧腹内收，圜底。口外侧有对称双环耳，体下三立鸟形足，盖口缘有三个卡扣。按照整体与钮、足的变化可分二式。

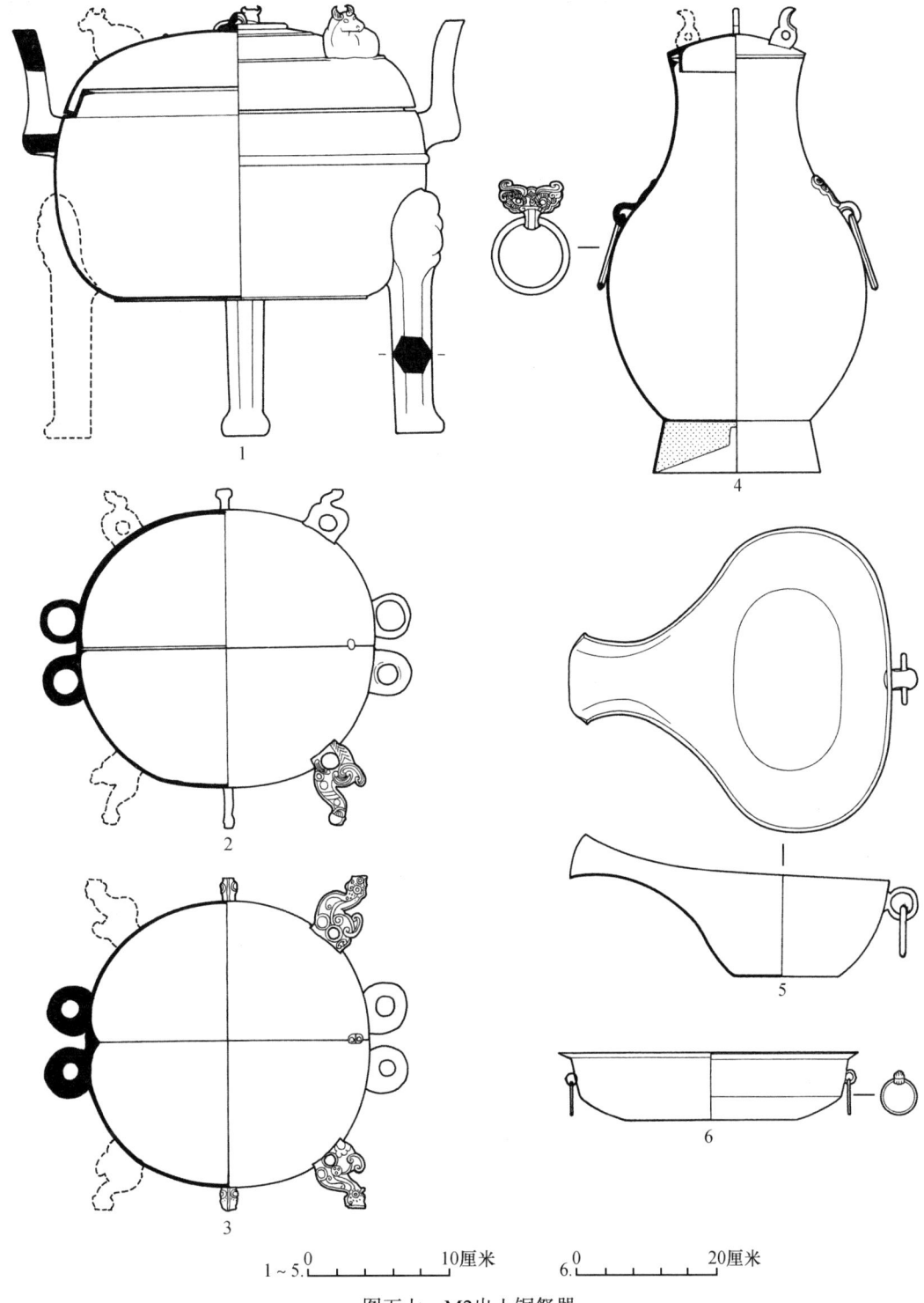

图五七　M2出土铜祭器
1. 鼎（M2:47）　2. Ⅰ式敦（M2:43）　3. Ⅱ式敦（M2:46）　4. 壶（M2:44）　5. 匜（M2:27）　6. 盘（M2:28）

Ⅰ式　1件。M2∶43，整器呈扁球体。足面浅浮雕卷云纹、圆圈纹、折线纹；盖钮较矮而简洁。盖卡扣素面。口径21.2、通高23.4厘米，重2.2千克（图五七，2；彩版一九，3；图版三三，1~3）。

Ⅱ式　1件。M2∶46，整器呈圆球体。足、钮形制、大小、纹饰一致，较高，浅浮雕卷云、卵点、圆圈纹。卡扣饰简化兽面纹。口径20、通高23厘米，重2.7千克（图五七，3；彩版一九，4；图版三三，4~6）。

壶　2件。M2∶44、M2∶45（彩版二〇，2；图版三四，4~6），出自头箱东南部。形制、大小相同。铸造采用三块外范、两块内芯，腹壁和圈足各一块内芯，浇冒口设在壶底正中，圈足设有芯撑，呈长方楔形，长6.8~7.5、宽1.5、深1.5厘米，圈足内底留有范芯。盖采用三块外范、一块内芯浇铸，钮、铺首为分铸焊接法，焊接处经细磨。体下腹部分布有铜垫片痕，垫片呈三角形、长方形、椭圆形等。微侈口，平沿内折呈三角形，束颈，溜肩，肩有对称兽面铺首衔环，鼓腹，深圈足外撇；承子口弧顶盖，盖周立三鸟喙钮。M2∶44，口径9.8、腹径18.8、圈足径12、通高32.4厘米，重2千克（图五七，4；彩版二〇，1；图版三四，1~3）。

盘　1件。M2∶28，出自头箱西部。采用锻打法，环钮为双范合铸后铆焊到盘壁。敞口，沿仰斜折上昂，尖唇，上腹内斜直，有对称环钮衔环，下腹折收，大平底。钮面饰四道竖向凹弦纹，中部以横向凸棱间隔。口径43.2、底径24.8、高9.4厘米，重1.2千克（图五七，6；彩版二〇，3；图版三五，1~3）。

匜　1件。M2∶27，出自头箱西部中段。采用锻打法，钮环为双范合铸后铆焊到匜尾部。呈瓢状，体平面椭圆形，敞口，方唇，弧腹，平底；口沿一侧向外伸出一长流，流尾端微上翘，相对一侧口沿下有一环钮衔环。素面。口长径21.2、口短径15.2、底长径12.8、底短径7.6、通高9.9厘米（图五七，5；彩版二〇，4；图版三五，4~6）。

2. 木器

4件。均为俎。面板长方形，四角或加两端中部穿方形卯孔，有四或六足，足上端直接或出榫头套接于面板卯孔内。器表髹墨。根据形体大小和足底有无横衬的不同可分二型。

A型　2件。M2∶7、M2∶10，出自头箱东南部。形体较大，足底无横衬。四足下部略外撇。M2∶7，面板两端底面微斜收，足中部较粗，向内折凸。面板长47.4、宽18.2、厚2.6、通高19.4厘米（图五八，1；图版三六，1）。M2∶10，足上粗下细。面板长48、宽18.2、厚3.6、通高25.6厘米（图五八，2）。

B型　2件。M2∶20、M2∶24，分别出自头箱东北部、南端中部。形体较小，短面足底有条形横衬，足下端直接与横衬上的对应卯孔套接。M2∶20，面微凹弧，两端各有三根上粗下细的柱状腿，中间一根直立，两侧外斜。面长21、宽7.8、通高11.8厘米（图五九，2）。M2∶24，面近平，两端各有两根上粗下细腿，呈"八"字形。面长20、宽7、通高8.4厘米（图五九，1）。

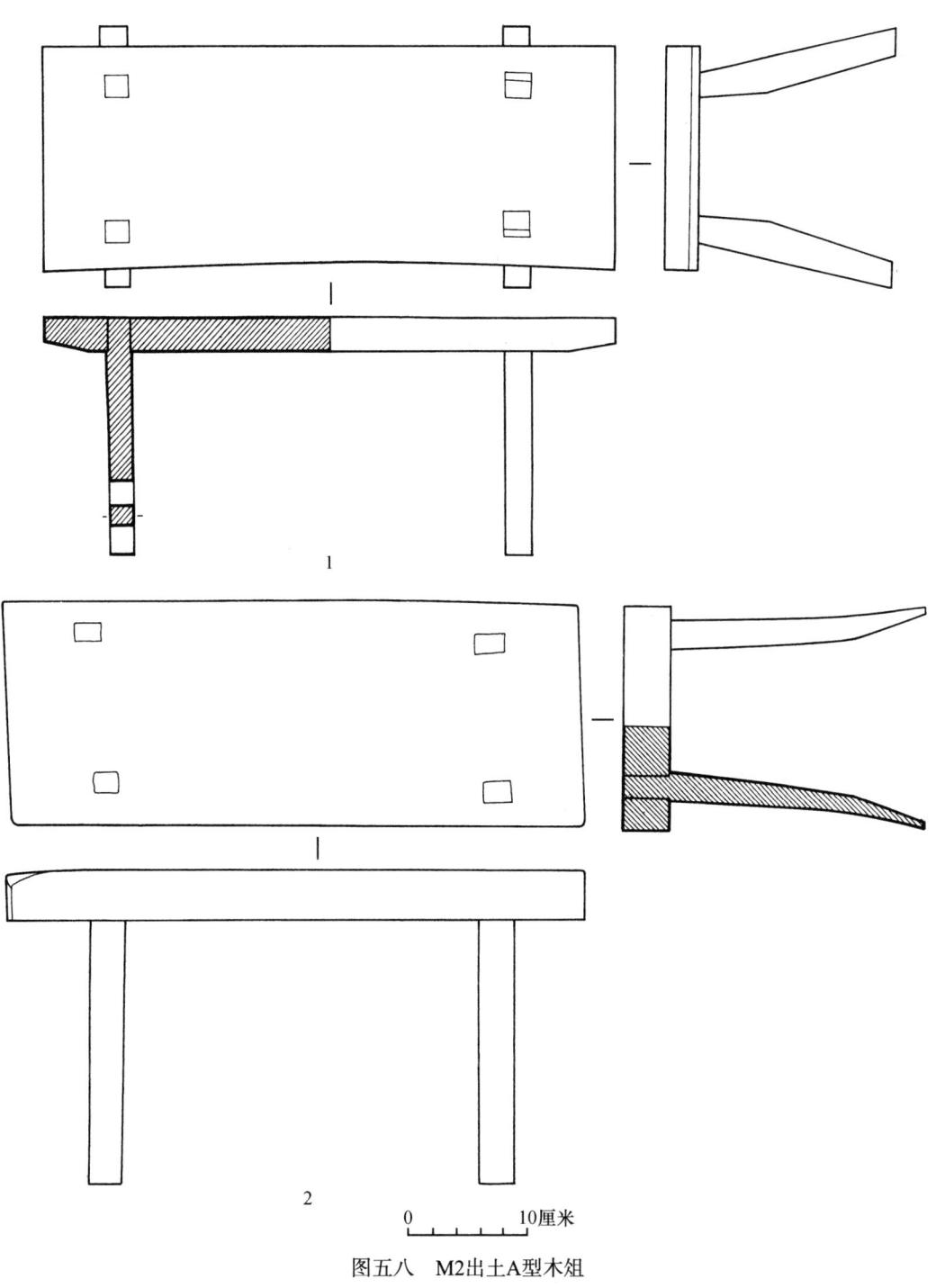

图五八 M2出土A型木俎
1. M2∶7 2. M2∶10

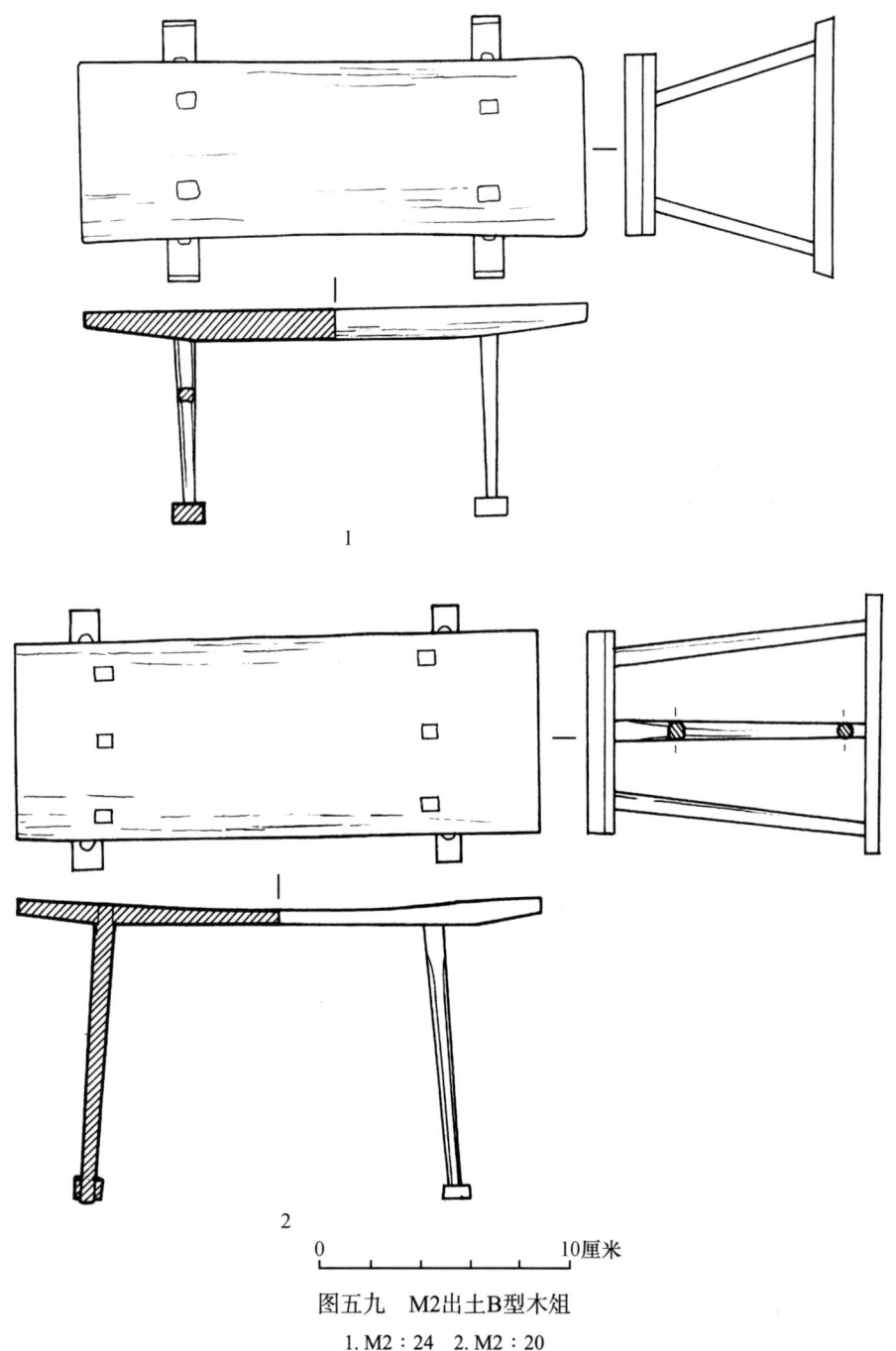

图五九　M2出土B型木俎
1. M2∶24　2. M2∶20

（二）乐器

仅1件木瑟。M2∶9，出自头箱北部。长方体，由整木各自制作的面板、底板、侧板、挡板拼接而成，尾部略弧收。面板由两侧向中部略弧凸，首端刻一横向浅槽嵌入下方上圆的硬木条（首岳），木条两侧与面板平齐，通长42.2、宽1.2厘米，外侧并列24弦孔，孔径0.3厘米；近尾端横向分三段刻浅槽，两侧浅槽平行相对，中段浅槽略外移，槽内嵌入下方上圆的硬木条（尾岳），两侧尾岳及中段尾岳分别长14.1、14.8、13.3厘米，宽1.2厘米，外侧各穿9、7、8弦孔，两侧木条也与面板平齐；弦孔外侧分别有一、二个共四个小方孔，孔内插蘑菇状瑟枘。枘帽圆形，浮雕桃花状，中间为涡纹，周边六分各三道凹弦纹；枘身方柱状，束腰。首端挡板垂直压在面板下，外缘与面板外缘平齐；横断面呈长方形，挡板顶部与面板拱形弧度一致。尾端挡板压在面板下，外壁由上部及两侧往中间弧凸；横断面近曲尺状，顶面与面板拱形弧度一致，前端突，往后逐渐加厚，前部有与面板重合的四个方形枘孔；底沿面正中嵌一过弦槽，过弦槽由一长方木块掏挖，中部有四个深浅不一的齿状壕，其木质较瑟体坚硬。两块侧板垂直贴于面板、挡板外侧，长条形，外壁由上下侧向中间弧突，两端与面板岳山槽对应各有一个承岳山的凹槽，首、尾岳端部正好嵌放其内。底板压在首、尾端挡板下，卡于两侧板内，长方形板。两端各有一椭圆形越。各块板间以竹销钉连接。内空瑟体即共鸣箱。瑟体满髹黑漆。尾端面板、尾端挡板上残存四束丝线痕被引至过弦槽内。瑟体通长99.6、宽42.8、体高8.4、通高12.8厘米（图六〇，1；图版三六，2、3）。瑟柱9枚，均木质，形制相同，大小略异。尖顶拱形，柱顶端正中刻有承弦凹槽，底部呈凹弧形，柱之两足一宽厚一窄薄。最大者宽2.8、厚0.4~0.5、高2.05厘米，最小者宽2.3、厚0.3~0.6、高1.7厘米（图六〇，2；表二八）。拨片1枚，稍残，长方形，中间微束，一端厚一端薄。长5.6、宽1.2、厚0.2~0.4厘米（图六〇，3）。

表二八　M2木瑟（M2∶9）柱尺寸登记表　　　　　（单位：厘米）

序号	宽	厚	高	底凹部	
				宽	高
1	2.8	0.5~0.8	2	1.5	0.4
2	2.5	0.5~0.7	1.8	1.3	0.4
3	2.7	0.5~0.6	2	1.5	0.45
4	2.6	0.4~0.7	2	1.3	0.45
5	2.8	0.4~0.5	2.05	1.5	0.4
6	2.3	0.3~0.6	1.7	1.2	0.3
7	2.7	0.5~0.6	1.9	1.5	0.3
8	2.6	0.4~0.8	1.9	1	0.4
9	2.4	0.5~0.75	1.8	1.2	0.3

（三）燕器

27件。分铜、铁、陶、木、革、竹六类。

1. 铜器

仅1件镜。M2∶37，出自头箱南端偏东。圆形，体较薄，面平，外缘斜；圆形钮座，小弓形钮。镜背髹黑漆地，钮座自内向外各绘一周红、绿彩带纹；外缘红彩绘一周宽带纹；钮座、外缘间于一周红彩弦纹内以红、绿、黄彩绘两只相对展翅欲飞的凤鸟纹，双凤昂首，尖啄微张，曲颈，长尾弯曲，左翅上卷，右翅下卷，细腿。头部填以绿彩，颈、身以红、绿彩绘鸟羽

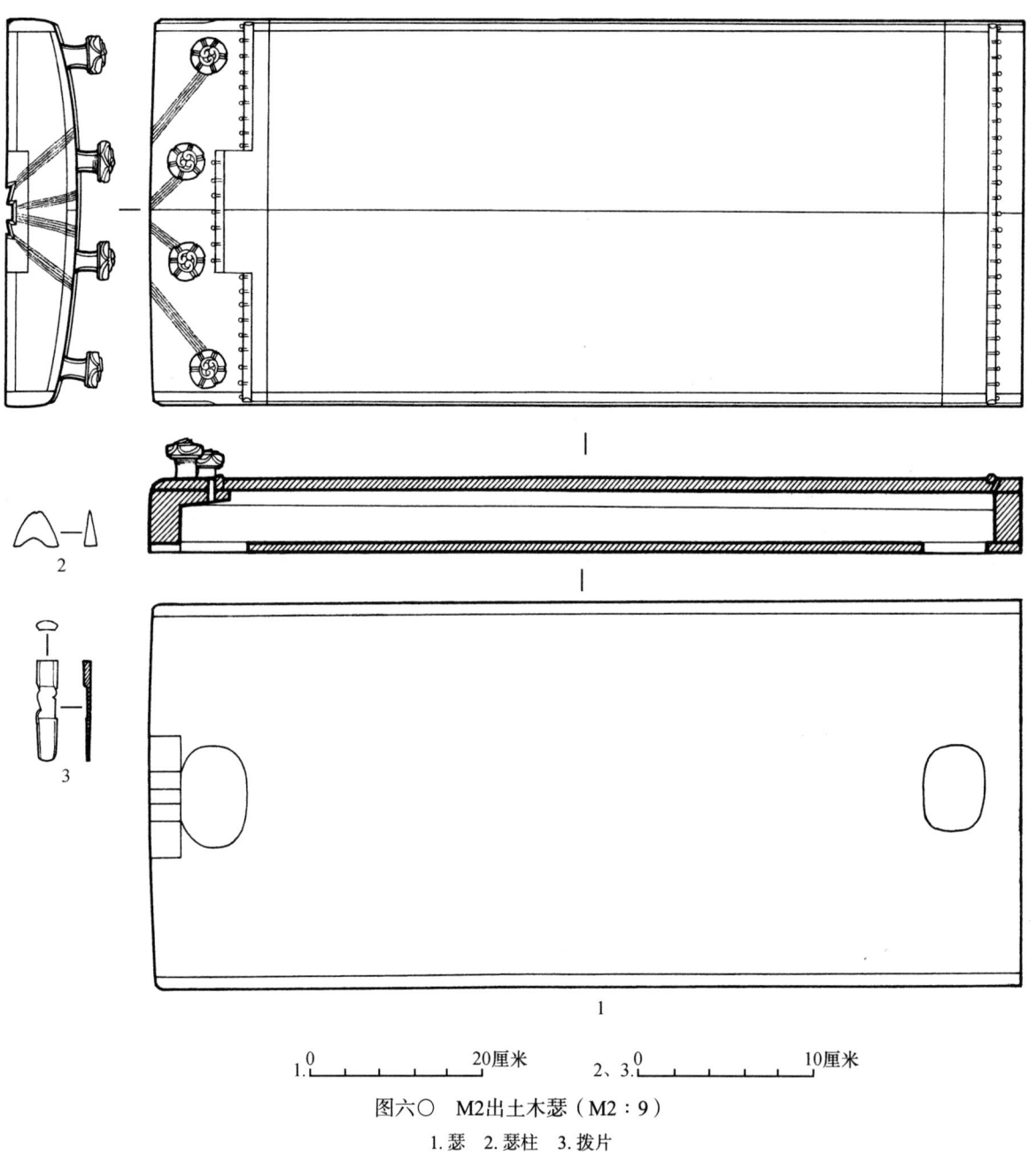

图六〇 M2出土木瑟（M2：9）
1. 瑟　2. 瑟柱　3. 拨片

纹，尾、双翅以红、绿彩绘长翎纹，尾上部和下部中间以黄彩点缀，左腿饰红、黄彩，右腿饰绿彩。直径17.3厘米（图六一，1；彩版二一，1；图版三七，1）。

2. 铁器

2件。均为带钩。M2：40、M2：58（图版三七，3），出自头箱南部偏西。形制、大小相同。体窄长，腹外弧，截面为扁圆形，钩端略细，向上卷曲作鸟首形，背有圆钮。腹部以错银手法装饰纹样，上、下腹饰对称双"S"形卷云纹，中腹饰两道弦纹夹一道带纹，尾端饰四个圆圈纹，上两个为重圈。M2：40，长6.5、腹宽0.8厘米（图六一，2；彩版二一，2；图版三七，2）。

图六一　M2出土铜镜、铁带钩
1. 铜镜（M2∶37）　2. 铁带钩（M2∶40）

3. 陶器

2件。均为罐。M2∶16、M2∶17，分别出自头箱东北、西北部。磨光黑陶。侈口，折沿，沿面微凹，圆唇，束颈，溜肩，鼓腹，平底。M2∶16，黑衣脱落较甚。口径10、腹径12.1、底径7.7、高15.8厘米（图六二，4；图版三七，4）。M2∶17，承子口弧盘状盖。颈、肩各饰疏、密竖条暗纹带，以两道暗纹间隔，肩、中腹各饰一道凹弦纹。口径9、腹径12.8、底径7.4、通高17.7厘米（图六二，5；图版三七，5）。

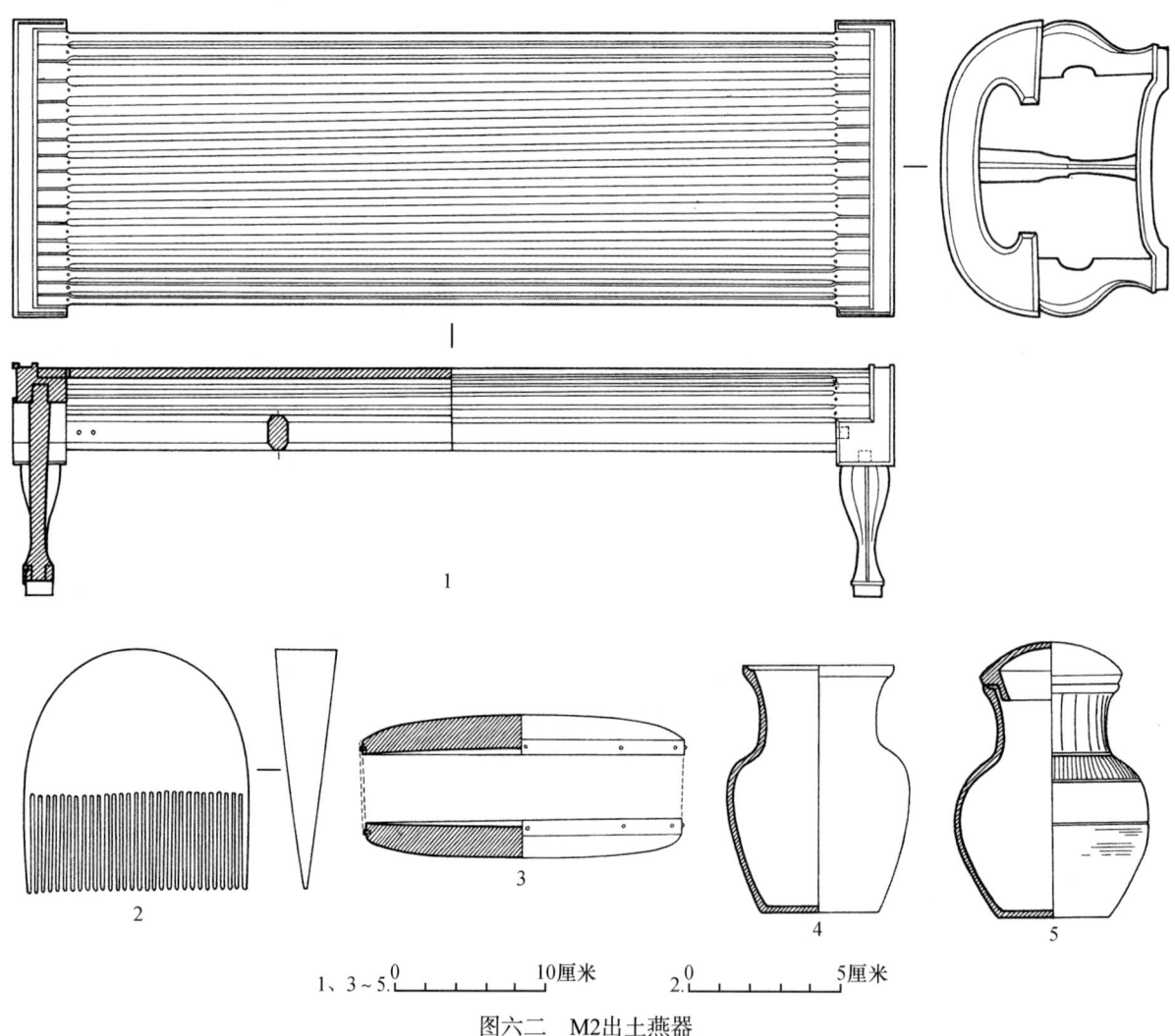

图六二　M2出土燕器
1.竹枕（M2∶39）　2.木梳（M2∶38）　3.革盒（M2∶34）　4、5.陶罐（M2∶16、M2∶17）

4. 木器

10件。器类有豆、方豆、几、方盒、梳等，其中除梳外均髹漆。

豆　4件。M2∶18、M2∶21、M2∶22、M2∶23，均出自头箱东部。形制基本相同，由盘、柄、座组成，盘单独制作，柄、座或整木雕刻，或分开制作，均厚胎。豆盘或为整木，即无内盘，或内盘极浅，外壁直，平底，底心凿方形卯眼安豆柄；豆柄柱状或竹节状，上段略粗,横断面八边形;中段或有宽凸箍;下段稍细,横断面呈圆形,上端出方形榫头与盘底心相接。实体喇叭形座,外缘较薄。器表髹黑漆地,外壁面红、黄彩绘制波浪纹、曲线纹。M2∶18,柄、座整木制作;无内盘为圆饼状,柄中部有凸箍。盘径15.8、座径9.4、高25.8厘米(图六三,3;图版三八,1)。M2∶21,柄下端中部出方形榫头,与圈座顶心半深卯眼扣接;内盘极浅;柄中部无箍,下部束腰。盘径15.2、座径11.6、高22.4厘米(图六三,1;图版

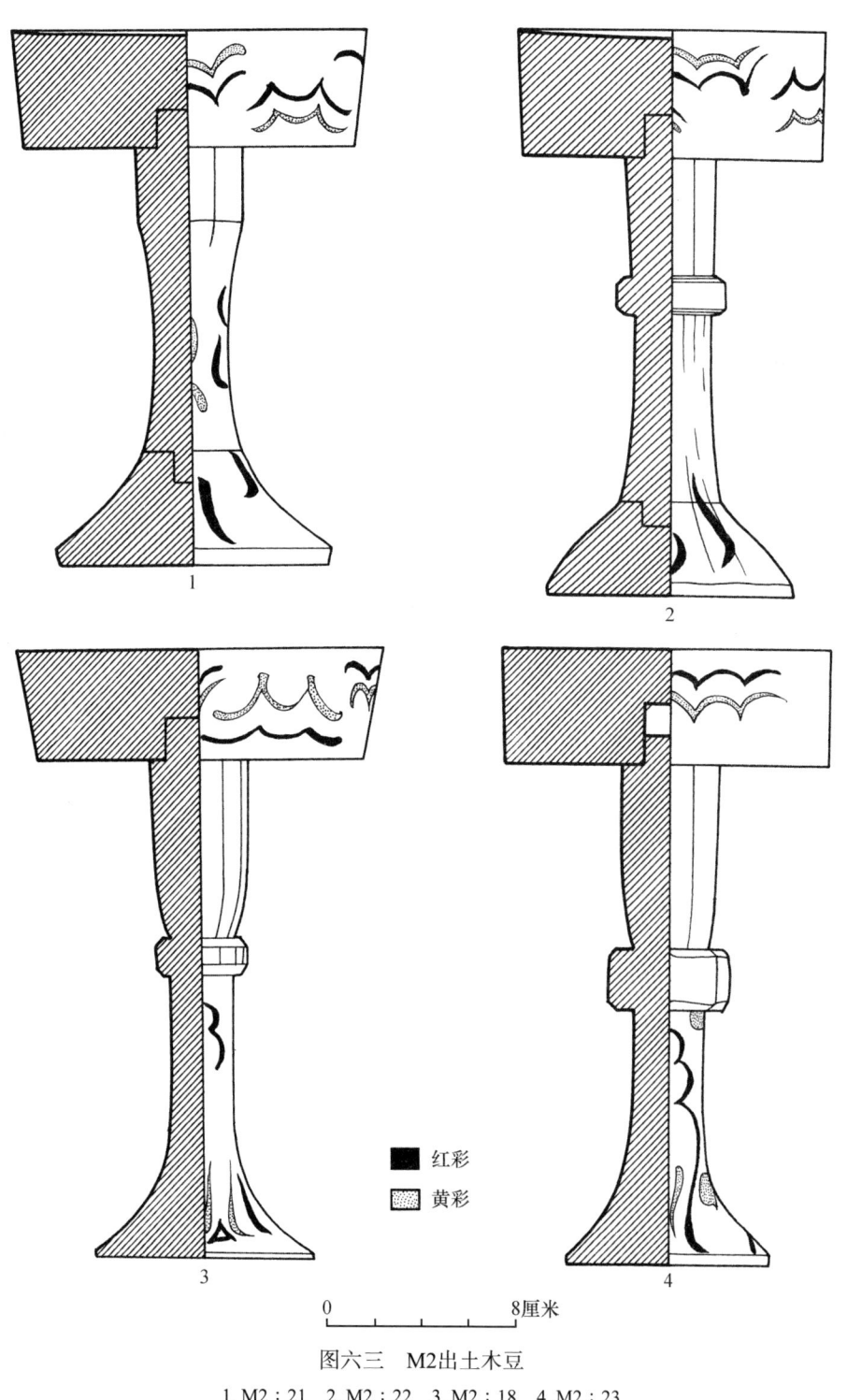

图六三　M2出土木豆
1. M2∶21　2. M2∶22　3. M2∶18　4. M2∶23

三八，2）。M2：22，除柄中部有凸箍外，其余形制基本同M2：21。盘径13.4、座径10.8、高23.8厘米（图六三，2；图版三八，3）。M2：23，形制同M2：18。盘径14.4、座径8.8、高25.8厘米（图六三，4；图版三八，4）。

方豆　2件。M2：6、M2：19，分别出自头箱东端、中部。形制、大小相同。由豆盘、柄、圈足三部分套接组成。豆盘平面近方形，子口，折沿，折肩，直壁，下端弧折，平底，内底心穿方形卯孔；上承浅折盘状盖，四角边缘弧折，平顶，顶心雕刻长方形捉手，每边中部有燕尾槽。柄竹节状，分三段，上段八棱形柱体，中段三道圆形凸棱，下段圆形截锥状，上、下端中部各出一短一长的方形榫头；圈足喇叭形，顶心穿方形卯孔。柄上、下的榫头分别与豆盘底心、圈足顶心卯孔套接。豆盘、盖及盖顶捉手内壁满髹红漆。器表满髹黑漆地，盖上以红漆与棕红、黄彩勾勒、套合、填充纹饰，盖面饰中心对称变形凤鸟纹，盖四缘弧折面与捉手外壁面饰二方连续三角卷云纹，口外壁面饰一周绚索纹，各组纹饰外侧均有弦纹分隔。豆盘、柄、圈足外壁面均用红漆绘制纹饰，豆盘壁面于上下两道弦纹间绘蟠螭纹；豆柄上段间饰方块纹，中段饰带纹，下段饰双勾曲线纹；豆座上部绘双勾曲线纹，正好与豆柄曲线纹连为一体，下部于两弦纹间绘一周绚索纹。豆盘长23、宽20、圈足径15.4、通高31.6厘米（图六四；彩版二一，3～5；图版三八，5）。

几　2件。M2：30、M2：31，均出自头箱西北部。由面板、足、支座以榫卯扣接而成。面板用整块木板斫削，平面橄榄形，中间宽薄，两端窄厚，几面自两端往中间凹弧，两端各穿三个圆形卯孔；两端各有三足，中足直立，两侧外斜；支座拱形，两侧着地，中部上突悬空，各间隔穿三个卯孔。足上、下端直接或出榫头与几面、支座上的对应卯孔套接固定。器表髹黑漆。M2：30，足较长，上粗下细，截面分别呈扁圆、圆形。面长50.8、两端宽20、中间宽19.6、中间高22、通高26厘米（图六五，1；彩版二二，1）。M2：31，足较短，圆柱体，截面圆形；面板两侧中部卯孔透穿。面长54.8、两端宽13.2、中间宽19.2、中间高12、通高14.8厘米（图六五，2；彩版二二，2）。

方盒　1件。M2：29，出自头箱西部偏北。方体。以木板斫削扣接。子口，平沿，直壁，平底，外底近四角处置四个曲尺形足。上承母口盝顶盖，折肩，直壁，顶面平。顶面以黑漆绘方形边框，方框内双线菱形纹，四角绘双线和菱形纹边框内的圆圈纹相对应，以正反云纹构成花边形内框，菱形纹框内绘双线方格纹，四边中间圆圈纹和双线"T"形纹对应，方框内绘涡纹，余填三角纹。肩部在黑漆边框内绘双线三角套"T"纹。盖、体侧壁在黑漆边框内绘菱形纹，菱形纹四角二横一竖条线界隔，横、竖线交接处绘圆点纹，菱形纹四边各绘一蝴蝶结形纹。足满髹红漆。盖顶边长8.9、盒体边长15.2、通高12.6厘米（图六六，2；彩版二二，3；图版三九，6）。

梳　1件。M2：38，出自头箱南端偏西。平面呈马蹄形，弧顶，斜面平，厚背，由背到齿渐薄，齿共28根。未髹漆。长7.8、宽7.4、厚1.9、齿长3.1～3.2厘米（图六二，2；彩版二二，4）。

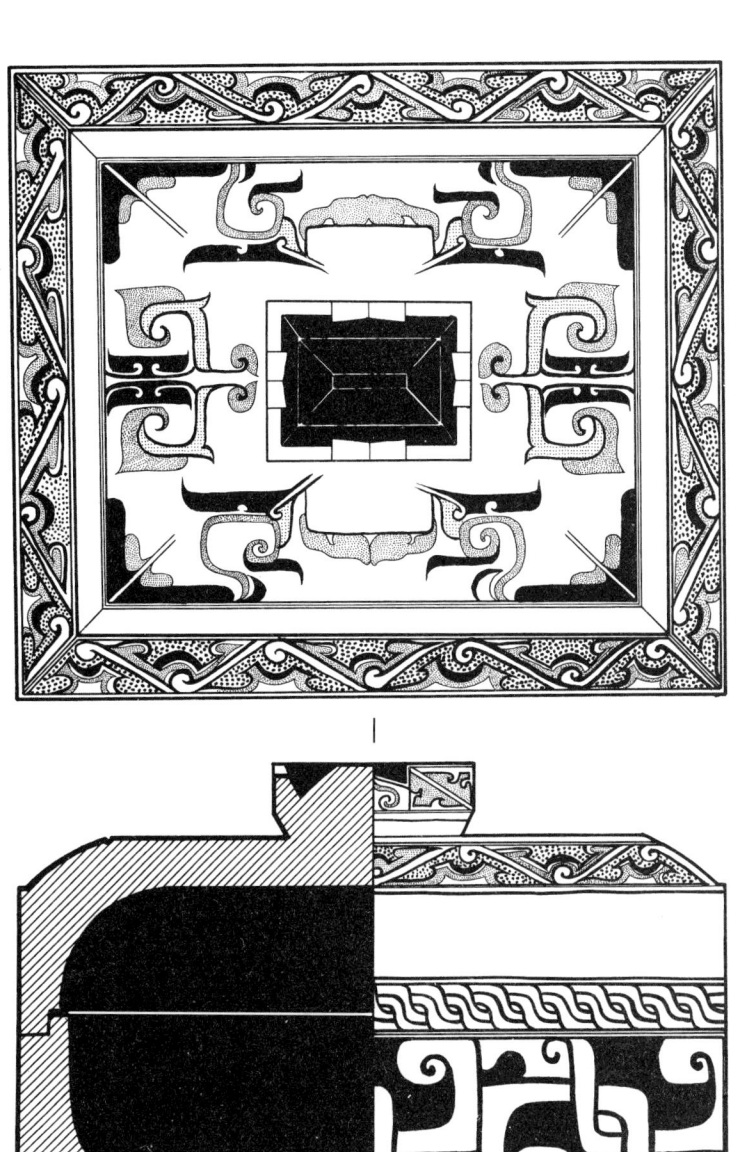

图六四　M2出土木方豆（M2∶6）

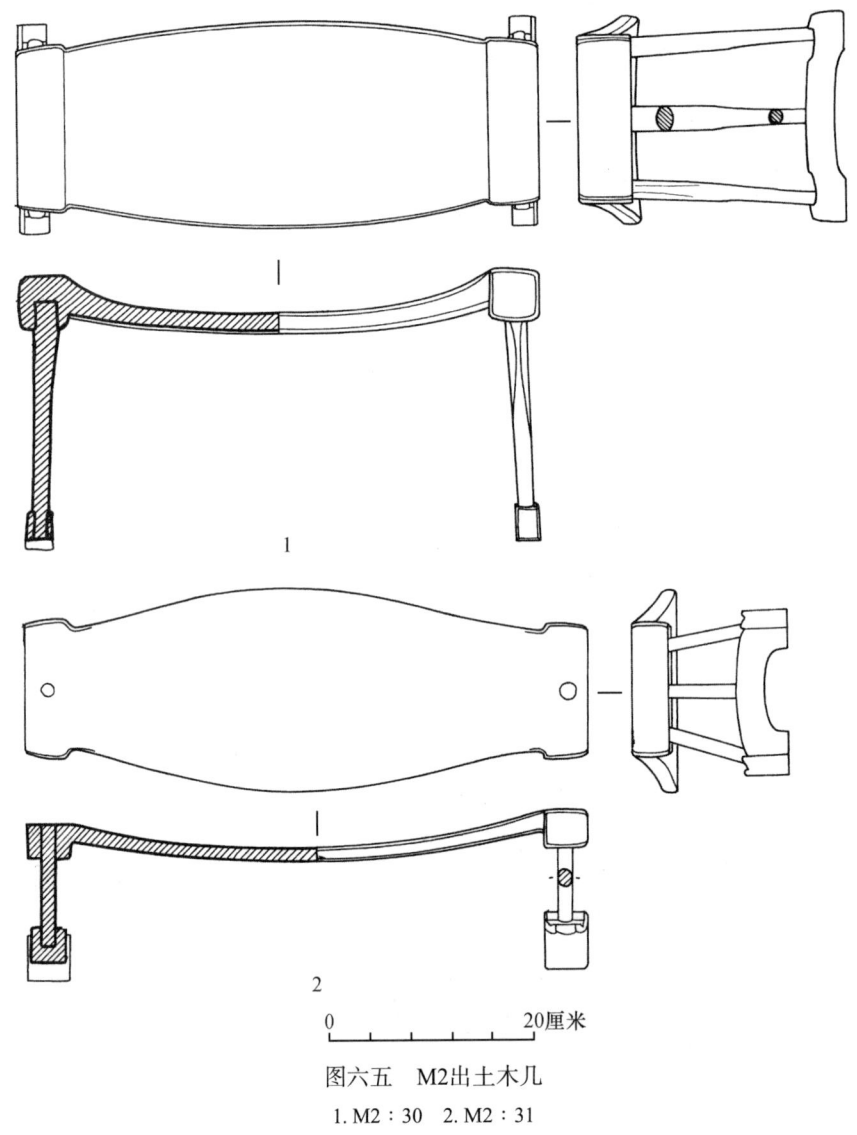

图六五　M2出土木几
1. M2∶30　2. M2∶31

5. 革器

仅1件盒。M2∶34，出自头箱北端中部。圆形，革制筒形壁朽尽，木质底、盖。底、盖形制、大小相同，内壁面内弧凹，外凸圜底，隆顶，直壁残损。底、盖侧壁上各间隔凿16个小圆形卯眼，上下对应，应为固定壁板的销孔，其内残存木质销钉。器表髹黑漆。直径21.4、复原高约9.2厘米（图六二，3；图版三九，1）。

6. 竹器

11件。器类有枕、笱、荐席等。

枕　1件。M2∶39，出自头箱西南部。由竹制枕面和木质枕身组合而成。俯视呈长方形。两端有闭合木边框，分三段，上端侧视呈横"C"形，顶面弧，两侧底面凿半深方形卯眼；中段两侧足，呈相向"外侧上外弧下束腰"形，内侧直，上有半圆形凹槽，上、下端出方形榫头；下段为拱形横衬，两端穿方形卯孔。足上、下榫头分别套接到上、下段相应卯眼内固结，正中有一扁体束腰柱，同样以榫卯与上、下段套接。边框上段顶面周缘起棱，顶面内侧中部下挖宽1.8、深0.6厘米的凹面，两端未挖部位各凿半深方形卯眼，两个边框两侧对应部位以出榫头的八棱形扁木条套接，木条一端穿两个小圆孔。顶两端凹面内嵌枕面，枕面由17根长50、宽0.4～0.6、厚0.6厘米的竹片铺成，竹片两端各有1个销孔。枕身髹黑漆，枕面素面。长58、宽19.2、通高15厘米（图六二，1；图版三九，2）。

笥　8件。M2∶1、M2∶12、M2∶13、M2∶14、M2∶15、M2∶33、M2∶35、M2∶50，散出于头箱内各处。其中M2∶12、M2∶14、M2∶15、M2∶35、M2∶50腐朽严重，仅见痕迹。M2∶1，盖、身用红漆篾和素篾交叉编织，盖面呈"人"字纹，身斜线纹。长10.1、宽9.3、通高3.5厘米（图六七，2；图版三九，3）。M2∶13，仅存盖。盖面及壁内层编织成"人"字纹，分别呈回形、横行布局；盖外层中腹以篾编织成多角空花，篾上填黑彩。长20.8、宽17.1、高5.2厘米（图六六，1；图版三九，4）。M2∶33，外层篾稍窄，内层篾稍宽，编织方法同M2∶13，只是中腹篾上填黄彩。其内盛装芦苇秆、花椒籽。长21.5、宽17.4、通高6厘米（图六七，3）。M2∶50，笥内盛有鸡骨。长方体盒状，盖、身相扣合，直壁，平底，平顶。双层篾编织，盖、身壁口沿用2块竹片内、外相夹，盖壁的上端、身壁的下端各有竹片边框一周，边框竹片以细篾绞锁。

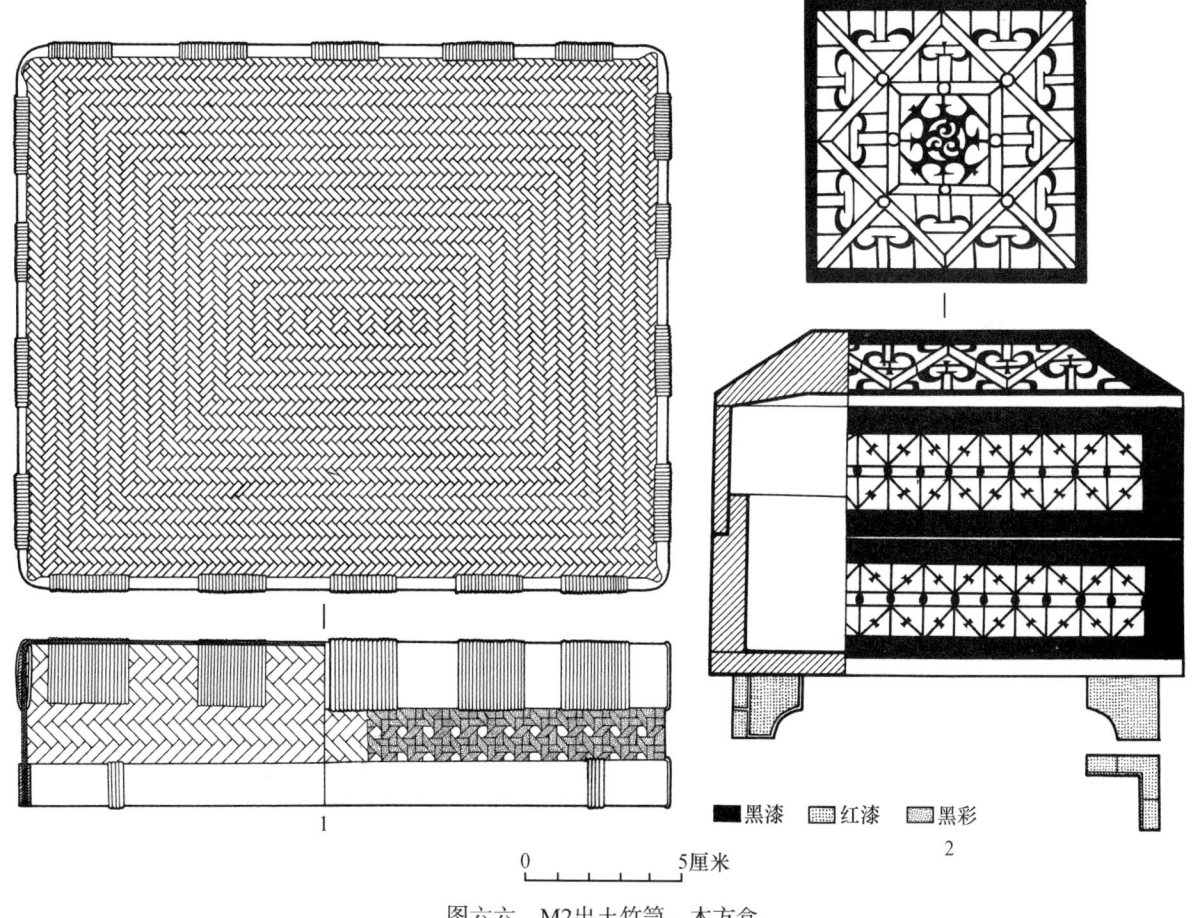

图六六　M2出土竹笥、木方盒
1. 竹笥（M2∶13）　2. 木方盒（M2∶29）

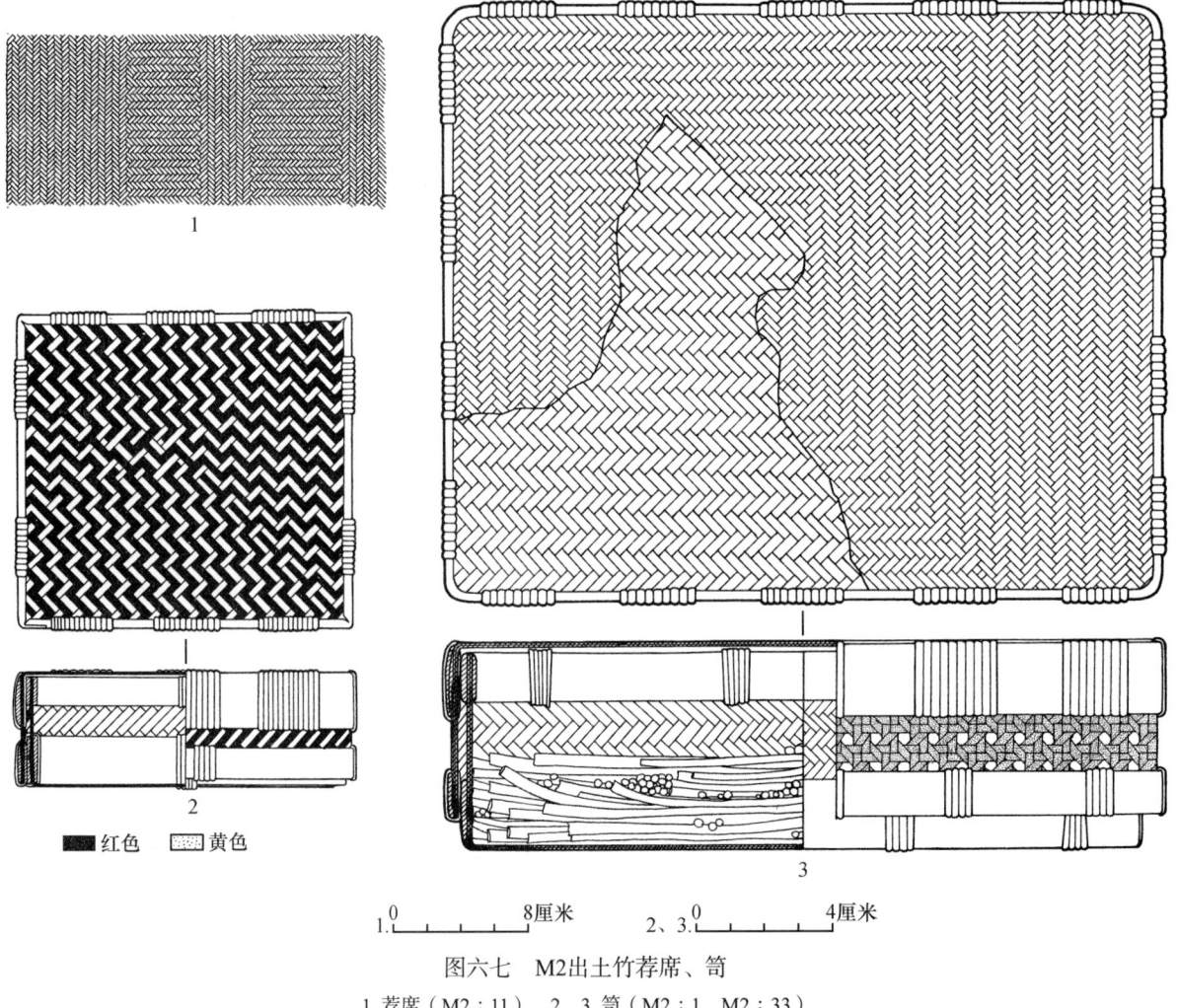

图六七　M2出土竹荐席、笥
1. 荐席（M2∶11）　2、3. 笥（M2∶1、M2∶33）

荐席　2件。M2∶2、M2∶11，分别出自头箱西南部、中部。出土时折叠多层放置。形制相同。长方形。斜织成纵横交错"人"字纹，两侧各纵向8、3组，中部3组间整体横向排列。未髹漆。M2∶11，残长9.8、残宽22.4厘米（图六七，1；图版三九，5）。

（四）车马器

5件。均为车器，分铜、木两类。

1. 铜器

4件，为2对车辖。M2∶42、M2∶53，均出自头箱东北部。形制相同。辖体内、外范各一块，浇口在辖口沿部，辖二范相合浇铸。辖身圆筒形，末端平，首端口部直折，窄沿方唇。辖体单凸箍，箍下有垫片；箍与口部间有对称长方形穿，内插辖。均素面。M2∶42-1，辖首梯形，有两道纵向凸棱，侧面对穿半圆形孔，辖尾横穿方孔。高7.2、顶端直径3.2厘米

（图六八，5；图版四〇，1左）。M2∶53-1，辖首作鸟首形，侧面穿长方形孔，辖尾横穿小长方形孔。高5、顶端直径2.6厘米（图六八，4；图版四〇，2左）。

2. 木器

仅1件车舆之车軨。M2∶3，出自头箱中部。为象征性明器，拆散后下葬。多根木条钻孔穿接成网格状。整体由前、后及两侧车軨、门组成，但仅有前车軨、一侧车軨及门，也未见连接各面车軨的立柱，既不完整也无法组合。每面軨横长方形，由外框及框内的轵、軨组成，形成格网。每根轵上都有卯眼，以和軨卯合，轵、軨截面径为0.5厘米。前、侧车軨轵有5根，軨各有27、18根，两侧边框上、下内折成三角尖形，作系绳槽，上边框铆有2个小铜环，环径1.5~2厘米。边框截面径0.8厘米（图六八，1、3；图版四〇，4、5）。门纵长方形，由上、下两部分组成。上部分高55厘米，由横12、纵9根圆木条，以纵穿卯眼形成格网，圆木条截面径0.5厘米。边框略粗，截面径1厘米。下部分高17厘米，由横6、纵6根圆木条，以纵穿横卯分成五等份，呈窗形，每等份宽9厘米，距边框1.5厘米。五等份以中间和两端形制相同。由一个长方形窗和上、下半窗以正反"绳系法"连接，和中间相邻的2个形制相同，为上、下2个半窗形，以正反"绳系法"连接，完整形窗宽7~7.5、高9厘米。半窗形高3.75厘米（图六八，2；图版四〇，3）。通体髹黑漆。前车軨长143.5、侧车軨长98、均高23厘米，门宽53.5、通高73厘米。

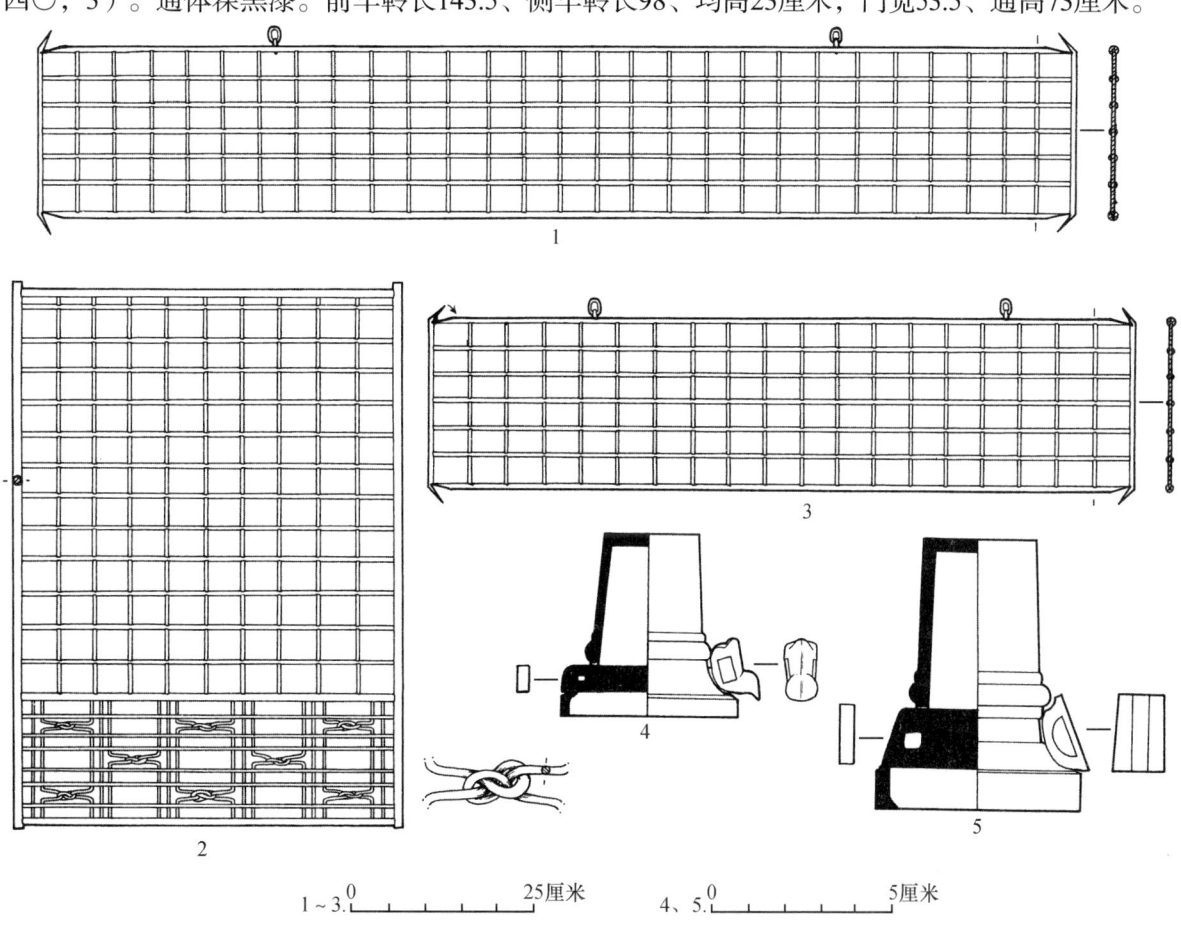

图六八　M2出土车马器

1. 木侧车軨（M2∶3）　2. 木车门（M2∶3）　3. 木前车軨（M2∶3）　4、5. 铜车辖（M2∶53-1、M2∶42-1）

（五）葬仪品

3件。均为木质。器类有镇墓兽、卧鹿等，均髹漆。

镇墓兽 2件。M2：26、M2：32，均出自头箱西北部。由木条、板斫削的身、座或加头通过榫卯扣而接成。座平面近方形，盝顶状，顶面平，外缘斜直，直壁，平底，顶面中部凿半深卯眼；身柱状，下端出方形榫头插入座顶心卯眼内。器表髹黑漆地，红、白彩绘制纹饰，部分脱落。M2：26，有头，方块状，顶部上凸呈盝顶状，其余各面平，底面中部有卯孔与器身方柱上端所出榫头扣接，两侧面出卯眼，各插1只鹿角，每只角上前后又分出一支叉角；身截面方形。头部以红彩绘三角雷纹，身以红、白彩绘双线圆圈填点纹、卷云纹，座面以红、白彩绘三角雷纹、卷云纹，壁面以红彩绘方块状勾连云纹。座长16、宽14.8、高9.2、通高69.6厘米（图六九，1；图版四一，1）。M2：32，无头，身截面呈八棱形。座面用红、白彩绘卷云纹、三角雷纹，壁面以红彩绘方块状勾连云纹。座长14.8、宽13.4、高8.8、通高46厘米（图六九，2；图版四一，2）。

卧鹿 1件。M2：25，出自头箱西南角。鹿整木雕制。卧伏状，昂首左侧视，双目微凸，闭嘴，长颈，前左、右腿分别后曲于腹两侧，后双腿并曲于右腹下。头顶两侧凿方形卯眼，插入2只带榫头的鹿角，每只鹿角上前、后各凿卯眼插一只短角。器表满髹黑漆地，头部以白彩绘出鼻孔，头顶及脊背黄、白彩绘"V"纹，两旁及颈、身以黄、白彩绘波浪纹，白、黄彩"V"纹、波浪纹各两个一组，依次重复排列；腿上部和足背以白彩点缀。体长45.6、宽19.4、通高71.8厘米（图七〇；图版四一，3）。

（六）装饰品

6件。分玉、石两类。

1. 玉器

5件。器类有瑗、璧、珠等。

瑗 1件。M2：54，出自棺内北部头骨右侧。青玉，有黑沁。体自一边向另一边渐薄，直壁。双面阳刻谷纹。直径8.3、好径4.7、肉宽1.8、厚0.4～0.6厘米（图七一，1；彩版二三，1）。

璧 1件。M2：55，出自棺内中北部骨架左腰部。青玉。面平，直壁。双面阳刻谷纹。直径5.1、好径1.7、肉宽1.7、厚0.1厘米（图七一，9；彩版二三，2）。

珠 3件。圆珠体，中有一纵穿孔。按照外壁形状的不同可分二型。

A型 2件。M2：52、M2：59（彩版二三，3右、4右），出自头箱南部中段。形制、大小相同，青灰色。瓜棱形。M2：52，直径1.1、孔径0.5厘米（图七一，3；彩版二三，3左、4左）。

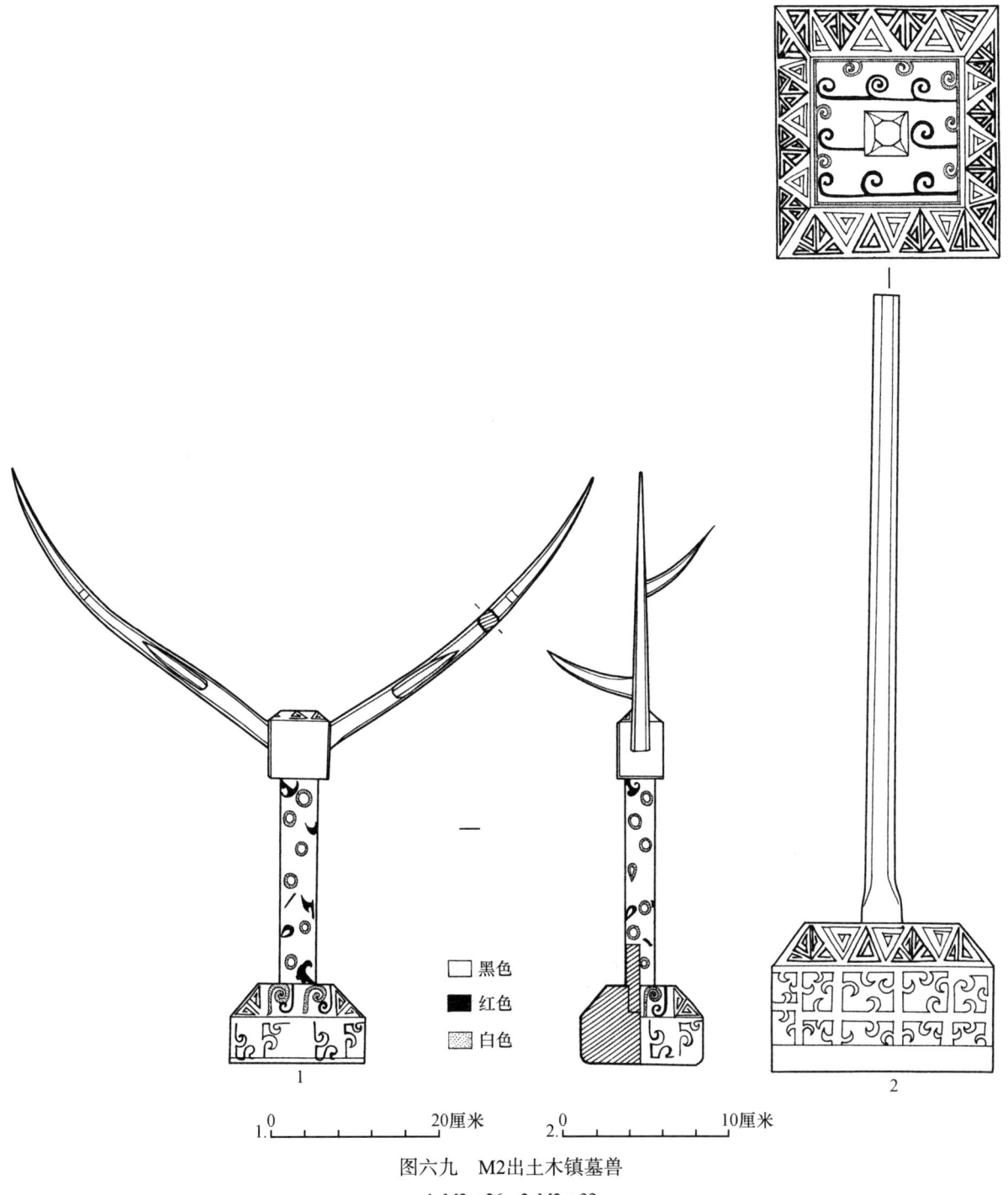

图六九　M2出土木镇墓兽
1. M2：26　2. M2：32

B型　1件。M2：56，出自棺内北部骨架颈下。白色。外壁弧面平滑。直径0.8、孔径0.2厘米（图七一，4；彩版二三，5）。

2. 石器

仅1件璧。M2：51，出自外棺内北部。残破。青灰色石质。面平，中部较缘部略厚。素面。直径8.5、好径3.3、肉宽2.7、厚0.3～0.6厘米（图七一，2；彩版二三，6）。

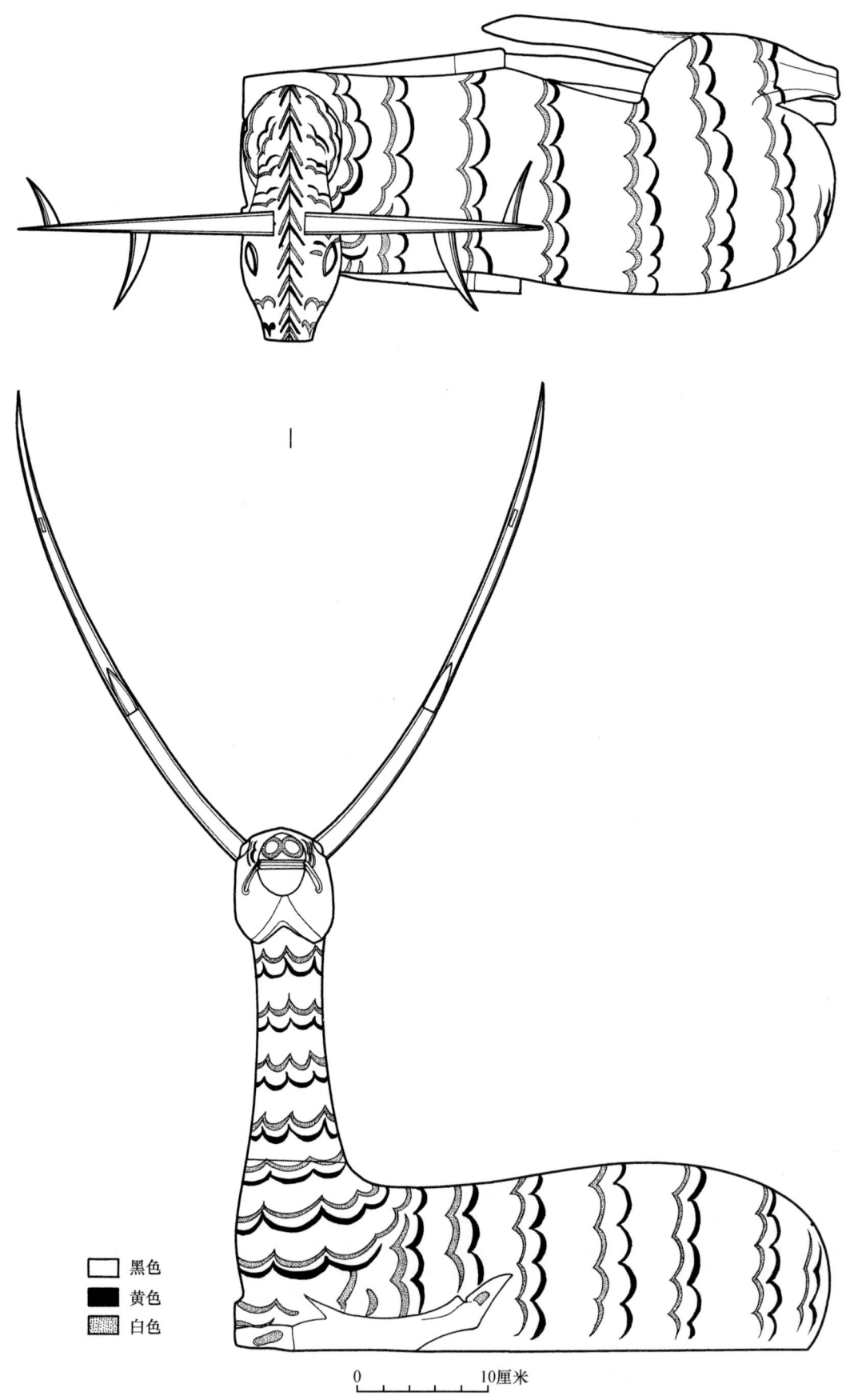

图七〇 M2出土木卧鹿（M2∶25）

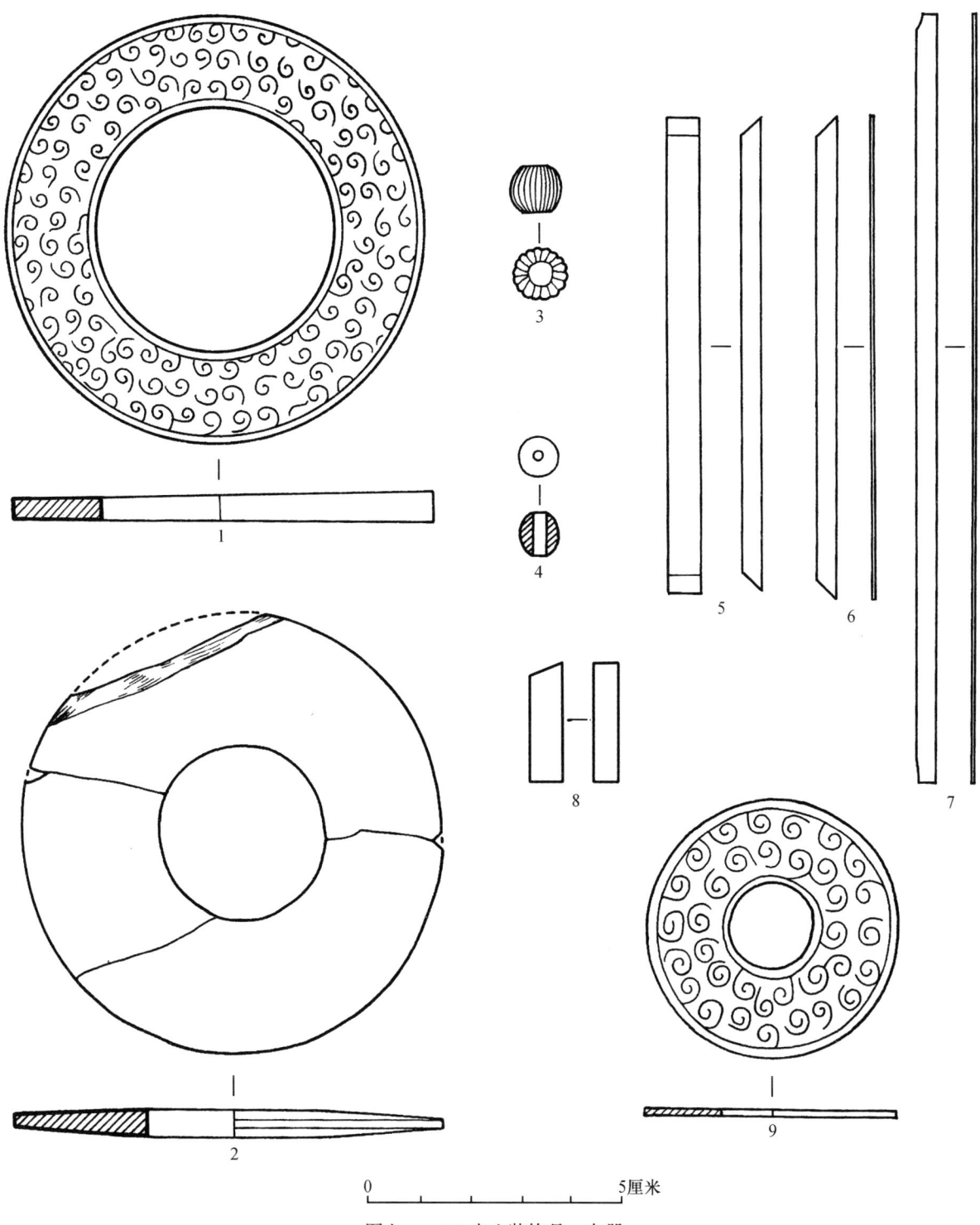

图七一　M2出土装饰品、杂器
1. 玉瑗（M2:54）　2. 石璧（M2:51）　3. A型玉珠（M2:52）　4. B型玉珠（M2:56）　5~7. A型角构件（M2:5-1、M2:5-9、M2:5-12）　8. B型角构件（M2:5-15）　9. 玉璧（M2:55）

（七）杂器

96件。分木、角两类。

1. 木器

81件。器类有饼、柱、管、塞、构件等。

饼　3件。M2∶36，均出自头箱东南部。形制、大小相同。圆形，一面小一面大，截面呈梯形，面平。素面。M2∶36-1，径3～3.4、厚1.4厘米（图七二，9）。

柱　1件。M2∶49，出自头箱东南部。圆柱体，一端稍粗，一端稍细，粗端底心有一浅圆凹槽。素面。长6.2、径1.6～2厘米（图七二，3）。

管　72件。M2∶57，散出于外棺内西部各处。细圆管状，纵向穿孔（图版四一，4）。M2∶57-1，微束腰。素面。长5.2、径0.9～1厘米（图七二，5）。M2∶57-27，壁面及两端边缘有削痕。素面。长4.1、径0.8～1厘米（图七二，6）。M2∶57-40，素面。长2～2.4、径0.5～0.6厘米（图七二，7）。M2∶57-70，器表髹红漆。长3.3、径0.7厘米（图七二，8）。

塞　3件。M2∶48，出自头箱东南部。形制、大小相同。呈上粗下细的短圆柱体，顶心有束腰形圆柄。1件素面，2件髹黑漆。M2∶48-1，体径4.1～4.8、柄径1.9、通高5.4厘米（图七二，4；图版四一，5）。

构件　2件。M2∶4，出自头箱西南部。黑漆绘制纹饰。M2∶4-1，平面"吕"字形，上小下大，上、下平面微错开，纵断面呈曲折形。上部宽边框内绘四个小方框套斜十字交叉纹，小方框线条中部加燕尾纹；下部宽边框内中间绘正方框套线条中部加燕尾的斜方框再套正"十"字纹，两侧绘涡纹。上宽5.5、下宽6.9、高5.1、厚0.6厘米（图七二，1）。M2∶4-2，长条形。面平，背呈上厚下薄的弧形。宽边框内四个小方框套斜十字交叉间三个"日"字纹，方框线及"日"字中部横线中间加燕尾纹。宽8.7、高1.6厘米、厚0.3～0.8厘米（图七二，2）。

2. 角器

15件，均为构件。出自头箱西北部。条形。根据整体形制的不同分二型。

A型　14件。M2∶5-1～14，形制大体相同，长短有别。长条形，两端内上角斜折。M2∶5-1～8，共8件，单件较长、厚。两两内角相扣正好可拼合成两个方框。单件长9.2、宽0.7、厚0.4厘米（图七一，5；彩版二二，5）。M2∶5-9～11，共3件，单件较长、薄。两两内角相扣可拼合成一个方框，但缺一边。单件长9.4、宽0.4、厚0.1厘米（图七一，6）。M2∶5-12～14，共3件，单件长而薄。拼合情况不明，单件长14.8、宽0.4、厚0.1厘米（图七一，7）。

B型　1件。M2∶5-15，整体短而厚，一端上角斜折，另一端齐头。长2.2、宽0.6、厚0.4厘米（图七一，8）。

（八）竹简

5支。M2∶8，出自头箱中北部，均书文字。除简1外均完整，略有收缩、干裂。脱水处理后，整简长64～71、宽0.4～0.8、厚0.1～0.15厘米（表二九）。竹简背面留有竹皮，两端

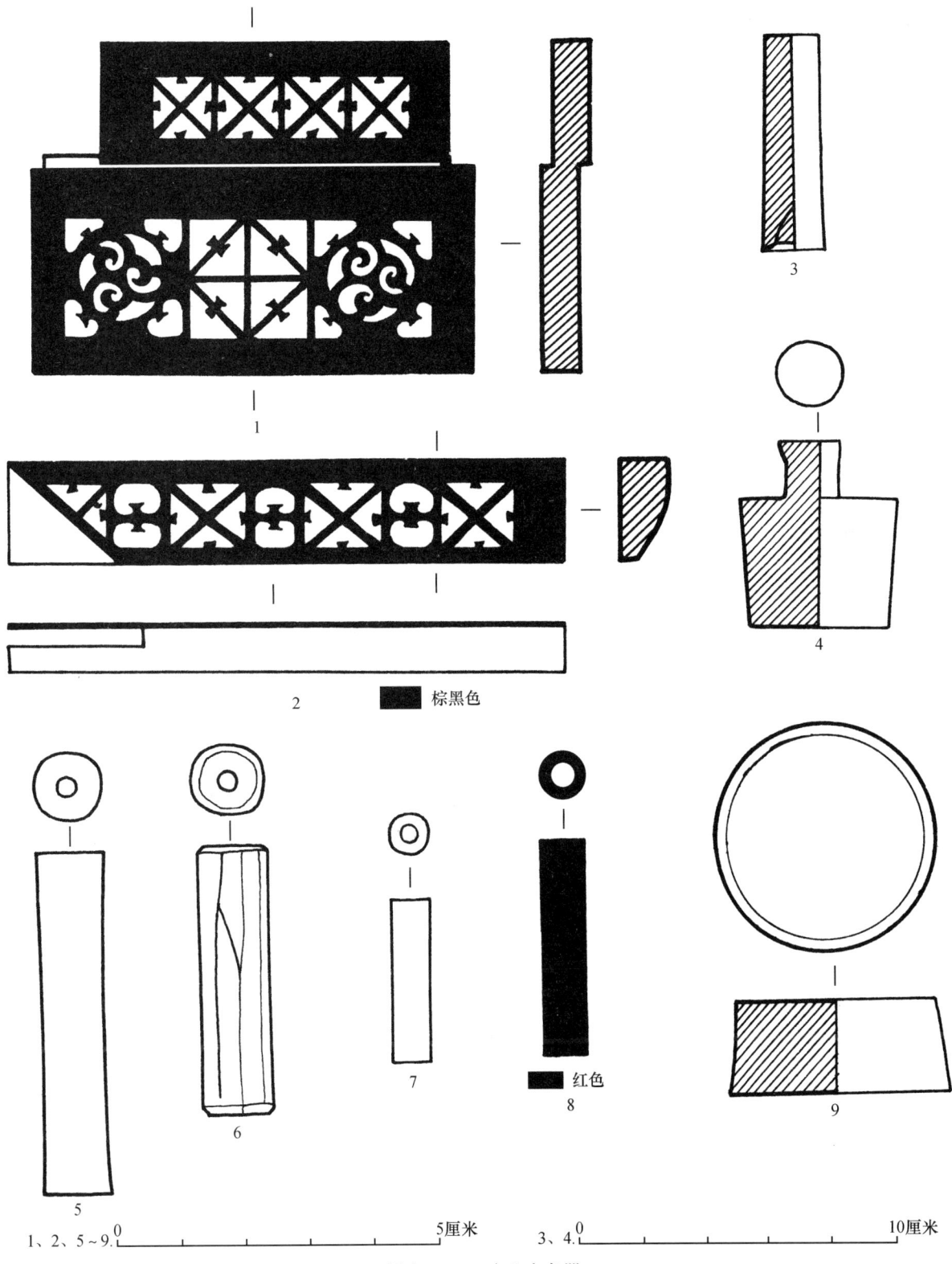

图七二　M2出土木杂器

1、2.构件（M2∶4-1、M2∶4-2）　3.柱（M2∶49）　4.塞（M2∶48-1）　5~8.管（M2∶57-1、M2∶57-27、M2∶57-40、M2∶57-70）　9.饼（M2∶36-1）

头平齐，靠近简头的简面没有类似M1竹简那样呈斜面削薄的情况。简正反面皆可见经修整的竹节，竹节处不避字。竹简以两道编绳编连，右侧修三角形契口，契口未切破简背，编痕不明显。简的上道编绳距简首端约22厘米，下道编绳距简末端约17厘米，5支竹简应当是编成一册。竹简文字写在篾黄面，书写风格基本一致，简3、4、5字迹漫漶严重。简文顶格书写，分段转行，多使用钩号"⌐"作为句读。竹简编痕未压字，但个别简的契口与简文的笔画十分接近（如简1），反映出竹简是先写后编。竹简内容与M1竹简一样，属遣册。记录的物品主要是食器、乐器、服饰、工具等，与M1遣册所记有一定差异，这与本墓墓主的女性身份有关（图版四八）。

表二九　M2竹简（M2∶8）尺寸登记表

整理号	完残情况	尺寸（厘米）	备注
1	残存前大半段	残长52.5、宽0.5~0.7、厚0.15	脱水后尺寸
2	完整，断为两段	长64、宽0.5~0.6、厚0.1~0.15	
3	完整	长64.5、宽0.4~0.8、厚0.1~0.15	
4	完整	长67.7、宽0.4~0.8、厚0.1~0.15	
5	完整	长71、宽0.4~0.8、厚0.1~0.15	

第四章 三 号 墓

三号墓（编号M3）位于墓地西北部，处本次发掘区域的北端，南距M2约27米。具体叙述如下。

第一节 墓葬形制

一、兆 域

该墓圹上部因为原安岗砖厂取土制砖已经被破坏。为长方形土坑竖穴墓。

（一）墓圹

墓葬方向22°。现墓口南北长2.92、东西宽1.4、墓底南北长3.04、东西宽1.58、墓坑残深0.8米。四壁略向下外扩，壁面较规整平滑，应经过人工加工修整。

（二）填土

墓葬填土分为两层：上层为五花土，以黄色为主，夹褐、灰白色斑土块，土质较硬，含少量细沙；未发现夯筑迹象，残存厚度0.1~0.2米。下层为青膏泥，泥质细软有黏性，含水量较大，分布于整个墓室，中部较厚，四周较薄，厚0.6~0.7米。

系先填青膏泥，后填五色花土。在发掘过程中，明显感觉墓坑四周的土质比墓坑中部的土质硬。经过观察可知，系椁室盖板腐烂及棺室坍塌后，中部的填土相应下陷所致。

（三）封土

该墓因上部遭到破坏，封土情况不明。

二、葬 具

葬具置于墓坑底部，为木质，单椁单棺。

（一）椁

椁腐烂严重，基本无存。依据残存及腐痕分析，椁室平面呈"Ⅱ"形。椁痕南北长2.62、东西宽（北）0.98~（南）1.04、残高0.64米。椁应由底板、墙板、挡板和盖板组成，现残存少量底板、墙板，底板纵向平铺。

底板残存2根方木，东侧底板长2.9、宽0.22、厚0.14米，西侧底板长2.88、宽0.16、厚0.14米。底板下设置两根横向垫木，北垫木长1.55、宽0.09、厚0.1米，南垫木长1.54、宽0.1、厚0.1米，间距1.94米；垫木上面压成凹弧形。因承重，2根垫木已完全压入墓底平面下，形成了两条垫木槽。底板上直接叠放墙、挡板。

墙板数量不详，现东、西各保存1根，均不同程度腐烂，均长2.44、厚0.09米，宽度不详。

两端挡板和盖板均已腐烂无存。据残留的灰白色腐痕可知，挡板长（北）1.18~（南）1.26、厚0.09米，宽度不详；挡板侈出墙板外，两者垒砌于底板上，现仅发现深0.5米的椁室痕迹。椁室上横铺几块盖板已无从得知，相关尺寸不详。因为椁腐烂严重，其构造不明。

（二）棺

棺箱置于椁室内中部偏南，因椁室盖板腐烂导致棺室坍塌，具体尺寸不详，依据发掘可知棺为长方形悬底弧棺。

棺由底板、墙板、挡板和盖板组成，但均有不同程度腐朽。棺盖由整板凿成，内壁面微弧，外壁面中弧，残长1.64、宽0.39、厚0.04米。

底板双面平，残长1.5、宽0.35、厚0.03米。

东、西墙板残长1.49~1.56、宽0.48~0.5、厚0.08~0.11米。内壁面平，外壁面中弧。内壁面两端距边缘约0.13米处各有一条宽0.06、深0.02米的纵穿凹槽，其余构造不明。

挡板仅余北挡板一小段，残高0.25、宽0.3、厚0.03米。

因腐烂严重，构造及捆扎情况不明（图七三）。

三、葬 式

棺内有细腻的灰褐色淤泥层，可能是包裹物和尸体腐烂后形成。人骨架已无存，无法辨认

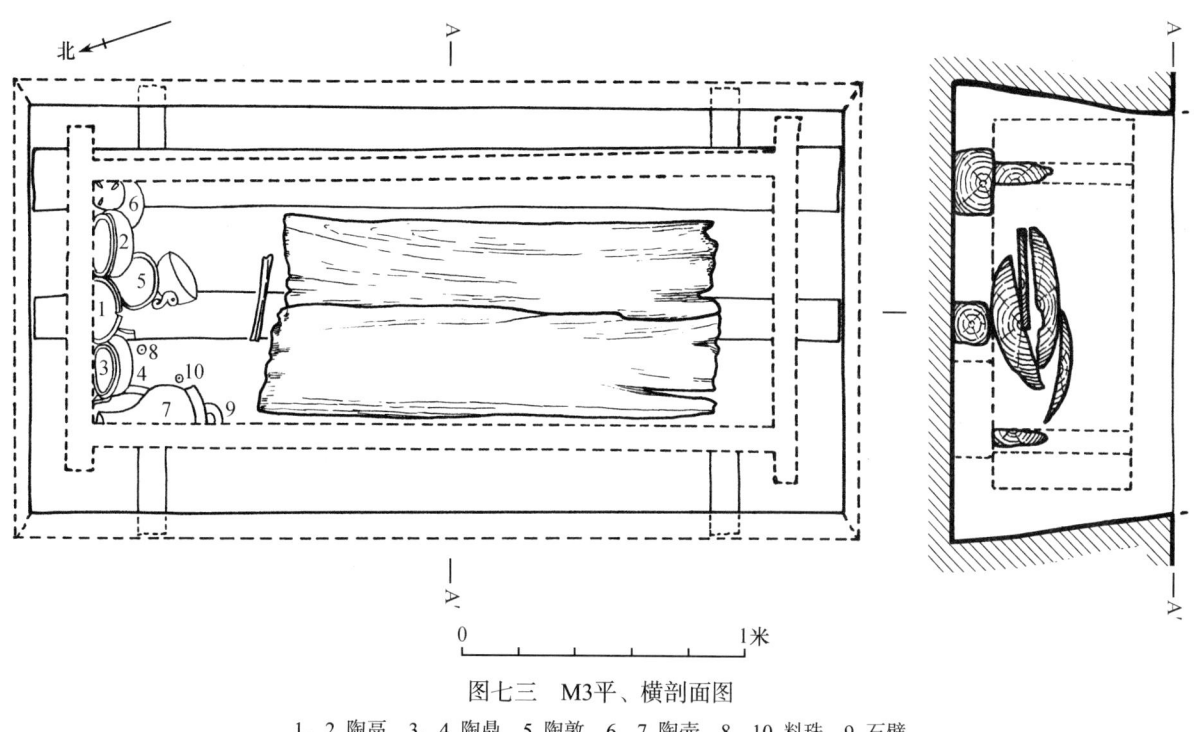

图七三 M3平、横剖面图
1、2.陶鬲 3、4.陶鼎 5.陶敦 6、7.陶壶 8、10.料珠 9.石璧

其葬式。考虑到随葬器物均摆放于椁内北侧，根据有明确头向之M1、M2分析，推测M3的头向也向北。

第二节 随葬器物

本墓随葬器物共10件，均出自椁内棺外北侧，质地仅有陶、料、石三类（图七三）。

一、陶 器

7件。陶质较差，陶系均为泥质灰陶，但陶土淘洗不干净，火候不高。制作方法中容器器身轮制，足、钮模制或手制。纹饰有弦纹和绳纹，少量素面，仅在部分器物表面发现彩绘，基本脱落。器类有鼎、敦、壶、鬲等。

鼎 2件。M3∶3（图版四二，1）、M3∶4，形制、大小及纹饰基本相同。子口，折肩，上腹近直，下腹弧收，圜底，长方形附耳外撇，兽面蹄足直立，足有刮削痕迹；上承盖，残破严重，未能复原。上腹饰一周凸弦纹。M3∶4，口径17.1、腹径20、体高20.8厘米（图七四，1；图版四二，2）。

敦 1件。M3∶5，体微敛口，口沿面宽于壁，沿下一周微凹，以下弧腹内收，凸圜底，腹身有三个简化昂首兽足，呈"S"形；盖无法复原。中腹饰一周凹弦纹。口径16.5、腹深7.4、体高10厘米（图七四，3；图版四二，3）。

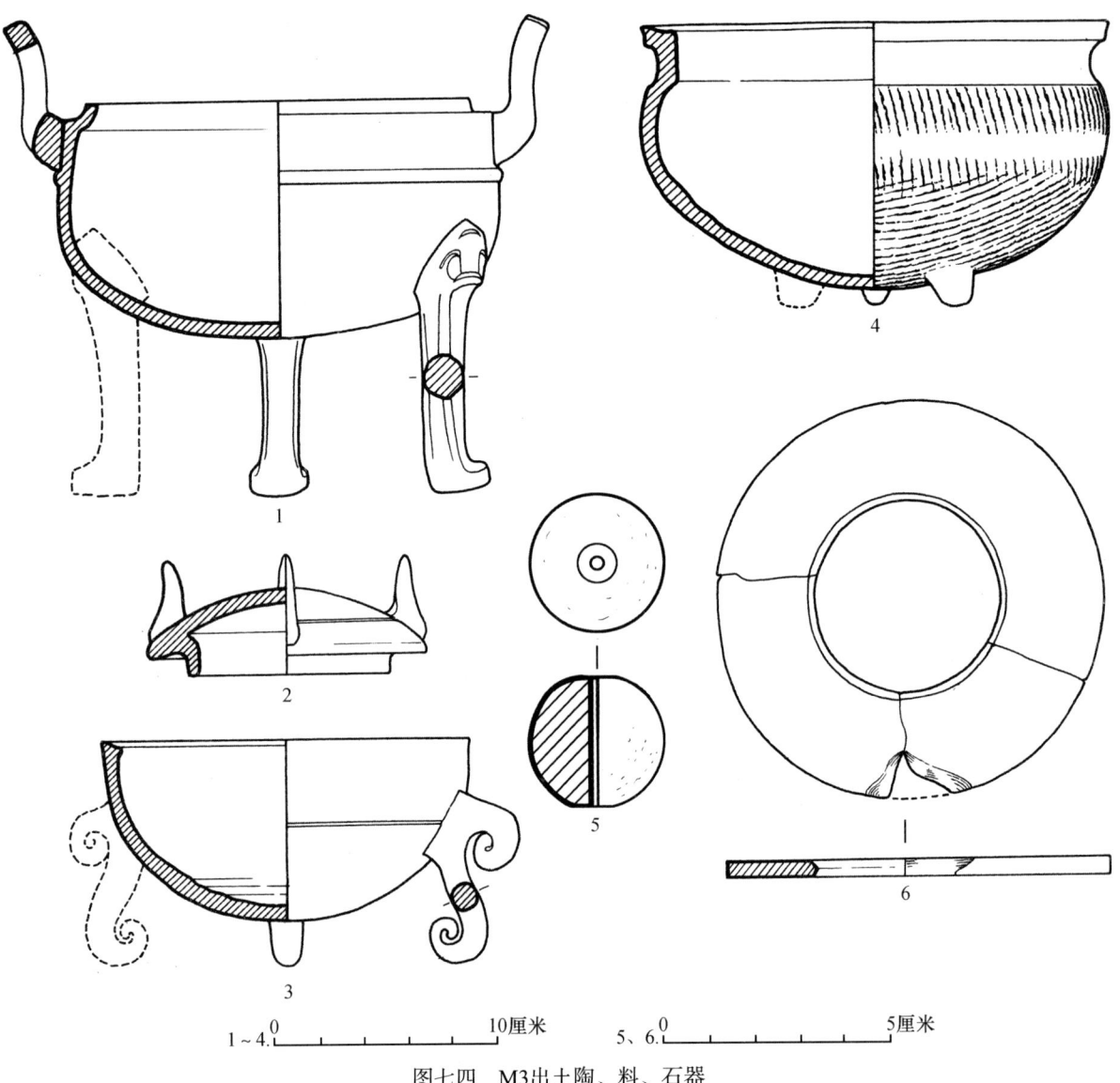

图七四　M3出土陶、料、石器
1. 陶鼎（M3∶4）　2. 陶壶盖（M3∶7）　3. 陶敦（M3∶5）　4. 陶鬲（M3∶1）　5. 料珠（M3∶8）　6. 石璧（M3∶9）

壶　2件。M3∶6、M3∶7，均仅盖可复原。形制、大小及纹饰基本相同。子口，盖面微隆，顶上有4个简化鸟喙钮。盖中部饰两周凹弦纹。M3∶7，盖径9.1、盖高5.3厘米（图七四，2；图版四二，6）。

鬲　2件。M3∶1、M3∶2（图版四二，5），形制、大小及纹饰基本相同。直口，仰折沿，沿面微内凹，束颈，肩微折，扁鼓腹，下腹内收，圜底，三乳状小足。腹及底满饰绳纹，近中腹一周微抹。M3∶1，口径20.8、腹径20.9、通高12.3厘米（图七四，4；图版四二，4）。

二、料　　器

2件。均为珠。M3:8、M3:10，形制、大小及纹饰基本相同。陶胎手制。扁圆体，中间一孔。壁面嵌深蓝色琉璃。M3:8，直径3、高2.8厘米（图七四，5；彩版二四，1）。

三、石　　器

仅1件璧。M3:9，浅灰色，断裂为大小不等的3块，可能下葬时有意所为。石灰石磨制。体扁平，外壁面平，内壁面中间尖突。素面。复原外径8.6、好径4.1、厚0.4厘米（图七四，6；彩版二四，2）。

第五章 四 号 墓

四号墓（编号M4）位于墓地西北部，北距M2约82.8米，西离"霸王冢"约26米。具体叙述如下。

第一节 墓葬形制

一、兆　域

该墓坑上部和西壁因为原安岗砖厂取土制砖已被破坏。为长方形土坑竖穴墓。

（一）墓圹

墓葬方向25°。现存墓口南北残长3.3、北宽1.97、南宽2.16、墓底南北残长2.94、北宽1.6、南宽1.76、残深3.14米。墓壁内收，壁面较为光滑，经过人工加工修整，底较平。

（二）填土

墓葬填土分为两层。上层为五花土，以黄色为主，夹褐、灰白色斑土块，土质较硬，含少量细沙；未发现夯筑迹象，北侧稍厚，南部较薄，残存厚度 2.28（南）~ 2.37（北）米。下层为青膏泥，泥质细软有黏性，含水量大，分布于整个墓室，中部较薄，四周较厚，整体厚0.77 ~ 0.86米。

（三）封土

该墓因上部遭到破坏，封土情况不明。

二、葬 具

葬具置于墓坑底部，为木质，单椁单棺。

（一）椁

椁腐烂较严重，依据发掘情况分析，椁室平面呈"Ⅱ"形。椁室未分箱，现椁室南北长2.58、东西宽0.98（北）~1.04（南）、高0.8米。椁由盖板、两侧墙板、两端挡板和底板构成，其中底板纵向平铺而成，墙板纵向上下叠成，挡板横向上下叠成，盖板横向并排而成。

底板方木残存五根，均不同程度腐烂。现底板长2.6~2.65、宽0.11~0.22、厚0.08~0.11米。底板下设置两根横垫木，系先在椁底将两根垫木横置于坑底，北垫木长1.47、宽0.09、厚0.07米，南垫木长1.48、宽0.1、厚0.08米；两根垫木间距1.28米；因承重，2根垫木已完全压入墓底平面下，形成了两条垫木槽，槽宽0.11~0.12米。底板上直接叠放墙板、挡板。

两边墙板均不同程度腐烂，数量不详，两侧墙板残长2.27~2.31、宽0.07~0.2米，厚度不详。因为腐朽严重，其余构造已经无法知晓。

前、后挡板各有3根扁方木，个别方木弧角，单根长1.33~1.42、宽0.05~0.09、厚0.19~0.21米。其余构造已经无法知晓。

因为盖板多已腐烂无存，现椁室之上横铺几块盖板已无从得知，现保存有七块，也不同程度腐烂，残长1.33~1.44、宽0.08~0.18、厚0.07~0.11米。

（二）棺

棺箱置于椁室内中部，因椁室部分盖板腐烂，棺室坍塌腐朽无存，故而其形制和具体尺寸不详，依据发掘可知棺为长方盒形，复原长1.91、宽0.48（北）~0.51（南）、高0.3米。

四号墓棺椁结构不详，但从相邻墓葬发掘情况来看，棺椁结合的方式有平列、叠垒、扣接等。对应而言，四号墓或也采用相近的结合方式，像底板、盖板即为平列，墙板、挡板即为叠垒，而棺板应采用扣接之法。另在棺椁之间存在少许红色漆皮痕迹，应该为棺木外髹的漆饰。

三、葬 式

棺内有细腻的灰褐色淤泥层，可能是包裹物和尸体腐烂后形成。人骨架已无存，无法辨认其葬式。

第二节 随葬器物

M4随葬器物除1件出于棺内南侧外，余均出于椁内木棺外北侧，但是仔细观察发现，出于棺内南侧的陶壶放置位置如果是下葬时有意放在墓主人脚下，那么棺床内留给墓主人的空间就太过短小；即便墓主人系非正常死亡，骨架不全，所占空间有限，但带钩没有放置在棺床内，却与其他随葬器物一起放置在头箱，棺内仅仅放置陶壶就难以解释，由此我们推测，陶壶系棺室坍塌腐朽无存后滚落到此，陶壶原就放置于木棺外北侧。考虑到这点，且我们根据本次发掘相邻遗迹单位情况推断，其头向为北（图七五）。

本墓随葬器物共12件，分铜、陶、石三种质地。

一、铜　器

3件。器类有磬片、带钩。

磬片　2件。M4：1，为简陋的明器。形制、大小基本相同。略残。双范合铸。片状，拱桥形，拱顶上缘有一穿孔，两端斜直。素面无纹。残长9.3、宽2、厚0.05厘米（图七六，1；彩版二四，3）。

带钩　1件。M4：5，略残。双范合铸。呈琵琶形，钩作反向鸭首状，腹宽，腹面上鼓，下有圆形钮。腹面上依稀可辨饰卷云纹。长6.3、腹厚0.5厘米（图七六，2；彩版二四，4）。

二、陶　器

8件。陶质极差，陶系均为泥质灰陶，但陶土淘洗不干净，火候不高，部分因近乎土坯而与坍塌的填土混在一起无法剥离。轮制为主，模制为辅。纹饰仅有弦纹，多素面，并在部分器物中发现彩绘，但均已剥落。器类有鼎、敦、壶、豆、盘、匜、勺等，其中仅鼎、敦、壶可全部或局部复原。

鼎　2件。M4：4、M4：7，盖均残。形制、大小及纹饰基本相同。子口，折沿，圆肩，长方形外撇附耳较直，扁鼓腹，圜底近平，三蹄形足简化，下部外撇，足面有刮削痕迹，横断面为多边棱形。上腹饰一周凸弦纹。M4：7，口径16.8、腹径19.4、通高23.2厘米（图七六，5；图版四三，2）。

敦　1件。M4：3，盖无法修复。器身扁圆，直口，折沿，沿面略宽，沿下一周微凹，弧腹内收，下腹有三个简化的昂首兽足，呈"S"形。下腹足根上部饰两周凹弦纹。口径17.8、残高12.3厘米（图七六，4；图版四三，3）。

壶　1件。M4：8，盖无法修复。微侈口，平沿内斜，长束颈，溜肩，鼓腹，圜底近平，

第五章 四号墓

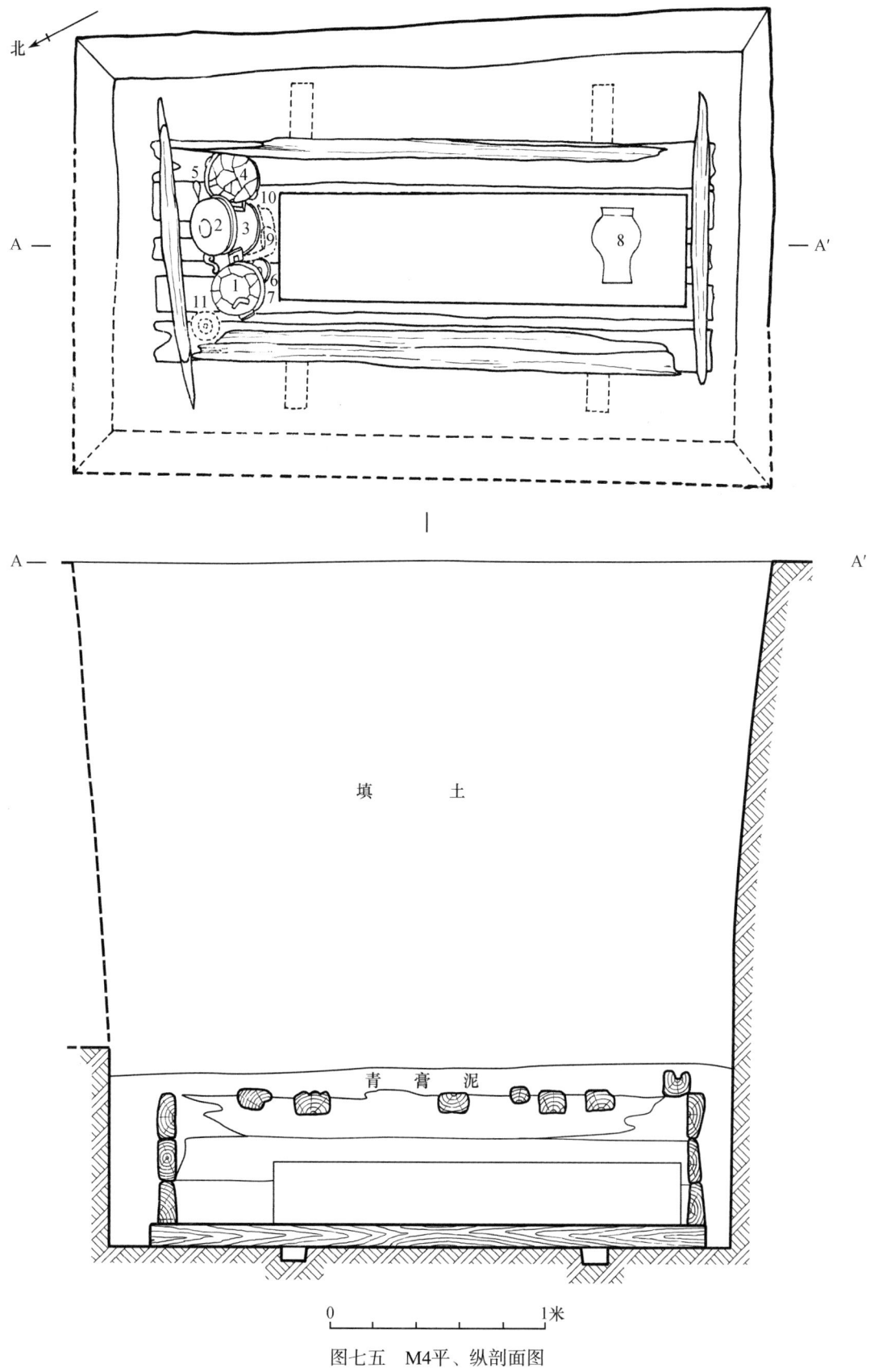

图七五 M4平、纵剖面图

1.铜磬片 2.陶盘 3.陶敦 4、7.陶鼎 5.铜带钩 6.石璧 8.陶壶 9.陶勺 10.陶匜 11.陶豆

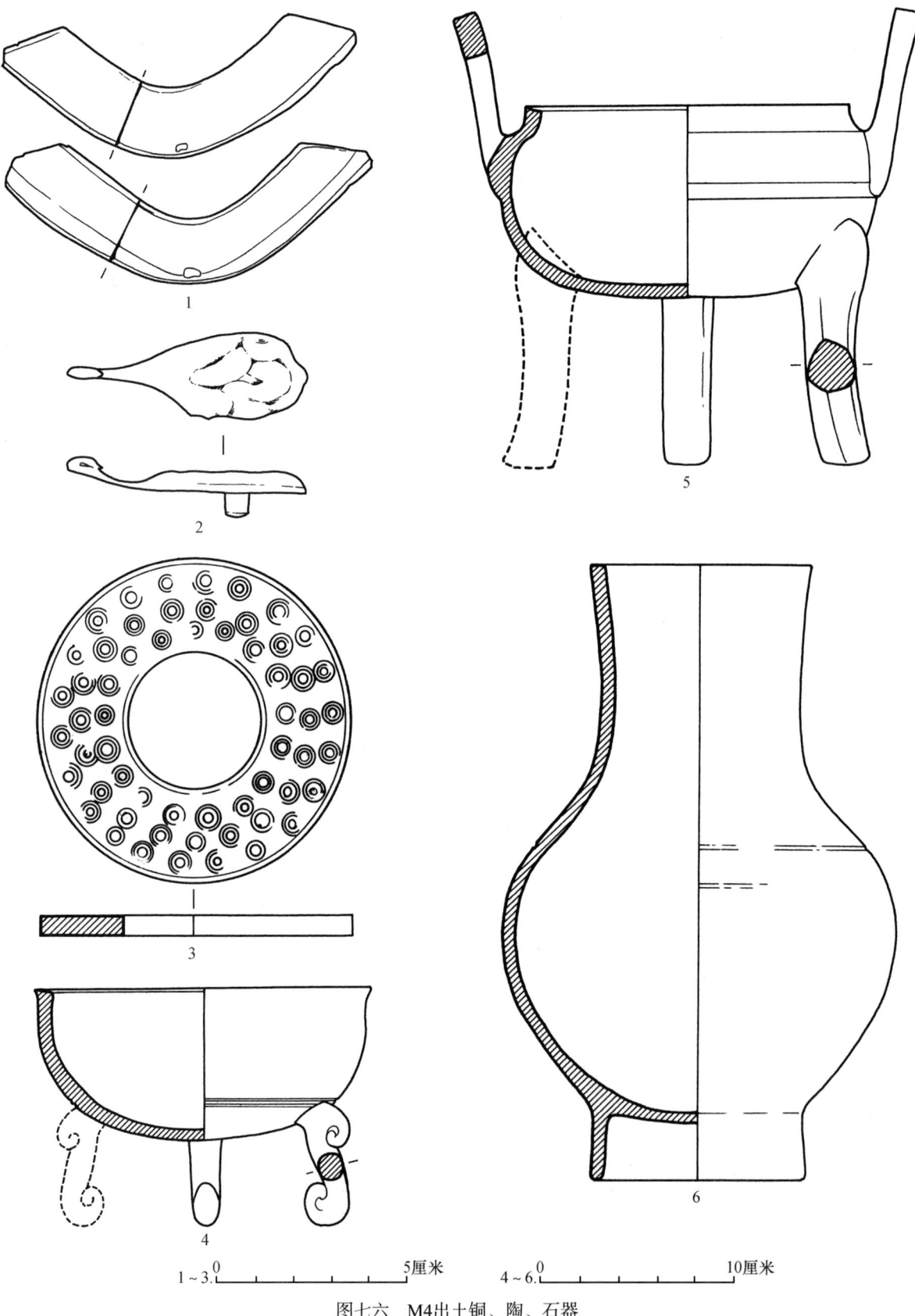

图七六　M4出土铜、陶、石器

1. 铜磬片（M4∶1）　2. 铜带钩（M4∶5）　3. 石璧（M4∶6）　4. 陶敦（M4∶3）　5. 陶鼎（M4∶7）
6. 陶壶（M4∶8）

圈足较高。上腹部饰两周凹弦纹。口径11.5、腹径20.5、圈足径11.2、高31.3厘米（图七六，6；图版四三，4）。

三、石　　器

仅璧1件。M4：6，青灰色。石灰石磨制。体扁平，内、外缘均平。璧双面刻双圈同心圆纹。外径8.3、好径3.5、厚0.5厘米（图七六，3；图版四三，1）。

第六章 结　　语

安岗墓地位于汉江上中游的过渡地带，距离楚秦反复拉锯的丹江流域不远，其仍然保存较好的多座大型封土堆证明了墓地的重要地位，本次发掘的4座墓葬尤其是M1、M2对研究墓地的时代和性质提供了重要资料。

第一节　墓葬时代

4座墓葬中，M1、M2出土了竹简，简文内容均属遣册。M1遣册1号简书有纪年，记"周客南公痈跖楚之岁，夏栾之月，癸酉之日，君葬贤子，列尹命执事人为之藏"，这应当是墓主下葬日期，即M1的墓葬年代在"周客南公痈跖楚之岁"。楚国以事纪年，"周客南公痈跖楚之岁"具体是哪一年，尚待考证。这里，我们可借助考古类型学来判断墓葬时代。

这4座墓葬中，M1、M2出土随葬器物较多，包括成套的铜器和漆木器；M3、M4则仅出土了少量的陶器。从4座墓葬出土器物的特征可以大致判断其时代在战国时期。

这一时期，出土成套铜器与漆木器的墓葬中，邻近的荆州地区已发现了多座有楚以事纪年或其他纪年材料的墓葬，并据此推定了墓葬的绝对和相对年代，其中包山二号墓的时代为公元前316年[1]，望山一、二号墓的时代分别在战国中期的楚威王时期或楚怀王前期、战国中期晚段[2]，天星观二号墓的时代在公元前350年至公元前330年之间[3]，荆门左冢一号楚墓的时代在公元前330年至公元前300年之间[4]。同时，本地在汉水东岸发掘的陈坡楚墓M10也推定在公元前300年左右[5]。仅出土陶器的M3、M4在本地则有较多的墓葬可以进行对比。

---

[1] 湖北省荆沙铁路考古队：《包山楚墓》，文物出版社，1991年。
[2] 湖北省文物考古研究所：《江陵望山沙冢楚墓》，文物出版社，1996年。
[3] 湖北省荆州博物馆：《荆州天星观二号楚墓》，文物出版社，2003年。
[4] 湖北省文物考古研究所等：《荆门左冢楚墓》，文物出版社，2006年。
[5] 湖北省文物考古研究所等：《襄阳陈坡》，科学出版社，2013年。

一、M1时代推定

M1出土的铜祭器即容器有鼎、敦、壶、盏、盘、匜、匕等，这在上述所列几座墓葬中几乎均有出土。

鼎分A、B二型。A型鼎为长方形附耳、六棱形断面蹄足，A型Ⅰ式鼎足较短粗，与天星观M2：9基本相同，只是前者足根部的兽面粗糙而模糊，后者精细而清晰，看来前者的时代大致稍晚；其与包山M2之方耳卧牛钮鼎M2：127的比较也基本如此，稍有区别的是钮昂首稍高，本鼎足断面为六棱形，后者断面为八棱形；其还与陈坡M10E：101之第三套卧牛钮鼎除了钮方向相反外，其余完全一致。A型Ⅱ式鼎则与陈坡M10E：99之第四套卧牛钮鼎相比，除了钮首上昂外，几乎一致。B型鼎为环耳，圆形蹄足较细高，其与望山M1之B型鼎（WM1：T44）相比，足断面为圆形，后者断面为六棱形，本鼎的时代似稍早。

敦整体呈圆形，上下合扣后身高为19.2厘米，而口径为19.5厘米；盖、身完全相同，足、钮均为立鸟形，钮面浮雕三角、圆圈、卷云纹，这是楚式敦在战国中期的典型形制。整体与天星观M2：63、包山M2：175、望山WM1：T31基本相同，但本敦的身高略小于口径，而后三者身高略大于口径，本敦时代应略早。

壶分A、B二型。A型壶颈稍粗，铺首两角尖凸，盖较浅，盖顶近平，盖周四鸟喙钮。其与望山WM1：T27相比，仅有盖的深浅、盖周四钮或三钮、肩上铺首的区别，其余几乎完全相同。B型壶颈稍细，铺首两角弧卷，盖较深，盖顶圆凸，盖周三鸟喙钮。与包山M2：154之Ⅰ式束颈溜肩壶相近，只是本壶圈足较直，稍浅，铺首圆角，应略早；壶盖几乎与望山WM1：T28相同。

盏与天星观M2：37相比，表现出明显较晚的特征，如本盏为较高棱形足，器表无纹饰等；包山M2：392整体近似本盏，有所不同的是后者盖上无提链、流首兽头；而望山WM1：T41之盏更为简洁，腹较深，盖为浅弧盘，流首仅为简单的象征性兽头，半圆形提梁上未套衔环，该盏较本墓之盏时代稍早；与荆门左冢M1：W2接近，只是本盏腹更深、足稍短粗，时代要略早；更与陈坡M10S：74之盏近似。

盘与包山M2：389相比，除本盘有钮衔环外，其余几乎一致；其较天星观M2：39、望山WM1：T49之盘腹浅，上壁内斜、下腹斜直较甚，反映出较晚的时代特征；与荆门左冢M1：W3的底部为圜底有别，本盘为平底，腹略深，时代要稍早；较陈坡M10S：98腹稍深，上壁长、下壁短，时代上本器可能略早。

匜与包山M2：125、陈坡M10S：93十分接近，只是本匜后部为钮衔环，无铺首；与望山WM1：T51之匜平面形制较为接近，但本匜流上翘，底部更短宽些，时代略晚；与荆门左冢M1：N4上平面形状相同，但其余特征区别明显，后者短、细、浅流，底为圜底。

匕与包山M2：10、陈坡M10E：55复原器仅区别在本器没有镈；与天星观M2：173、望山WM1：T123、荆门左冢M1：E28之匕体相同。

通过铜祭器的对比可知，同类器均具有基本一致的时代特征，但不同器类甚至同一墓葬内又有着时代上的早晚。综合最晚器物的时代特征看，安岗M1的时代应稍晚于天星观M2、望山M1，而早于左冢M1、陈坡M10，与包山M2接近或略早，即在公元前320年左右。

同时，本墓出土兵器中，A型铜戈M1：135、M1：139分别与包山M2：222、M2：396十分相近，而B型戈之木鞘、铜镦与包山M2：396之同类器近似；工具之铜削刀甚至同样铸有阳文"王"字的刻刀形制，包山M2与本墓几乎完全相同；车马器之素面车軎也是如此。

就漆木、竹器而言，本墓与包山M2的器类和同类器形制也存在诸多的相似性，如木俎、瑟、豆、耳杯、梳、矢箙与竹笥等。

本墓出土的B型铜戈、镦形制分别与陈坡M10S：45戈、M10S：96镦几乎相同，而戈内上的鸟纹则与陈坡M10S：54一致；漆木剑椟与望山WM1：B128特征一致；少量小块革甲片与荆门左冢M1出土小甲片相同。本墓其他众多的铜燕器、兵器、工具、车马器及漆木、竹器等也可以在望山M1、左冢M1、陈坡M10中找到几乎相同或相近的形制。

至于玉器，尤其是谷纹璧、瑗是上述多座墓葬常见器形，也是战国中期的典型器。

再从墓葬形制看，带墓道的"凸"字形竖穴土坑墓及以青膏泥封护棺椁的做法和木制棺椁的形制、制作技法也是此时期的流行葬俗。

也就是说，上述多个方面均符合本墓时代在战国中期的特点，印证了墓葬时代约为公元前320年的推测。

二、M2时代推定

M2与M1并列，东西相距仅7米，方向及墓葬形制相同，二者应存在一定的关系。但由于上部封土堆已遭破坏，无法通过封土叠压关系判断二者的早晚，也只能借助于考古类型学的方法，主要是与M1的对比来推定其时代。

M2出土的铜祭器分别为鼎、敦、壶、盘、匜。鼎的形制与M1之A型Ⅰ式鼎相比，耳、足稍短，盖钮为卧牛钮，该鼎时代似乎稍早。

敦分为二式。Ⅰ式敦的器盖与器身合扣后整体呈扁圆形，即身高明显小于口径，且器盖的钮为环形，而器足为立鸟形，其中器盖还加以卡扣，与襄阳余岗M199：2、M177：3之Ⅲ、Ⅳ式铜敦器盖[①]相近，它们流行于春秋晚期后段至战国早期前段；器身与M1：27之敦身形制相近，但足稍矮，时代应更早，即该器时代不晚于战国早期。Ⅱ式敦与M1：27相比，整体仍稍扁，钮、足稍矮，时代应稍早。

壶的整体形制与M1：12之B型壶相比，颈稍粗，圈足稍深，并略外撇，盖顶略弧，时代也略早。

盘的形制与M1：46之盘完全相同。

---

① 襄阳市文物考古研究所：《余岗楚墓》，科学出版社，2011年；王先福：《襄樊余岗墓地楚式青铜礼器分期》，《江汉考古》2010年第3期。

匜与M1∶45相比，底部平面稍窄长，流微上翘，也呈现出稍早的特征。

经与M1同类铜祭器比较，M2的时代略早于M1，但整体不早于天星观二号墓，以公元前330年至公元前320年之间为宜。

在与M1随葬器物不同的器类中，M2∶39竹枕与包山M2∶425竹枕基本相同。而铜镜背面的装饰手法和纹饰与包山M1∶9特征相似，而木车毂的构造方法也与包山M1∶37之木床[①]相同。包山M1的时代较包山M2稍早，或许也印证了安岗M2早于M1的事实。

三、M3、M4时代推定

M3、M4无任何纪年材料，主要依据出土陶器的形制对比推定其时代。

此二墓出土的核心仿铜陶礼器鼎、敦、壶组合一致，同类器的形制基本相同，时代应相同。这种组合是战国时期楚墓的典型组合，其中鼎腹稍深，鼎蹄足断面呈不规则的棱形，形制与M1之A型Ⅰ式、M2之铜鼎接近，只是M4蹄足简化更甚；敦复原整体略呈扁圆形，即身高略小于口径，足、钮相同且呈简化"S"形象征性兽足，与M2之Ⅱ式及M1铜敦整体相似，只是陶敦无环耳，足、钮的形制不同；壶颈稍粗，中腹鼓，圈足较浅宽且壁较直，子口盖顶部弧度平缓，与M1之A型壶较近。即M3、M4的时代与M1、M2大体相同，为战国中期偏晚，其中M4稍晚于M3。

第二节 墓葬等级

从墓葬形制和随葬器物的种类、数量、组合可以明显看出，M1、M2属于一个等级，M3、M4属于一个等级。

一、M1、M2等级推定

这2座墓葬现有墓圹开口均不大，鉴于其上部已遭到破坏，墓葬开口无法明确，我们可以通过墓底的尺寸来进行对比分析。

M1墓底南北残长6.1、东西宽4.49米，与望山楚墓M1大体相当，望山M1墓底东西长6.5、南北宽4.2米，如果考虑到本墓残损的情况，本墓的墓底尺寸或许稍大于望山M1。由于上部被破坏，是否像望山M1一样有五级或更多的台阶，不得而知。结合本墓残深仅3.4米和砖厂取土的情况推测，这里原为地势较高处，则该墓墓口原本较大，或许原设有台阶。同时，本墓葬具保存较好，为单椁重棺，其内主要分头箱、边箱和棺室三室，也与望山M1一致。本墓椁室

---

① 湖北省荆沙铁路考古队：《包山楚墓》，文物出版社，1991年。

南北长4.57、东西宽2.27、高1.95米，小于望山M1。在随葬器物上，本墓数量较多，达1254件（支）；质地较为丰富，有铜、木、竹、革、玉、石、料、苇、骨、麻等；功能也较为完善，有祭器、乐器、燕器、兵器、工具、车马器、葬仪品、装饰品、杂器和竹简十大类。其中能表明身份的是祭器，祭器为铜、木器，不见陶器，祭器中有铜鼎6件，并配有木俎6件。《仪礼·既夕礼》载：士用"明器"，不用"祭器"。郑玄注："士礼略也，大夫以上兼用鬼器、人器也。"

结合"三礼"等文献的记载看，本墓的诸多葬制与文献记载相呼应。《礼记·檀弓上》载："天子之棺四重。"郑玄注："诸公三重，诸侯再重，大夫一重。"同时，《荀子·礼论》和《庄子·杂篇·天下》也载："天子棺椁七重，诸侯五重，大夫三重，士再重。"很明显，前者仅指棺而言，后者则包括棺椁在内，本墓符合重棺或单椁重棺的大夫葬制。

葬器使用祭器，但不见鬼器，又不合大夫葬制。祭器中不见望山M1中的镬鼎、汤鼎、升鼎等楚贵族墓中象征身份的陶鼎，只有6件有盖圆腹铜鼎。这6件鼎从大小、形制看，正好两两一致，应是使用偶数鼎制，其实际鼎数应为3件。《仪礼·既夕礼》载："陈鼎五于门外如初。"郑玄注："士礼特牲三鼎，盛葬奠加一等，用少牢也。"贾公彦疏："以其常祭用特牲，今大遣奠与大夫常祭用少牢同，是盛此葬祭，故加一等。"即"士"常祭用三鼎，因盛葬奠可用五鼎，但本墓并无五鼎之数。与铜鼎相配的是木俎6件，《礼记·王藻》载"特牲三俎"，正配"士礼特牲三鼎"之制，正好与本墓3件偶数鼎制相应。M1出土木车伞1件、车害6件3对、铜马衔镳8套，说明该墓最多可使用3辆乘车。《周礼·春官·典命》载："上公九命为伯，其国家、宫室、车旗、衣服、礼仪，皆以九为节；侯伯七命，其国家、宫室、车旗、衣服、礼仪，皆以七为节；子男五命，其国家、宫室、车旗、衣服、礼仪，皆以五为节。王之三公八命，其卿六命，其大夫四命。及其出封，皆加一等。其国家、宫室、车旗、衣服、礼仪亦如之。"贾公彦疏："云'王之上士三命，中士再命，下士一命'者，经既不言，而郑言之者，此典命所以主命数。序官有三等之士，此文不见，故以意推之。必知士有三命以下者，见经大夫四命，四命以下，唯有三等之命。序官有上士、中士、下士，故以三等之命而说之也。"即上士以"三"为"命"，也符合"特牲三鼎"和"特牲三俎"之制。

可以说，M1无论是规模还是随葬器物都较望山M1稍小、少，墓主人的身份至多与其墓主悼固相当，即下大夫级；随葬器物表明墓主人身份似乎只能到"元士"。综合各方面因素考虑，墓主人身份介于下大夫与元士之间，而且更接近于下大夫。

M2墓底长4.6、宽2.6~2.8米，椁室长3.85、宽2.3、高1.47米，较M1小。其规模稍大于江陵沙冢楚墓M1，该墓墓底长4.3、宽2.26米，椁室长3.58、宽1.7、高1.1米。葬具均为单椁重棺，其内主要分头箱、边箱和棺室三室。M2随葬完整的铜祭器，有鼎、敦、壶、盘、匜，其中鼎、敦、壶各2件，盘、匜各1件，显然主要祭器为偶数葬制，即核心器鼎数为1件，但木俎有4件；同时，铜车害出土4件2对，并有1件车軎，即车最多2辆。从文献记载的礼制看，一鼎之制为"士"葬制，但"士"不用祭器和俎。沙冢楚墓M1出土仿铜陶鼎12件，铜礼器被盗，无法明确铜鼎葬制，作者据与江陵马山一号墓[①]对比分析，其身份当为下大夫阶层。综合分析

---

① 湖北省荆州地区博物馆：《江陵马山一号墓》，文物出版社，1985年。

本墓的葬具和随葬器物，墓主人身份应为"元士"。

M1、M2东西并列，相距仅7米，方向相同，葬具一致，其上或许共用一座封土堆，均表明二墓主人有较为密切的关系。在墓葬规模上，M1大于M2。随葬器物中，M1的类别、数量也明显多于M2，其中M1出土较多兵器和少量工具，M2没有；燕器中，M2出土铜镜、铁带钩，M1不出；葬仪品中，类别完全不同，M1中为俑、幡杆，M2中为镇墓兽、卧鹿。这一方面决定了M1的身份较M2高，另一方面说明M1墓主人为男性，M2墓主人为女性。这也与实际鉴定结果一致。可以肯定，二者为夫妻异穴合葬。

二、M3、M4等级推定

M3、M4墓葬规模相当，基本上属于小型墓，其中M3墓底长3.04、宽1.58米，M4墓底残长2.94、宽1.6~1.76米。单椁单棺，椁室基本贴近墓底四壁。随葬器物有1套较完整的仿铜礼器陶鼎、敦、壶，即文献记载的"鬼器"，不见"人器"。从上述所引用的文献知，使用单椁单棺葬具和"鬼器"随葬的墓葬主人等级为"士"一级，但其明显较M1、M2为低，应为中士甚至下士一级。

第三节 墓葬性质

4座墓葬均为单纯的长方形竖穴土坑墓，填土有五花土或青灰土、青膏泥；随葬器物因墓葬规模不同，数量、组合、类别有所不同。

等级较高的M1、M2南部带斜坡墓道，其上部因被破坏，台阶情况不明，也未发现其他踏步、壁龛等设施。方向向南。木制棺椁，均为单椁重棺，内分三室。椁以方木叠成，棺分方棺和弧棺两种。随葬器物按功能分为祭器、乐器、燕器、兵器、工具、车马器、葬仪品、装饰品、杂器和竹筒十大类，而按照质地则可分为铜、木、竹、革、玉、石、料、苇、骨、麻等，其中祭器有鼎、敦、壶、盘、匜、盉、匕、俎，乐器主要为瑟，燕器有豆、耳杯、盒、罐、梳、扇、案、器盖、双联筒、管、笥、席，兵器有剑、戈、镞、弩、弓、矢箙、镦、盾、人甲，工具有削刀、刻刀，车马器有伞、车軎、马衔镳、节约、环、方策、锚、套环、蠹、橛、车舆构件、车軨，葬仪品有俑、镇墓兽、卧鹿、幡杆，装饰品有佩、璜、珩、璧、瑗、环、珠、管、条。

等级较低的M3、M4未见墓道，或许其本身有墓道，但因遭破坏而不明；内部也未发现其他特殊形制。头向朝北。葬具使用单椁单棺，棺为弧棺或方棺，随葬器物一般置于椁内棺外北部。随葬器物分别只有10、12件，均有仿铜陶礼器核心组合鼎、敦、壶和石璧，另外增加日用器鬲、饰品珠或其他礼器豆、盘、匜、勺，并有明器铜磬片、带钩等。

从上述4座墓葬的墓葬形制、随葬器物看，它们均与襄阳、荆州地区同时期墓葬没有多大区别，是战国时期典型的楚墓。

安岗墓地尚存4座较大的封土堆，其中"霸王冢"封土堆最高大，即使四周被取土挖走不少，其直径仍达40米，高8米余。已发掘的4座墓葬位于"霸王冢"的东、北侧，尤其是M1、M2属于有一定地位的贵族墓，它们之间或许有某种联系，不排除M1、M2与"霸王冢"为同一家族两代人的可能。若此，该处可能与包山墓地一样，属于战国时期楚国某贵族的家族墓地。

第四节　主　要　收　获

本次虽然仅发掘了4座墓葬，但对于本墓地乃至本区域楚文化及地方历史研究提供了重要参考。

（1）本次发掘确认了墓地的时代。墓地现存4座封土堆，其时代原以当地传说最大封土堆为"霸王冢"而定为汉代，此次发掘证实其时代为战国。

（2）本次发掘初步确定了墓地等级。这4座墓葬墓主人身份均为"士"级及以上贵族墓，证实其他现有封土堆所属的墓葬至少不会低于"士"一级。从其他现存4座封土堆的情况看，其墓主人的身份或许有更高者。

（3）本次发掘确定了墓葬性质。无论是墓葬形制，还是随葬器物，都具有战国中期典型的楚墓特征。结合上述墓葬等级分析，该墓地应为楚国贵族公墓地。而M1、M2为中型墓，为夫妻异穴合葬，反证其他4座封土堆很可能也是如此。按照当时昭穆制度安排下葬位置看，或许就是一个家族墓地。

（4）安岗楚简是鄂西北地区首次考古发现的竹简。安岗M1遣册首简记"周客南公瘅跖楚之岁"，这是继曾侯乙墓"入车"籍简、包山二号楚墓遣册及赗方之后第三批有完整、明确的以事纪年的战国丧葬文书，为鄂西北地区楚墓考古分期断代以及楚国历法研究提供了可靠的纪年史料。安岗M1、M2是目前已发掘楚墓中仅有的双墓未遭盗扰且同时出土遣册的夫妻异穴合葬墓，M1、M2遣册记录了战国时期楚国车马、兵器、生活起居用具等多类名物，丰富了楚国物质文化的内容，为全面探讨楚国贵族丧葬礼制及日常生活习俗等增添了新资料。

（5）本次发掘为探讨古"阴"地提供了线索。《左传》昭公十九年："楚工尹赤迁阴于下阴。"杜预注："阴县，今属南乡郡。"《汉书·地理志》提到"阴"时，颜师古注曰："即《春秋左氏传》所云迁阴于下阴者也，与鄀相近。今襄州有阴城县，县有鄀城乡。"《水经注·沔水》载："（沔水）又南径谷城东，又南过阴县之西。"郦道元注："沔水又东南径阴县故城西，故下阴也。"即阴县故城在汉水东岸与谷城相对之处。包山楚简51记："阴侯之正差……""阴侯"即阴君，为楚国封君，研究者认为其在上述阴县之地[①]。从上述分析看，该墓地符合作为"阴君"葬地的条件。当然，也可能是其他"封君"级楚国高级贵族葬地。目

---

① 何浩、刘彬辉：《包山楚简"封君"释地》，《包山楚墓》附录二五，文物出版社，1991年；郑威：《楚国封君研究》，湖北教育出版社，2012年。

前，在襄阳境内发掘或通过文物追缴确认大型墓葬三处，分别为枣阳九连墩墓地[①]、襄州陈坡墓地[②]、谷城尖角墓地[③]，这三处墓地都发现了大型墓葬，推测为楚国的封君墓地，它们基本呈"一"字形分布在当时楚国的北境一线，起着重要的屏障作用，这里位于谷城尖角墓地从东的汉江东岸，或许就是楚国的一个重要封君地。而墓地的发现对寻找与其相关的聚落提供了线索。

---

① 刘国胜：《湖北枣阳九连墩楚墓获重大收获》，《江汉考古》2003年第2期；湖北省文物考古研究所：《湖北枣阳市九连墩楚墓》，《考古》2003年第7期。
② 湖北省文物考古研究所等：《襄阳陈坡》，科学出版社，2013年。
③ 周婷、梁超：《湖北谷城尖角墓地出土重要文物》，《江汉考古》2015年第3期。

附錄　安崗一、二號墓竹簡釋文與考釋

劉國勝[1]　胡雅麗[2]

（1. 武漢大學簡帛研究中心　2. 湖北省文物考古研究所）

凡　例

（1）安崗一、二號墓竹簡出土時散亂失次。釋文的竹簡順序是按簡文內容并參考竹簡的書寫、契口、編痕及竹節位置等情況加以編排，不一定符合竹簡原來的次序。

（2）釋文頂格書寫。內容相接的簡文，釋文連寫；不能確定連接的，釋文空一行書寫。簡號採用阿拉伯數字表示，附於每簡釋文末尾。簡號依照發掘報告所刊竹簡圖版，圖版包含了安崗一、二號墓全部有字簡，無字簡未予收錄。

（3）釋文盡可能對簡文加以隸定，但不嚴格按照原文字形轉寫。假借字、異體字一般隨文注出正字、本字，外加（　）號。簡文原有的錯字，一般在釋文中注出正字，外加〈　〉號。字形未能隸定的字，用"□"表示。字數無法確認的簡文，用"……"表示。竹簡所缺內容不詳的，用"☑"表示。簡文原有的標識符號，釋文一般不保留。簡文中的合文、重文，釋文一般直接析書。釋文另加標點符號。

（4）釋文需作注釋處，注釋號用加"[　]"阿拉伯數字標於相關釋文之後。

一、一號墓竹簡釋文與考釋

（一）釋文

周客南公龐迊（適）楚之戠（歲）顕（夏）枼之月癸栖（酉）之日[1]，君疨〈牀〉（葬）賢子[2]，畎（列）尹命執事人爲之䕺（藏）[3]。一䉁（乘）鞜（翟）車[4]，緹綏[5]，紡筭（蓋）[6]。一䉁（乘）甸車[7]，周（雕）橙（軜）[8]，䩗冒（蒙）[9]，彤䇂[10]，1 裻（龍）庅（旂）之頂[11]，□庅（旂）之干[12]。一䉁（乘）耑（短）轐（轂）[13]，又（有）皮（鞁）[14]。一䉁（乘）犬車[15]，又（有）二□童。三☑2

愯（懌）。三盟童[16]。四膚[17]，一盍（蓋）[18]。幒（巾）箕[19]。肌肌廿箕與四圓（筥）[20]。餱（糗）十纕（囊）[21]，□貞（鼎）[22]。二友瓠（壺）[23]。二敨（合）巹（盞）[24]。一鑒[25]。一盥[26]，一鉈（匜）[27]。二匕[28]。二梩〈梩〉[29]，四柤（俎）[30]。四舍（飲）杯[31]。一䓝□[32]。二綏纏（屨）[33]。3一革繡（帶）[34]。一緄繡（帶）[35]。三关褒[36]，弋五十[37]。二夾[38]，繒卅又七[39]。一吳牲鐺（劍）[40]，縞繡（帶）[41]。一索（楚）者鐺（劍）[42]，紃□[43]。一□巤[44]。一貞（頂）□虞（甲）[45]，紫裹[46]。一□厃。三戈[47]。一几[48]。一坐蹇[49]。一桑（瑟）[50]。4一竽[51]。一鮭（獬）冠[52]。一鞁[53]。一觷。5

☐三。三□□[54]。蚤四笙[55]。五張弓[56]。一曲弓[57]。一弦（弩）[58]，捭釦與毳矢廿介[59]。一□弓裹[60]。6矢二繁[61]，新矢十又一[62]，竹欲[63]，㯩（漆）害[64]。八弩劑[65]。☐7

☐……裹[66]。一曲弓。一弩。一柎☐8

☐□紛之裉[67]，紫純之纍□□[68]，□繢（組）□[69]。六縞□。或一□[70]，□分（紛）之屖，芽纍二十又八[71]。㯩（漆）櫝四[72]，甫（鋪）罠（環）[73]。9

☐□□，袾（朱）韋之屖，索（素）純之纍廿又四，菫□安，繢（組）維[74]，夬裂（韤）□之[75]。三□[76]，肓秋（繡）之裹[77]。二繢（組）贅[78]，繒十□□[79]。或一□[80]，肓秋（繡）之裹。二繢（組）贅，繒十又九。四□10

餱（糗）。五紡裛（繐）[81]。四紃裛（繐）[82]。□餱（糗）。四勿[83]。四圓（筥）[84]。脩一箕[85]。贪（脯）一箕[86]。昌（擣）贪（脯）一箕[87]。庶（炙）奚（雞）一箕[88]。鬻（熬）魚一箕[89]。鬻（熬）豹（豹）一箕。鬻（熬）肉一箕。□肌飤（食）七箕。11

☐三簟（簟）[90]，二緘蜀（襡）[91]，一縞蜀（襡）。墨（偶）鼎[92]，一墨（偶）鈲（壺）[93]，皆又（有）盍（蓋）[94]。一柎杺[95]。12

☐二膚[96]，膚紡□□……[97]13

☐□紃[98]。二柎□[99]。二紃紃。二至夬[100]，皆□緤（韤）[101]。七綉（魷）魚之皷塈（屨）[102]，帕[103]14

一吳牲妻文[104]，膚羊之鶯[105]，縞繡（帶）[106]，玉結刀□貤[107]，鹽（鹽）芒之夫需[108]，周膚于或[109]。一索（楚）鍺艎舣[110]，膚羊之甬，紫□[111]，玉結刀□貤，縞夫需，15朱虞

（組）于二耑（端）[112]。□□紃□[113]，釦鉤[114]。丌（其）……☒16

兩馬之鏳（銀）面[115]，襄綖之絣（弁）、結[116]。一周（雕）笐[117]。壆（偶）桮[118]，骨杮，周（雕）□[119]。17

組之結[120]。縋（貍）莫之□[121]。18

臼觖[122]，縞紃[123]。二組紃。19

☒□□。二□□□紃[124]。一□☒20

☒……□之□□☒21

（二）考釋

[1]"周客"，指周王使者，又見於包山楚簡120號簡①。"迒"，讀爲"蹠"，到、至之義。《淮南子·原道》："自無蹠有"，高誘注："蹠，適也。""周客南公癰蹠楚之歲"是以事紀年。"頿"，"夏"之繁體。"夏秂"，楚月名，即楚曆七月，相當於夏曆四月，睡虎地秦簡日書寫作"夏夕"。簡文"之歲""之月""之日"，皆合文。此處所記時間即是安崗一號楚墓墓主下葬日期。

[2]"疗"，從"疒"從"夕"，疑是"牂"之誤寫。"牂"從"夕""爿"聲，似當讀爲"葬"，埋葬。"賢子"，簡文寫作合文的"孯"。"君葬賢子"表明墓主是"君"之子。據發掘報告，墓主爲男性，年齡36歲左右，死時較年輕。

[3]"甌尹"，疑讀爲"列尹"，楚職官，包山楚簡125號等簡作"甌尹"。"臧"，似當讀爲"藏"，指下葬時藏物於壙。從簡文看，列尹派遣執事人主持了"君"之子的葬禮。

[4]"䡣"，車乘之"乘"的專字。"輶車"，讀爲"翟車"，似是一種在車兩側裝飾翟羽的乘車。《周禮·春官·巾車》："翟車，貝面組總，有握"，鄭玄注："翟車，不重不厭，以翟飾車之側爾。"

[5]"緄"，《詩·秦風·小戎》"竹閉緄縢"，毛傳："緄，繩。縢，約也。""綏"，《禮記·曲禮上》"執策綏"，孔穎達疏："綏是上車之繩。"從楚墓遣冊看，綏是當時車上普遍使用的一種繫帶，有的是登車用的車綏，有的是車上裝飾的繫帶。

[6]"紡笐"，讀爲"紡蓋"，指車蓋。信陽楚簡2-04號簡記作"紡箣（蓋）"。

[7]"甸車"，似當讀爲"田車"，田獵所乘之車。曾侯乙墓65號簡、望山二號楚墓5號

---

① 參看陳偉主編：《楚地出土戰國簡冊［十四種］》，第57頁，經濟科學出版社，2009年。

簡及天星觀楚簡記作"皷車""畋車"及合文"𩢍"。

［8］"周"，似當讀爲"雕"，通"彫"，指彩繪。《楚辭·招魂》："雕題黑齒"，王逸注："雕，畫也。"《荀子·大略》："天子彫弓"，楊倞注："彫，謂彫畫爲文飾。""周"下一字，右旁殘泐，從殘畫看，似當是"橎"，讀爲"輈"，指車轅。《方言》卷九："轅，楚衛之閒謂之輈。""雕輈"，彩繪的車轅。包山二號楚墓竹牘記作"周（雕）𨏈（輈）"①。

［9］"䵳"，疑是某種動物之名，在此指動物的皮毛，用以蒙覆。"冒"，似當讀爲"蒙"。《左傳》襄公十年："而蒙之以甲"，杜預注："蒙，覆也。"《漢書·楊惲傳》："蒙賜書"，顏師古注："蒙，蔽。"簡文"蒙"用作名詞，指車蔽。

［10］"彤笲"，似當指赤色的旗幟，用在"甸車"之上。此與望山二號楚墓13號簡所記"彤𢁅，黃末，翠朐，翡羸，冡（蒙）毛（旄）之首"之"彤𢁅"當是一物②。

［11］"襱"，似當讀爲"尨"，雜色。《左傳》閔公二年："衣之尨服，遠其躬也"，杜預注："尨，雜色。""㡯"，疑讀爲"旄"，指旄飾。《說文》："旄，幢也。"朱駿聲通訓定聲："旄，旌旗杆飾也。本用氂牛尾注于旗之杆首，故曰旄。後又用羽，或兼用氂與羽焉。""之"下一字不清，據紅外影像，右旁是"頁"，在此疑用作"首"，指旗杆之首。簡文"尨旄之頁"蓋與望山二號楚墓13號簡的"冡毛之首"相當，是說"彤笲"的杆首插有雜色旄飾。

［12］"干"，疑指"彤笲"的旗杆，"□旄之干"似與包山楚簡269號簡所記"氂（旄）中干"相當，"□旄"是"干"上的裝飾。

［13］"耑轉"，讀爲"短轂"，車名。《鹽鐵論·散不足》："中者微輿短轂"，王利器校注："長轂者兵車，短轂者非兵車。"曾侯乙墓73號、176號簡、包山楚簡274號簡記作"耑轂""端轂""耑橄"③。

［14］"皮"，似當讀爲"鞁"。《說文》："鞁，車駕具也。"

［15］"犬"字的下部有一橫畫，疑屬飾筆④，3號簡"二匕"之"匕"也有類似的橫畫飾筆。"犬車"，車名，疑屬輂車之類。

［16］"盟童"，指隨葬的木俑，亦稱明童、盲童。《吳越春秋·夫差內傳第五》："梧桐心空，不爲用器，但爲盲僮，與死人俱葬也。"墓中出土3件彩繪木俑，似當是簡文所記"三盟童"。信陽楚簡2-028號簡、望山二號楚墓49號簡記作"㮚僮""亡童"。

［17］"虜"，疑讀爲"簋"，《說文》："簋，盛黍稷也。"楚墓遣冊屢記"虜"，可

---

① 參看劉國勝：《楚喪葬簡牘集釋》，第86頁，科學出版社，2011年。
② 參看范常喜：《望山楚簡遣冊所記"彤关"新釋》，《江漢考古》2018年第2期；羅小華：《試論望山簡中的"彤𢁅"——兼論戰國簡冊中的旗杆》，《出土文獻》第9輯，第145、146頁，中西書局，2016年。
③ 參看白於藍：《曾侯乙墓竹簡考釋（四篇）》，《中國文字》新30期，第198頁，藝文印書館，2005年。
④ 此字或釋爲"犮"，見羅小華：《老河口安崗一號楚墓竹簡選釋》，簡帛網（http://www.bsm.org.cn），2017年8月8日。

［18］簡文"一蓋"與上文"四膚"之間未書句讀號，疑"一蓋"是"膚"之蓋，可能指墓中出土的1件淺盤狀銅器蓋。包山楚簡254號簡記有"二膚蓋"。

［19］"帉"，巾的別名。"筭"，竹筒名，楚墓遺冊習見。簡文"帉筭"前可能漏寫或省寫了表示數量的數字。包山楚簡259號簡記有"一縫（巾）筭，六縫（巾）"。"帉筭"與"巾筭"大概都是盛巾的竹筒。

［20］"廿"，合文，即二十。"廿"上二字殘泐，當指食物，從殘畫看，後一字疑從"肉"從"匕"，疑即"肶"，讀爲"膍"。《説文》："膍，牛百葉也。從肉毘聲。一曰鳥膍胵。肶，膍或從比。""䇘"，"筲"字異體。墓中出土各類竹筒11件，有的竹筒裡面發現有果核。

［21］"䊼"，"糗"字異體。《説文》："糗，熬米麥也。"《左傳》哀公十一年："進稻醴、粱糗、腵脯焉"，杜預注："糗，乾飯也。"包山楚簡256號簡記"青錦之纕(囊)四，皆有糗"，亦是記盛糗食囊。

［22］"貞"，讀爲"鼎"。"貞"上一字殘泐，從殘畫看，似是"又"，讀爲"有"，"糗十囊，有鼎"可能是説糗囊是放在鼎內的。墓中出土6件銅鼎，鼎內有牛、羊、豕骨及杏核等食物殘留。

［23］"友"，表示一對。《詩·小雅·吉日》："或羣或友"，毛傳："獸三曰羣，二曰友。""瓠"，從"瓜"得聲，似當讀爲"壺"，墓中出土兩對銅壺，與簡文記"二友壺"相符。

［24］"敆"，讀爲"合"，此指器物身、蓋可扣合。"悥"，讀爲"蓋"，楚器稱敦爲蓋。墓中出土形制相同的銅敦2件，當是簡文所記"二合蓋"。

［25］"鑁"，從"金""縈"聲，疑讀爲"鎣"。《説文》："鎣，器也。從金熒省聲。讀若銑。"墓中出土1件提梁銅盉，疑即簡文所記"一鎣"。

［26］"一"下一字，下部從"皿"，上部殘泐，從所處位置看，疑是"盤"。"一盤"與下文"一匜"屬成套盥器。墓中出土銅盤1件，似當是簡文所記"一盤"。

［27］"鉈"，讀爲"匜"。墓中出土銅匜1件，當是簡文所記"一匜"。出土時，銅匜置於銅盤內。

［28］墓中出土2件長木柄的銅匕，當是簡文所記"二匕"。

［29］"梠"，疑是"椻"之誤寫。"椻"疑讀爲"㭪"。《禮記·明堂位》："俎用梡、嶡"，陸德明釋文："嶡，居衛反。又作'㭪'，音同。"墓中出土2件A型俎，形體較大，似當是簡文所記"二椻"。包山楚簡266號簡、信陽楚簡2-011、2-029號等簡皆記有"椻"[②]。

---

① 參看胡雅麗：《包山二號楚墓遺策初步研究》，《包山楚墓》附錄一九，第516頁，文物出版社，1991年。
② 參看李家浩：《包山二六六號簡所記木器研究》，《國學研究》第二卷，第525～530頁，北京大學出版社，1994年。

［30］"柤"，讀爲"俎"。墓中出土4件B型俎，形體較小，當是簡文所記"四俎"。

［31］"酓"，讀爲"飲"。"飲杯"疑指耳杯，墓中出土4件月牙形耳的漆耳杯，似即簡文所記"四飲杯"。

［32］"葡"，疑讀爲"佩"或"服"。

［33］"纏"，讀爲"屨"。"絚屨"，蓋是楚地流行的一種織屨。信陽楚簡2-02號簡、望山二號楚墓57號簡分別寫作"訨纏（屨）""佪纏（屨）"。

［34］"繻"，"帶"之繁體。"革帶"，皮革縫制的束帶。《禮記·玉藻》："肩革帶，博二寸"，鄭玄注："凡佩繫於革帶。"望山二號楚墓49、50號簡等記有"革帶"。

［35］"緄帶"，色絲織成的束帶。《後漢書·南匈奴傳》"童子佩刀、緄帶各一"，李賢注引《說文》曰："緄，織成帶也。"《後漢書·輿服志下》："自公主封君以上皆帶綬，以采組爲緄帶，各如其綬色。"信陽楚簡2-07號簡、望山二號楚墓49、50號簡等記有"緄帶"。

［36］"关"，疑讀爲"卷"，收藏之義。《玉篇》："卷，收也。"《儀禮·公食大夫禮》："有司卷三牲之俎，歸於賓館"，鄭玄注："卷，猶收也。""褒"，疑讀爲"櫜"，此用以盛箭。《說文》："櫜，車上大櫜。"段玉裁注："櫜，引伸之義凡韜於外者皆爲櫜。"《左傳》僖公二十三年："右屬櫜鞬"，杜預注："櫜以受箭。"

［37］"弋"，繳射，此指繳射之箭。《詩·鄭風·女曰雞鳴》："將翱將翔，弋鳧與鴈"，鄭玄箋："弋，繳射也。"孔穎達疏："繳射，謂以繩繫矢而射也。""五十"，合文。墓中出土銅鏃69枚，多數殘留蘆葦桿，有的桿首有絲線纏繞，又出土竹、木質"繞線棒"66件，其上纏繞絲線。這些纏繞有絲線的箭桿及"繞線棒"疑與簡文所記弋、矰有關。

［38］"夾"，疑讀爲"匣"，此用以盛箭。《說文》："匣，匱也。"

［39］"矰"，弋射的箭。《說文》："矰，隹躲矢也。"《楚辭·九章·惜誦》："矰弋機而在上兮，罻羅張而在下"，王逸注："矰，繳射矢也。""卅"，合文，即三十。

［40］"吳"，指吳地。"牁鐺"，即"將劍"，劍名。墓中出土一長一短的2把銅劍，似當是簡文所記"一吳將劍"及下文"一楚者劍"。

［41］"縞帶"，"將劍"的劍帶。

［42］"索"，似當讀爲"楚"，指楚地。"者劍"，劍名。仰天湖楚簡23號簡記有"一越鍺劍"。

［43］此處當是記"者劍"的劍帶。疑末字是"繻（帶）"。

［44］"豐"，似即郭店楚簡《六德》43號簡"道不可徧也，能守一曲焉"之"徧"字的右旁，疑是"扁"，具體所指待考。"豐"上一字殘泐，從殘畫看，疑是"羽"。

［45］"貞"，讀爲"頂"，用作甲衣的量詞。"虜"，讀爲"甲"，此指人甲。墓中出土人甲1件，似即簡文所記"一頂□甲"。

［46］"裦"，指藏甲的囊袋。《說文》："裦，書囊也。"

［47］墓中出土3件銅戈，木柲、銅鐏，似即簡文所記"三戈"。

［48］墓中未出土楚墓常見的憑几、房几。唯出土1件長方形矮銅足漆木案，這種形制的

案，包山、信陽、望山楚墓遣冊稱作"桱"，即桯。《說文》："桯，床前几。"《廣雅·釋器》："桯，几也。"不知此處簡文所記"一几"是否是指墓中出土的這件矮足案。

［49］"坐虘"，從上下文看，疑指墓中出土的M1∶71"懸鼓"，其由木座和鼓組成。然據嚴倉楚簡資料，"坐虘"似指坐席。

［50］"䌼"，"瑟"字異體。墓中出土漆木瑟1件，當即簡文所記"一瑟"。

［51］墓中出土竽1件。

［52］"鮭冠"，似當讀爲"獬冠"。《淮南子·主術》："楚文王好服獬冠，楚國效之"，高誘注："獬豸之冠，如今御史冠。"望山二號楚墓62號簡、包山楚簡258號簡記作"鮭（獬）冠""桂（獬）冠"。

［53］"篋"，疑讀爲"篿"。《說文》："篿，扇也。"墓中出土1件短柄扇，僅存扇柄，可能即是簡文所記"一篿"。"篋"，又見於上海博物館藏戰國竹書《柬大王泊旱》15號簡"毋敢執篴篋"[①]。

［54］末字殘泐，疑是"戈"。

［55］"蛮"，《玉篇》"似蜘蛛。"從上下文看，簡文"蛮"可能與兵器有關。"四箜"似是表示"蛮"的數量。

［56］"張弓"，疑指弓身較硬、有一定強度的弓。《左傳》昭公十四年："臣欲張公室也"，杜預注："張，強也。"《儀禮·鄉射禮》："遂命勝者執張弓，不勝者執弛弓。"這裡的"張弓"與"弛弓"對舉，指弦繃緊的弓，與簡文"張弓"所指意同。墓中出土木弓、竹弓各4件。弓分兩類，一類弓身以一根整的木條或竹片做成，弓身較硬，整體呈淺弧形；另一類的弓身是以兩根木條或竹片拼對而成，弓身較彎曲。疑前一類弓屬"張弓"，後一類屬下文所記"曲弓"。

［57］"曲弓"，似指弓身彎曲的弓。

［58］"弫"，似當分析爲從"弓""奴"省聲，即"弩"字。《說文》："弩，弓有臂者。"墓中出土弩1件。

［59］"捭釦"，所指應與"弩"有關，疑"捭"讀爲"臂"，指弩臂。"虘矢"，可能是弩用之箭。"介"，同"个"。《集韻·箇韻》："箇，或作个、介。"《書·秦誓》："如有一介臣"，陸德明釋文："介，字又作个。"

［60］"弓裏"，盛弓囊袋。

［61］"䋣"，疑讀爲"橐"，指囊袋，此用以盛矢。《說文》："橐，囊也。"

［62］"訢"，從"言""新"省聲，疑讀爲新舊之"新"。

［63］"竹欲"，所指不明，從上下文看，疑指竹箭桿。

［64］"桼"，疑讀爲"漆"，髹黑漆。"漆害"，似指箭桿髹漆。墓中出土的箭矢中，有的箭桿髹黑漆、紅漆。

［65］"弩"下一字不清，疑是"獣"，讀爲"矢"，指弩矢。或疑右旁從"弋"，隸作

---

① 參看孟蓬生：《上博竹書（四）閒詁（續）》，簡帛研究網，2005年3月6日。

"戠"。

［66］"裏",疑讀爲"紳"。《說文》:"紳,大帶也。"《廣雅·釋詁三》:"紳,束也。",此處"紳"可能指束物之帶。

［67］"裶",從"尾"從"衣"省,從文例看,似當與下文"屖"是同一個詞,疑是"繼"之誤寫。《集韻·迄韻》:"繼,結也。"

［68］"繹",疑即郭店楚簡《緇衣》29號簡"其出如緍"的"緍"字,同"緡"。《說文》:"緡,釣魚繳也。"

［69］"繻",疑讀爲"組"。

［70］"或",在此疑當訓作又。

［71］"芧",草名。《廣雅·釋草》:"藾、芧,萩也。"字亦見於清華大學藏簡《程寤》8號簡"眚民不芧"。此處似表示顔色,疑讀爲"緇",《說文》:"緇,帛黑色也。"

［72］"桼",似當讀爲"漆",髹黑漆。"櫃",疑讀爲"匱",箱匣之類。《說文》:"匱,匣也。"

［73］"甫睘",似當讀爲"鋪環",指鋪首銜環。墓中出土3件帶蓋、直壁、平底、銅或木製矮足、長方形或凸字形的漆木盒,器表均滿髹黑漆,其中2件有鋪首銜環,與矮足相應。疑這3件木盒屬於簡文所記"漆匱"。

［74］"組維",疑是組做成的繫帶。《說文》:"維,車蓋維也。"《詩·小雅·白駒》:"縶之維之",毛傳:"維,繫也。"

［75］"夬",疑讀爲"決",指扳指。《詩·小雅·車攻》:"決拾既佽,弓矢既調",毛傳:"決,鉤弦也。""夬"下一字,疑從"衣"從"囚",隸作"裀",似當讀爲"韘"。《說文》:"韘,射決也,所以拘弦。以象骨韋繫著右巨指。"徐鍇繫傳:"所以助鉤弦,若今皮韘。"簡文"裀(韘)"字從衣,應該是指決的襯墊。決、韘成套一體,韘單稱可指決,"決""韘"連言,大概是指有襯墊的扳指。包山楚簡160號簡記有"夬囚"①,簡文"夬裀"與之是同一個詞。

［76］"三"下一字不識,下文"宵秋之裛"可能是對其包邊的説明。

［77］"宵秋",疑讀爲"黷繡"。《廣韻·月韻》:"黷,黃黑色。"簡文"宵秋"似與望山二號楚墓2號簡"冐緅"是同一個詞。"裛",疑讀爲"攝",指緣。《儀禮·既夕禮》:"白狗攝服",鄭玄注:"攝,猶緣也。"

［78］"二繻贅"所指不明,似與下文"繒"關係密切。

［79］"十"下二字不清晰,當是說明"繒"數量的數字。

［80］疑"一"下漏寫或省略了物品名。

［81］"裵",簡文兩見,可分析爲從"衣"從"中"(或"艸")"凶"聲,疑是

---

① 參看劉國勝:《包山二號楚墓遣冊研究二則》,《考古》2010年第9期;羅小華:《說拾》,簡帛網(http://www.bsm.org.cn),2010年5月24日;李春桃:《說"夬""韘"——從"夬"字考釋談到文物中扳指的命名》,《吉林大學社會科學學報》2017年第1期。

"繐"之異體。《說文》："繐，帛青色。從糸，蔥聲。"簡文"繐"當是物名，疑讀爲"總"，所指待考。

［82］"裌"上一字疑是"縞"。

［83］"匆"，疑讀爲"匲"，盛器名。《說文》："匲，古器也。"墓中出土的M1∶56號木盒，與曾侯乙墓自名"匲"的漆木衣箱形制類似，疑即簡文所記"一匆"。

［84］"筃"，"笘"字的異體。

［85］"脩"，《說文》："脩，脯也。"包山楚簡257、255號簡分別記有"脩二笲""脩一籙"。

［86］"肏"，讀爲"脯"。《說文》："脯，乾肉也。"包山楚簡255號簡記有"肏（脯）一籙"。

［87］"檮肏"，疑讀爲"擣脯"，搗碎的乾肉。包山楚簡258號簡記有"檮（擣）肏（脯）一笲"。"擣脯"又稱殷脩。《儀禮·有司》："取糗與殷脩"，鄭玄注："殷脩，擣肉之脯。"①

［88］"庶"，讀爲"炙"。《說文》："炙，炮肉也。""奚"，讀爲"雞"。包山楚簡257、258號簡分別記有"庶（炙）鶏（雞）一笲""庶（炙）鶏（雞）一笲"。

［89］"㷮"讀爲"熬"。《說文》："熬，乾煎也。"包山楚簡257號簡記有"㷮（熬）魚二笲"。

［90］"簟"，似當讀爲"簟"。《說文》："簟，竹席也。"《禮記·喪大記》："君以簟席，大夫以蒲席"，鄭玄注："簟，細葦席也。"

［91］"緅"，《玉篇》："緅，青赤色。""蜀"，讀爲"襡"，此處當指收藏席的囊袋。《禮記·內則》"斂簟而襡之"，鄭玄注；"襡，韜也。"簡文"二緅襡"與下文"一縞襡"，蓋是上文所記"三簟"的斂囊，一席一囊。

［92］"禺"，讀爲"偶"，表示一對。《國語·越語上》："乃必有偶"，韋昭注："偶，對也。"簡文"偶鼎"似當指一偶鼎，即一對鼎。墓中出土銅鼎6件，兩兩成對。

［93］"鈲"，讀爲"壺"。墓中出土銅壺4件，兩兩成對。

［94］指上文鼎、壺皆帶蓋。

［95］"枳"，讀爲"枝"，指杖一類物品。"枳"上一字，左旁從"木"，右旁下部從"心"，不識。墓中出土內爲木芯、外圍以竹條包裹的"幡杆"1件，不知是否與簡文所記"枳"有關。"枳"亦見於包山楚簡259號簡"一櫝枳"、260號簡"一竹枳"。

［96］"膚"下有重文號。

［97］"膚紡"之"膚"在此可能表示"紡"的顏色。此處似說明上文"膚"的外套。

［98］此字疑從"糸"從"葡"，疑讀爲"佩"或"服"。

［99］末一字疑是"干"。

［100］"夬"讀爲"決"，扳指。墓中出土形制、大小相同的木扳指3件。

---

① 參看劉信芳：《包山楚簡解詁》，第266、267頁，藝文印書館，2003年。

［101］"緤"，疑讀爲"韢"，指扳指的襯墊。

［102］"䋿"，疑讀爲"黳"，黃黑色。簡文"黳魚"似當指魚皮。"敔塦"，與3號簡"綎縷（屨）"同。

［103］"帕"，疑讀爲"帛"。

［104］"吳樝"，見於4號簡。"妻文"，下文又寫作"鯸鮫"，當指墓中出土的銅削刀。共出土2件，皆有木質的刀鞘。

［105］"膚羊之鷩"與下文"膚羊之霸"所指蓋同類。"鷩""霸"，疑是一字異寫，皆從"角"，可能是用羊角做的某種與削刀有關的佩飾，又疑是指羊角狀的刀鞘。

［106］"縞繡"，此指削刀的佩帶。

［107］"玉結刀□卑賅"，兩見，似是指有玉佩繫於刀上。"□卑賅"，疑指裝在削刀首端的銅環。

［108］"藍"，即"鹽"字。"鹽芒"，紡織品名，信陽、包山遣冊分別寫作"結芒""藍蔿"。"夫需"，所指不明，疑指包裹刀鞘的絲帶。

［109］"周"，疑讀爲"雕"，指彩繪。"雕膚于或"，疑指削刀鞘上遍施彩繪。

［110］"索（楚）鍺"，即4號簡"索（楚）者"。

［111］"紫"下一字不清，據文意，似當是"繡"，指刀帶。

［112］"虡"，疑讀爲"組"。"耑"，疑讀爲"端"。"朱組于二端"，蓋指朱色組帶繫在刀鞘兩端。

［113］此三字模糊不清。據殘劃，疑第一字是數字"七"或"十"，第三字是"純"，第四字是"繡"。

［114］此似當指帶鉤。

［115］"鐘"，似當讀爲"銀"。"面"，指馬勒當面的裝飾。包山楚簡272號簡記"白金勒、面"[①]，"白金面"即銀面。

［116］"襄"，疑讀爲"緗"，指淺黃色。《廣韻·陽韻》："緗，淺黃。""綖"，指絲線。《集韻·綫韻》："綖，《說文》緣也。古從泉，或從延。"《後漢書·虞詡傳》："以彩綖縫其裾爲幟。""緋"，似當讀爲"弁"，指馬冠，即馬髦上的飾物。《文選·張衡〈西京賦〉》"璿弁玉纓"，薛綜注："弁，馬冠也，又髦以璿玉作之。"劉良注："弁，馬纓冠也，皆以玉飾之。"天星觀楚簡屢記屬車馬器之類的"笄"[②]，蓋與簡文"弁"是同一物品。"結"，從所處位置看，當與"弁"關係密切。包山遣冊屢記"結帞"，竹牘寫作"結項"，疑"結"與"結項"同，屬馬飾帶，上落馬髦而繫結于馬頸下。

［117］"笮"，箭籃。《儀禮·既夕禮》"役器：甲、冑、干、笮"，鄭玄注："笮，矢箙。""雕笮"，彩繪矢箙。墓中出土2件木質矢箙，外表漆繪，紋飾精美。

---

① 參看李家浩：《包山遣冊考釋（四篇）》，《古籍整理研究學刊》2003年第5期；劉國勝：《楚喪葬簡牘集釋》，第54頁，科學出版社，2011年。

② 參看羅小華：《戰國簡冊中的車馬器物及制度研究》，第99～102頁，武漢大學出版社，2017年。

［118］"桴"，疑讀爲"橛"，指馬橛。墓中出土2件形制、大小相同的木質馬橛。馬橛一端穿孔，橫貫骨條，內側套有圓餅形革片，僅存漆皮。

［119］"周"，疑讀爲"雕"，指彩繪。"周"下一字，左旁似從"革"，疑指套在馬橛上的圓形革片。

［120］"結"，疑指馬頸繫帶。

［121］"䍧"，疑讀爲"貍"。"貍莫"，蓋指貍皮，曾侯乙墓2、9、36號簡、望山二號楚墓6、8號簡等又寫作"鯉（貍）䵋（貘）""鯉（貍）毛""鯉（貍）莫"①。

［122］"臼"，疑讀爲"舊"。"骰"，疑讀爲"旞"，兌、遂古音相近，《左傳》文公九年："秦人來歸僖公成風之襚"，陸德明釋文："襚，《說文》作禭。"旞，旌旗的一種。《說文》："旞，導車所以載，全羽以爲允。"包山楚簡277號簡記有"一臼戠，縢組之遊"②，疑"臼骰"與"臼戠"同。

［123］"縞"下一字，右旁漫漶，疑是"緟"。此處簡文是對上文"臼骰"上裝飾物的說明，似是記旗上的繫帶。

［124］"二"下一字疑是"王"。

二、二號墓竹簡釋文與考釋

（一）釋文

一𡝸（雜）肰（然）之鯀（緄）𢎞（帶）[1]，一絑（朱）𢎞（帶）[2]，二□鈎[3]。一革𢎞（帶）[4]。一礽（初）王綸（錦）之𩎟[5]，左右疊（組）敠（綴）[6]。一筫枳[7]，魯白（帛）之虍[8]，疊（組）敠（綴）四。一桼（瑟）[9]，疊（組）紡紫縑之迸絸[10]，䒑績[11]。七箈□[12] ▨1

□血。一苦茉。一司（笥）貤貦[13]。一緎[14]。一會帠[15]。二蕙。一革帠[16]。二魯白（帛）之紽[17]。一縞紽。一白（帛）晃（冠）。一高（縞）晃（冠）。一紃緎𢎞（帶）。□□高（縞）𢎞（帶）[18]。二羽膚[19]，紫績[20]，上下敠（綴）[21]。一丝紙之王𩰚（瑟）之紐嚳（屨）[22]，疊（組）敠（綴）。一丝紙紡紐嚳（屨）。▨2

□□……▨3

---

① 參看陳偉武：《說"貘"及其相關諸字》，《古文字研究》第二十五輯，第252頁，中華書局，2004年。
② 參看李家浩：《包山楚簡研究（五篇）》，"第二屆國際中國古文字學研討會"論文，香港中文大學，1992年；李家浩：《包山遣冊考釋（四篇）》，《古籍整理研究學刊》2003年第5期。

□□。一羊□初（初）綎（錦）之績郮[23]。一絀（絚）縹[24]。二□之䞓（組）觳（綴）。十索（素）王綎（錦）之緪[25]，䞓（組）觳（綴）四。二金斤[26]，䞓（組）□□三[27]。一布□。一□□。4

□□□[28]。十□[29]。二□[30]，□□，□防□。四□糩（囊）[31]。二䣙□[32]。二䣙䣝[33]。四䣙□。一鐾鉊[34]。二□□。二金□。二□金□[35]。一□晉[36]。四䞓（組）觳（綴）。二□□□。5

（二）考釋

［1］"棐"，"集"字異體，疑讀爲"雜"。《説文》："雜，五彩相會。從衣，集聲。""肰"讀爲"然"。"雜然"疑指彩組織成。"鯀"似當讀爲"緄"。鯀同鮌。《集韻·混韻》："鮌，人名，禹父也。通作鯀。"鮌亦作鯤。《詩·齊風·敝笱》："其魚魴鯀"，王先謙三家義集疏："三家'鯀'作'鯤'。"鯀、緄音近相通。"䰇"，"帶"字異體。"緄帶"，色絲織成的束帶，看一號墓竹簡考釋［35］。

［2］"絑"讀爲"朱"。"朱帶"，朱色組帶，用以束衣。

［3］"鉤"，指帶鉤。該墓頭箱出土2枚錯銀鐵帶鉤，形制、大小相近，疑即簡文所記"二□鉤"，分別屬於上文"緄帶"和"朱帶"。衣帶與帶鉤應該是放在竹笥内隨葬的，頭箱出土有竹笥，多數朽爛，僅見痕跡。

［4］"革帶"，皮革縫制的束帶。

［5］"初"，"初"字異體。《説文》："初，始也。""綎"，楚簡屢見，讀爲"錦"。"王錦"，錦名。"初王錦"疑與簡3所記"索（素）王錦"義同，指本色織錦。"酓"，左旁從酉，下部似從"臼"，右旁較模糊，疑爲"醋"字，讀爲"枕"。墓中出土枕1件，由竹制枕面和木質枕身組合而成。信陽楚簡2-023號簡記有"一錦終楉（枕）"。

［6］"䞓"，簡文屢見，疑讀爲"組"。"觳"，疑讀爲"綴"。《文選·揚雄〈羽獵賦〉》"泰華爲旒，熊耳爲綴"，李善注："綴，亦旒也。"《楚辭·招魂》："網戶朱綴，刻方連些"，王逸注："綴，緣也。""左右組綴"似指上文"酓"兩端有組帶綴飾。

［7］"筧"，《集韻·銑韻》："筧，竹名。""枳"，讀爲"枝"，是杖一類物品。

［8］"魯白"似當讀爲"魯帛"，魯地出產的絲帛。"庬"，疑讀爲"旄"，此處似指繫在杖首的絲織帶飾。下文"組綴四"疑指杖上的組帶綴飾。

［9］"瑟"，"瑟"字異體。墓中出土漆木瑟1件。

［10］"縑"，細絹。《説文》："縑，并絲繒也。"朱駿聲通訓定聲："縑，即紡也，絹也，綃也。""进緄"，疑與望山二號楚墓50號簡所記"阩纟（絕）"同，其由"組紡"和"紫縑"做成，可能是用在瑟上的束帶。

［11］"甾"，字又見於九店楚簡，此處似是對"績"的顏色説明。"績"，簡文數見。

《說文》：" 繢，織餘也。"《急就篇》卷三 " 承塵戶幪絛繢緫 "，顏師古注：" 繢，亦絛組之屬也，似纂而色赤。" 從上下文看，此處 " 繢 " 疑指囊袋一類的物品。

［12］ " 箈 "， " 竹 " 下所從 " 迊 "，楚簡屢見，與 " 蹠 " 相通。

［13］ " 司 "，似當讀爲 " 笥 "。 " 貤斯 "，所指不明，疑是貝類飾品。

［14］ " 絨 "，疑讀爲 " 籤 "。《集韻·紙韻》：" 籤，竹器。"

［15］ " 會 "，疑讀爲 " 合 "。 " 袴 "，從 " 各 " 從 " 不 "，疑讀爲 " 答 "，盛器之屬。《說文》：" 答，梧答也。" 簡文 " 一合袴 " 疑指墓中出土的1件帶蓋的漆木彩繪方盒。

［16］ " 袴 "，合文，疑讀爲 " 梧答 "。《方言》：" 梧落，陳、楚、宋、衛之間謂之梧落，又謂之豆筥，自關東西謂之梧落。" 墓中出土革盒1件，帶蓋，盒身革制，盒底、蓋木質，疑即簡文所記 " 一革梧答 "。

［17］ " 紽 "，《玉篇·糸部》：" 絲數也。"《詩·召南·羔羊》：" 素絲五紽。" 簡文 " 紽 " 當是器物名，疑讀爲 " 橐 "，指囊袋。

［18］ 從文意看，首字當是表示 " 縞帶 " 數量。

［19］ " 虙 "，疑讀爲 " 轂 "。

［20］ " 紫繢 "，疑指包裹 " 虙 " 的絲織外套。

［21］ " 上下 "，合文。 " 上下綴 " 似指上文 " 紫繢 " 的上、下皆有綴飾。

［22］ " 紙 "，疑讀爲 " 底 "，指鞋底。 " 王玞 "，即 " 王瑟 "，絲織品名，用作鞋的面料。 " 譻 "，即 " 數 " 字。 " 綟數 " 讀爲 " 綟屨 "，一號墓3號簡記作 " 綟縷（屨）"。

［23］ " 初錦 "，似指本色錦。 " 鄐 "，字又見於包山楚簡，多用作宛地之 " 宛 "。 " 繢宛 " 所指不明。

［24］ " 綑 "，疑讀爲 " 緄 "。 " 縲 "，右旁所從即 " 親 " 字。

［25］ " 索王錦 "，即素王錦，亦見於包山楚簡254號簡。 " 繰 "，疑爲 " 紳 " 字繁寫。《說文》：" 紳，大帶也。"

［26］ " 斤 "，斧斤之屬。《說文》：" 斤，斫木也。" 段玉裁注：" 凡用砍物者皆用斧，砍木之斧，則謂之斤。"

［27］ " 虘 " 下一字，疑爲 " 綱 "。

［28］ 首字疑是 " 一 " " 二 " 之類的數字。

［29］ " 十 " 下一字疑是 " 匧 "，同 " 箕 "，竹容器。

［30］ " 二 " 下一字似從 " 匚 "。

［31］ " 糱 "，讀爲 " 囊 "。 " 囊 " 上一字左旁似從 " 米 "。

［32］ " 二 " 下一字，簡文數見，疑是 " 韌 " 字，讀爲 " 半 "，表示容量。末字似從 " 匚 "。

［33］ 末字疑是 " 瓠 "，讀爲 " 壺 "。

［34］ " 鎏 "，疑讀爲 " 半 "，表示容量。簡文 " 鎏 " " 釦 " 之間空隙較大，其間也可能有一字，表示 " 釦 " 的數量。

［35］ " 二 " 下一字疑是 " 食 "。

［36］"一"下一字疑是"于"。

附記：本文寫作得到國家社科基金重大項目"湖北出土未刊佈楚簡（五種）集成研究"（10&ZD089）的資助。武漢大學簡帛研究中心研究生雷海龍、陳晨、王谷、孫夢茹同學協助竹簡圖像處理、造字及校對，謹致謝忱。

后　记

本报告是在墓葬发掘20余年后，经多方努力才共同完成的，是集体智慧的结晶。

报告由王先福任主编，符德明任副主编。体例由王先福提出，集体讨论确定；第一章第一、二、三节和第六章由王先福执笔，第一章第四节由王先福、符德明共同执笔，第二章第一节、第三章第一节由廖延群执笔，第二章第二节由徐昌寅执笔，第三章第二节由艾志忠执笔，第四、五章由杨柳执笔，初稿形成后由王先福统稿，补充部分插表，并修改、审定；附录由刘国胜、胡雅丽撰写；插图由符德明绘制、线描、排版；现场照片由李民拍摄，器物近照由杨力拍摄，器物原照由郝勤建拍摄，竹简照片由余乐拍摄；照片编排、校色由杨力完成。

报告的整理、出版得到了国家文物局、湖北省文物局、湖北省文物考古研究所、科学出版社、武汉大学简帛研究中心的大力支持，在此表示衷心感谢！

本报告是国家社科基金重大项目"湖北出土未刊布楚简（五种）集成研究"（10&ZD089）、"周代汉淮地区列国青铜器和历史、地理综合整理与研究"（15ZDB032）和一般项目"周代邓国考古学文化研究"（18BKG019）的阶段性成果。

墓葬在发掘、整理、保护过程中，由于参与人数较多，资料相对分散，其中极少量已难以收集，特别是原始照片留存较少，且漆器因脱水等因素不能补拍，留下不少遗憾。

编辑出版本报告的初衷仅是公布资料，以便于学者研究，也就没有多的学术研究内容。鉴于作者水平有限，书中错漏一定不少，恳请方家批评指正。

编　者

2018年8月18日

1. 安岗墓地鸟瞰（由西向东）

2. 墓冢分布（俯拍）

安岗墓地全貌及墓冢分布

彩版二

1. M1∶49

2. M1∶51

M1出土A型Ⅰ式铜鼎

彩版三

1. M1∶52

2. M1∶74

M1出土A型Ⅱ式铜鼎

彩版四

1. M1∶48

2. M1∶50

M1出土B型铜鼎

彩版五

1. M1∶27

2. M1∶30

M1出土铜敦

彩版六

1. A型（M1∶2）

2. A型（M1∶12）

3. B型（M1∶3）

4. B型（M1∶14）

M1出土铜壶

彩版七

1. 整体

2. 器腹

M1出土铜盉（M1∶47）

彩版八

1. 盘（M1∶46）

2. 匜（M1∶45）

3. 匕（M1∶43）

4. 匕（M1∶44）

M1出土铜祭器

彩版九

1. 整体（M1∶17）

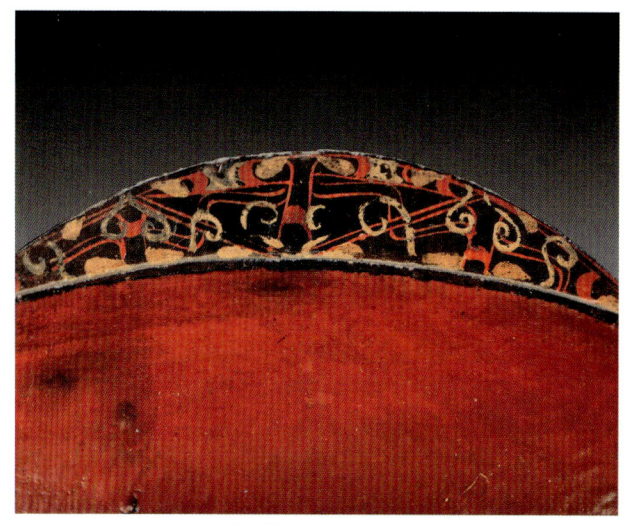
2. 细部（M1∶17）

3. 细部（M1∶17）

4. 整体（M1∶58）

5. 细部（M1∶58）

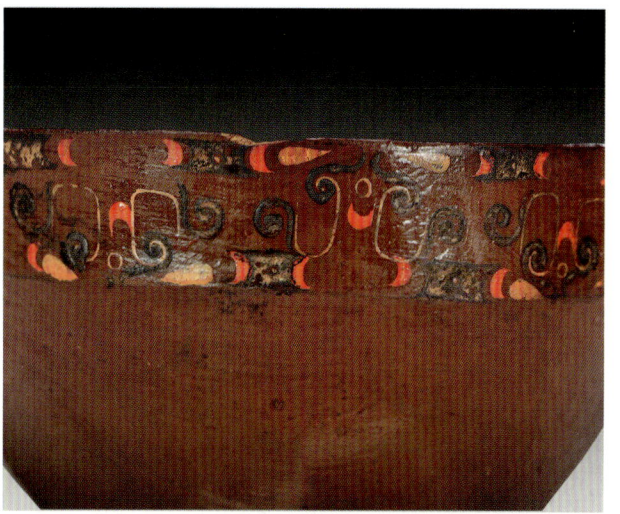
6. 细部（M1∶58）

M1出土B型木耳杯

彩版一〇

1. 整体（M1:78）

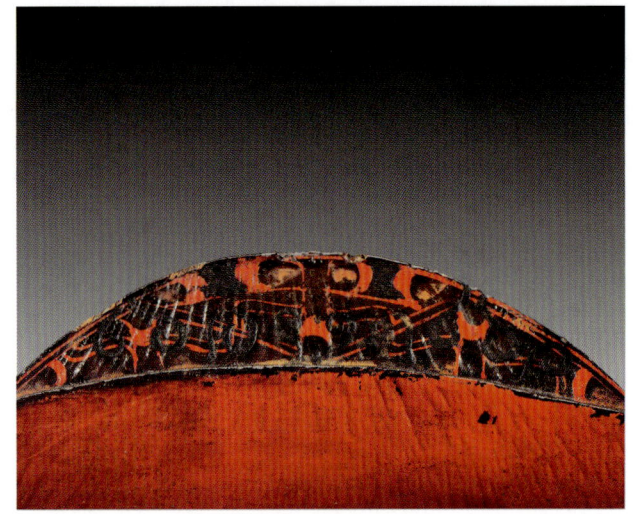

2. 细部（M1:78）

3. 细部（M1:78）

4. 整体（M1:84）

5. 细部（M1:84）

6. 细部（M1:84）

M1出土B型木耳杯

彩版一一

1. B型戈、镦（M1∶137）

2. B型戈镦细部（M1∶137）

3. B型戈内细部（M1∶137）

4. A型戈（M1∶135）

5. A型戈（M1∶139）

M1出土铜戈

彩版一二

1. A型剑（M1:151）

2. A型剑首（M1:151）

3. B型剑茎（M1:152）

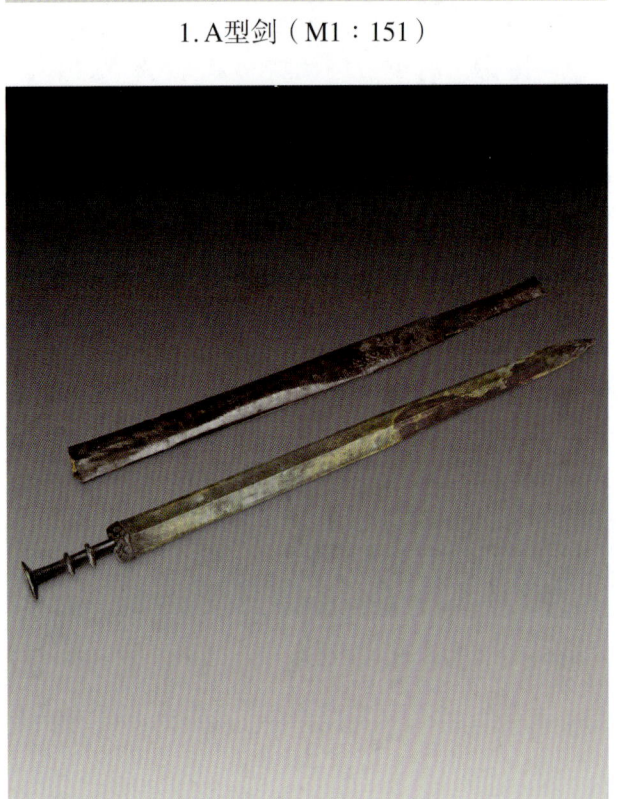

4. B型剑（M1:152）

5. B型剑格（M1:152）

6. B型剑首（M1:152）

M1出土铜剑

彩版一三

1. 弩（M1:38）

2. 矢箙（M1:125）

3. 矢箙背部（M1:125）

4. 矢箙细部（M1:125）

M1出土木兵器

彩版一四

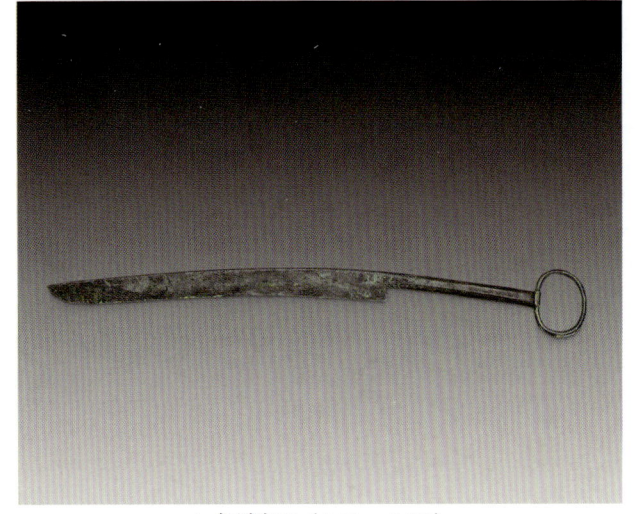

1. 铜削刀（M1:145）

2. 铜刻刀（M1:171）

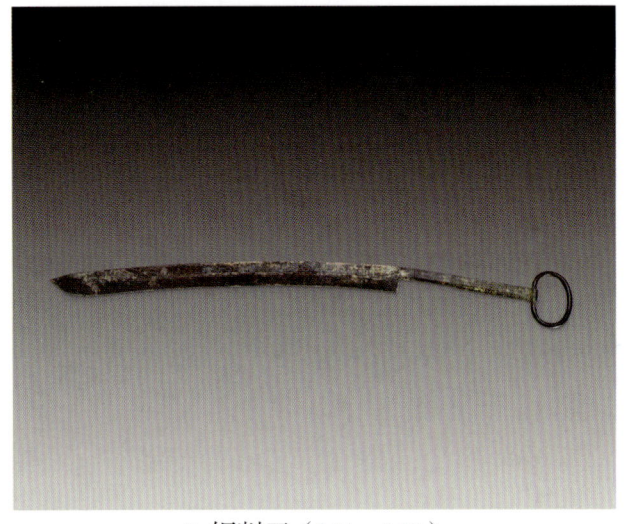

3. 铜削刀（M1:150）

4. 铜削刀木鞘（M1:150）

5. 木橛革片（M1:92）

6. 木橛革片（M1:154）

M1出土工具、车马器

彩版一五

1. 玉佩（M1：160）

2. 玉珩（M1：162）

3. 玉璜（M1：157）

4. 玉环（M1：164）

5. 石璧（M1：115）

M1出土装饰品

彩版一六

1. A型管（M1∶156）

2. A型条（M1∶158）

3. B型管（M1∶163）

4. B型条（M1∶166）

5. A型条（M1∶165）

6. 珠（M1∶155）

M1出土玉装饰品

彩版一七

1. 玉璧（M1：161）

2. 玉璧（M1：161）

3. 玉瑗（M1：159）

4. 料珠（M1：146、M1：176）

5. 料珠（M1：87）

M1出土装饰品

彩版一八

1. 木梳修复前（M1∶37）

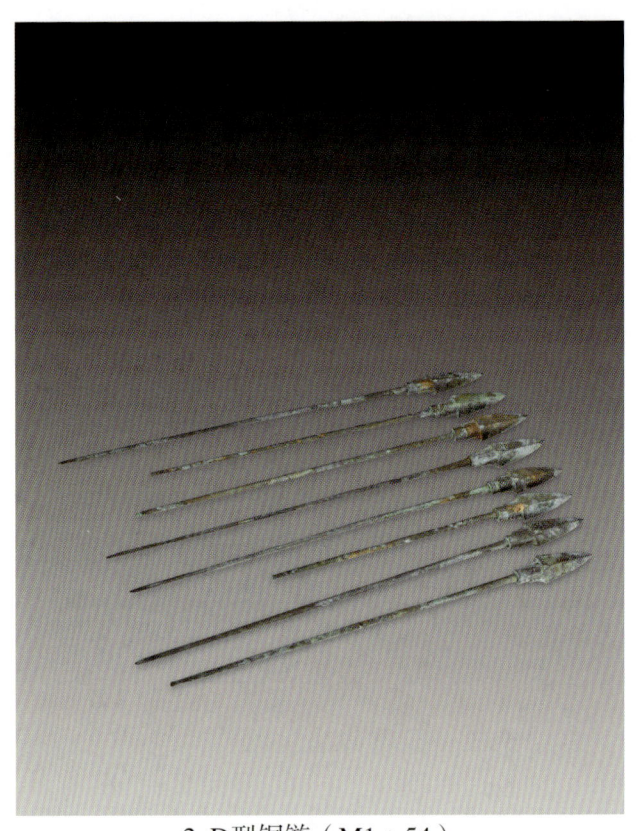

2. D型铜镞（M1∶54）

3. 内棺铜抓钉

4. 革人甲片（M1∶147）

M1出土器物

彩版一九

2. 鼎（M2∶47）

4. Ⅱ式敦（M2∶46）

1. 鼎（M2∶41）

3. Ⅰ式敦（M2∶43）

M2出土铜祭器

彩版二〇

1. 壶（M2∶44）

2. 壶（M2∶45）

3. 盘（M2∶28）

4. 匜（M2∶27）

M2出土铜祭器

1. 铜镜（M2：37）

2. 铁带钩（M2：40）

3. 木方豆（M2：19）

4. 木方豆盘（M2：19）

5. 木方豆座（M2：19）

M2出土燕器

彩版二二

1. 木几（M2：30）

2. 木几（M2：31）

3. 木方盒（M2：29）

4. 木梳（M2：38）

5. A型角构件（M2：5-1～8）

M2出土燕器、杂器

彩版二三

1. 玉瑗（M2∶54）

2. 玉璧（M2∶55）

3. A型玉珠正视（M2∶52、M2∶59）

4. A型玉珠侧视（M2∶52、M2∶59）

5. B型玉珠（M2∶56）

6. 石璧（M2∶51）

M2出土装饰品

彩版二四

1. 料珠（M3∶8）

2. 石璧（M3∶9）

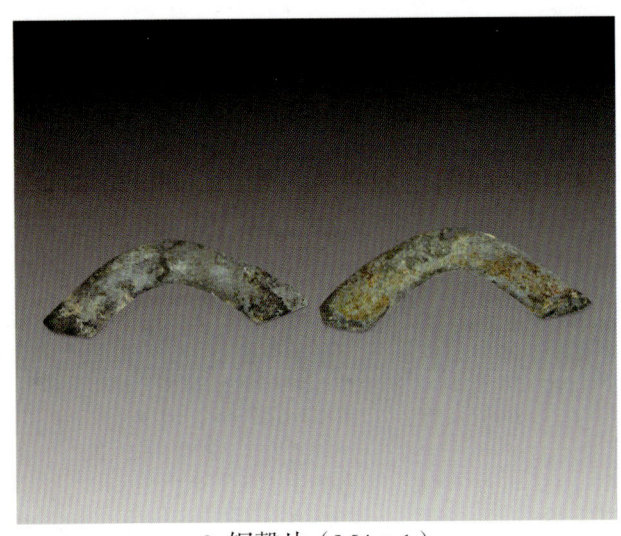

3. 铜磬片（M4∶1）

4. 铜带钩（M4∶5）

M3、M4出土器物

图版一

1. 椁盖板揭开后椁室

2. 椁室分箱情况

M1椁室

图版二

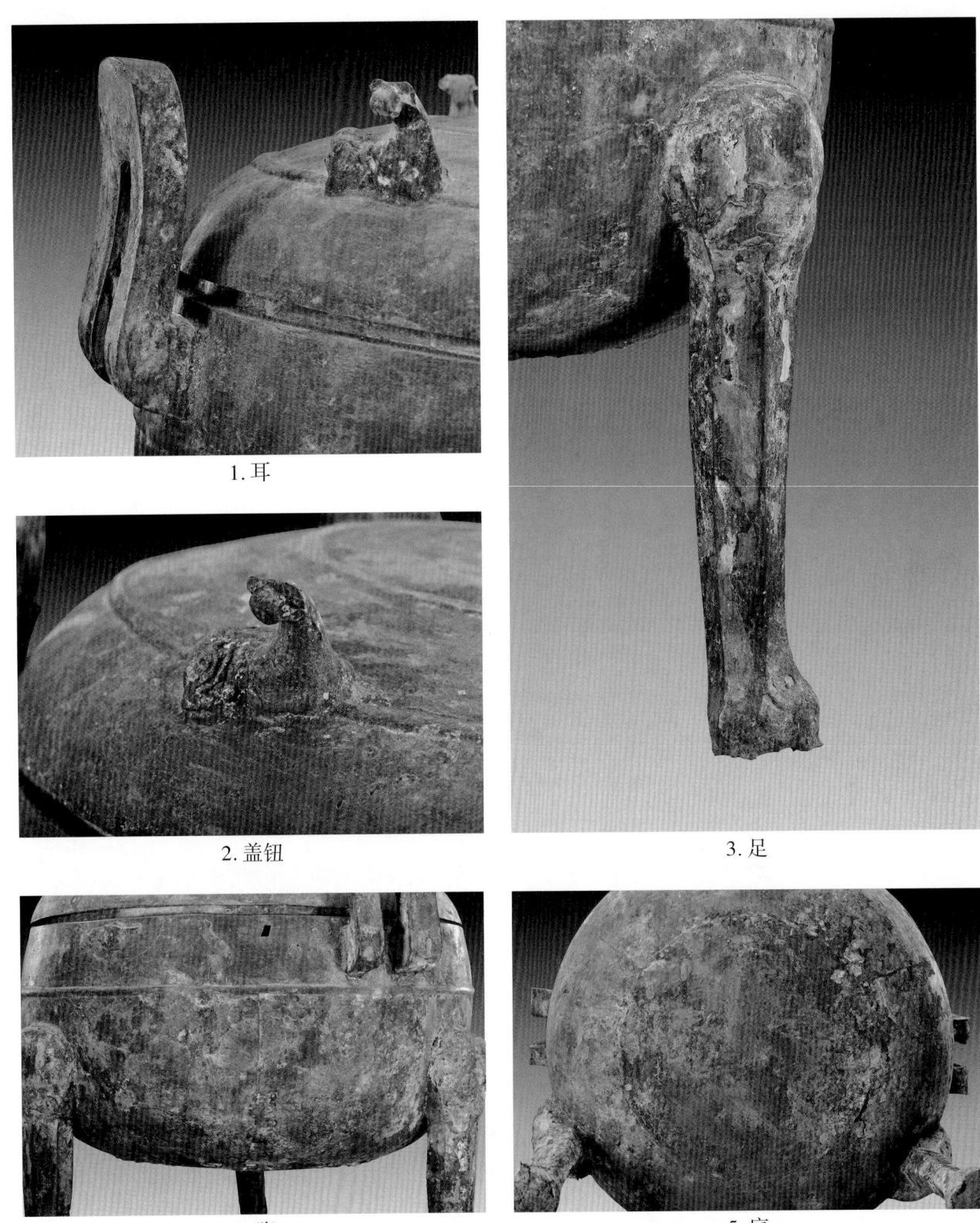

1. 耳
2. 盖钮
3. 足
4. 腹
5. 底

M1出土A型Ⅰ式铜鼎细部（M1∶49）

图版三

1. 盖

2. 盖钮

3. 腹补铸痕迹

4. 底

5. 腹

M1出土A型Ⅰ式铜鼎细部（M1∶51）

图版四

1. 盖

2. 盖钮

3. 腹

4. 足

5. 底

M1出土A型Ⅱ式铜鼎细部（M1∶52）

图版五

1. 盖

2. 腹

3. 耳

4. 底

M1出土A型Ⅱ式铜鼎细部（M1∶74）

图版六

1. 腹

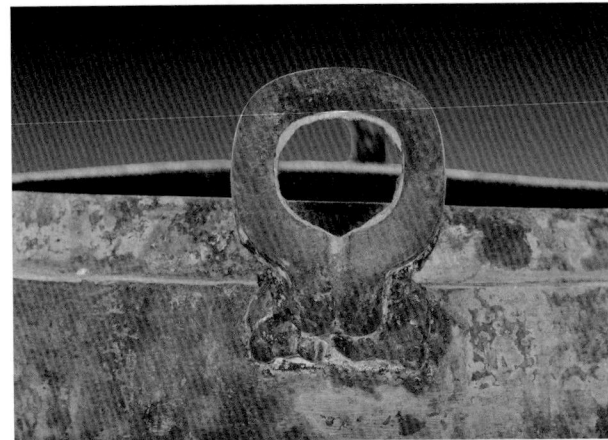

2. 耳

3. 足

4. 底

M1出土B型铜鼎细部（M1∶48）

图版七

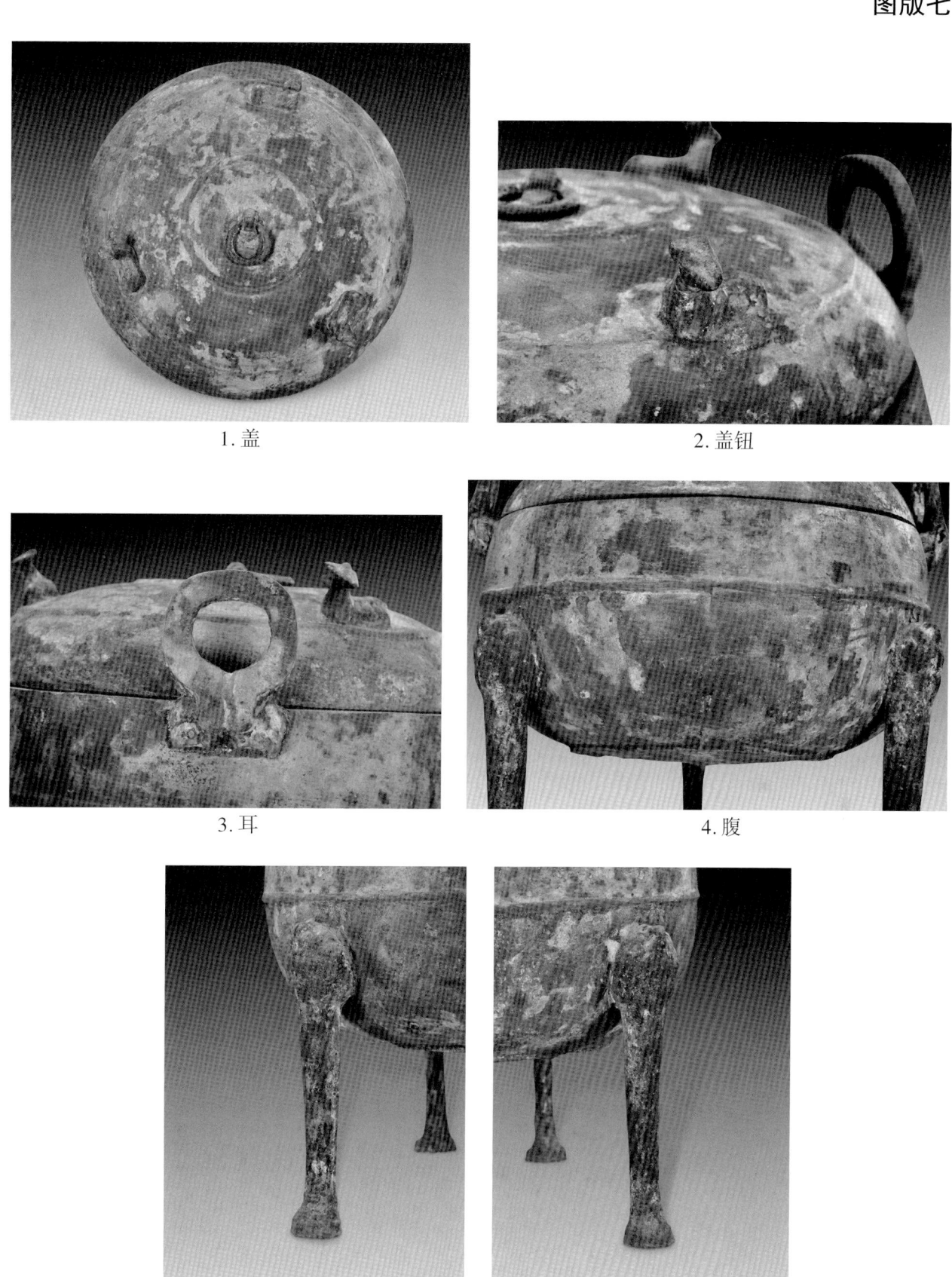

1. 盖 2. 盖钮 3. 耳 4. 腹 5. 足 6. 足

M1出土B型铜鼎细部（M1∶50）

图版八

1. 盖钮（M1∶27）

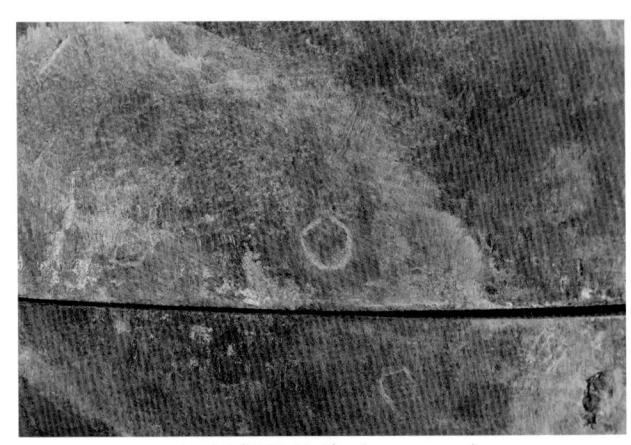

2. 口局部及垫片（M1∶27）

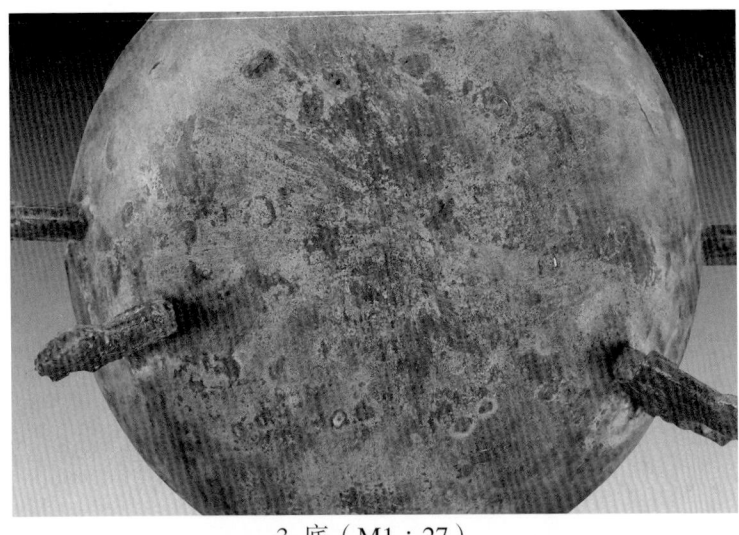

3. 底（M1∶27）

4. 耳（M1∶30）

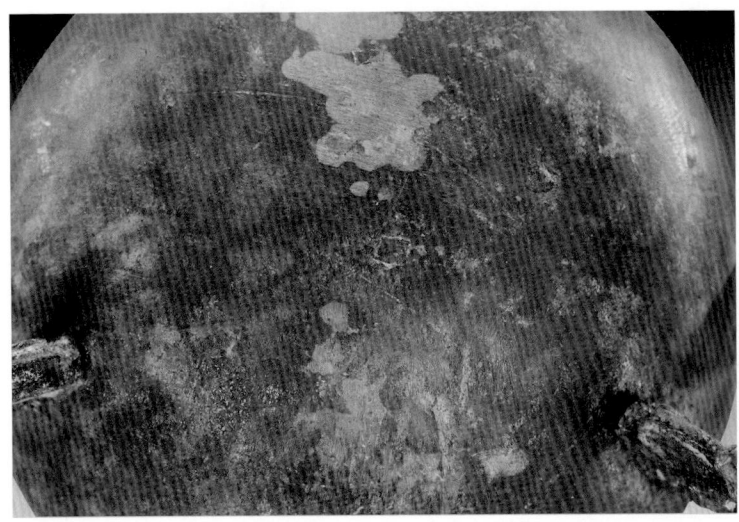

5. 盖局部及垫片（M1∶30）

6. 盖钮（M1∶30）

M1出土铜敦细部

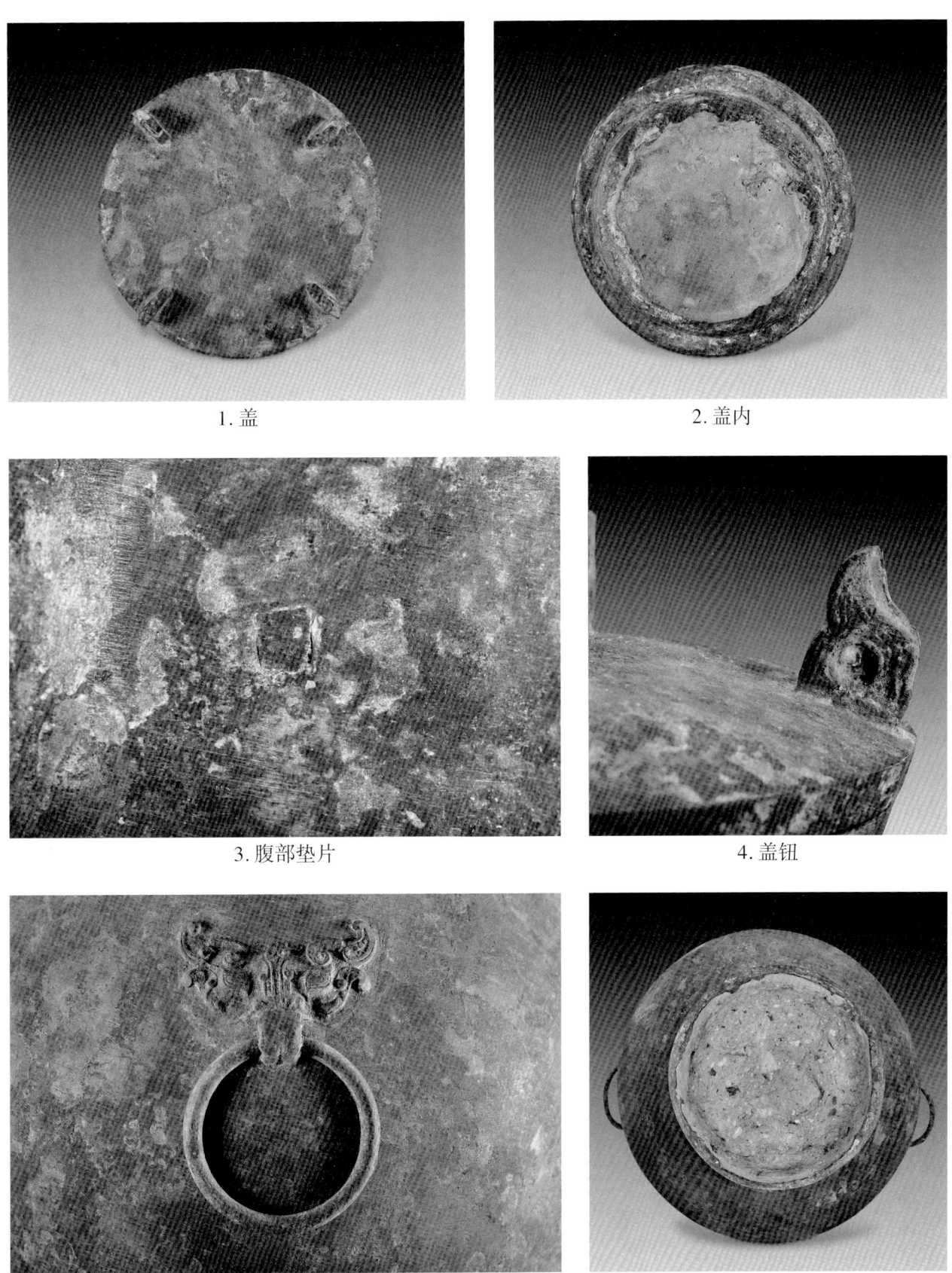

M1出土A型铜壶细部（M1∶2）

图版一〇

1. 盖　　2. 盖内　　3. 盖钮　　4. 铺首衔环　　5. 颈　　6. 圈足

M1出土A型铜壶细部（M1∶12）

图版一一

1. 盖

2. 盖内

3. 盖钮

4. 铺首衔环

5. 腹部补铸痕迹

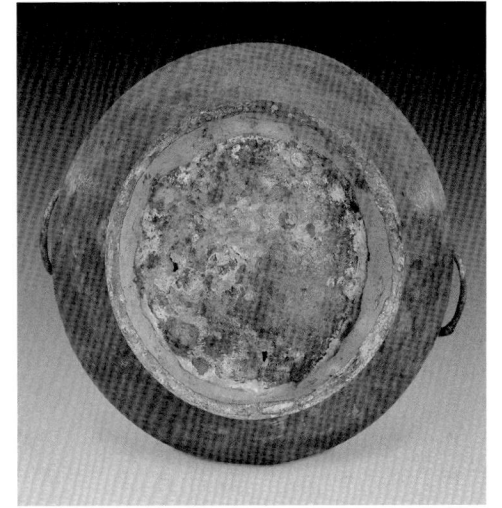

6. 圈足

M1出土B型铜壶细部（M1∶3）

图版一二

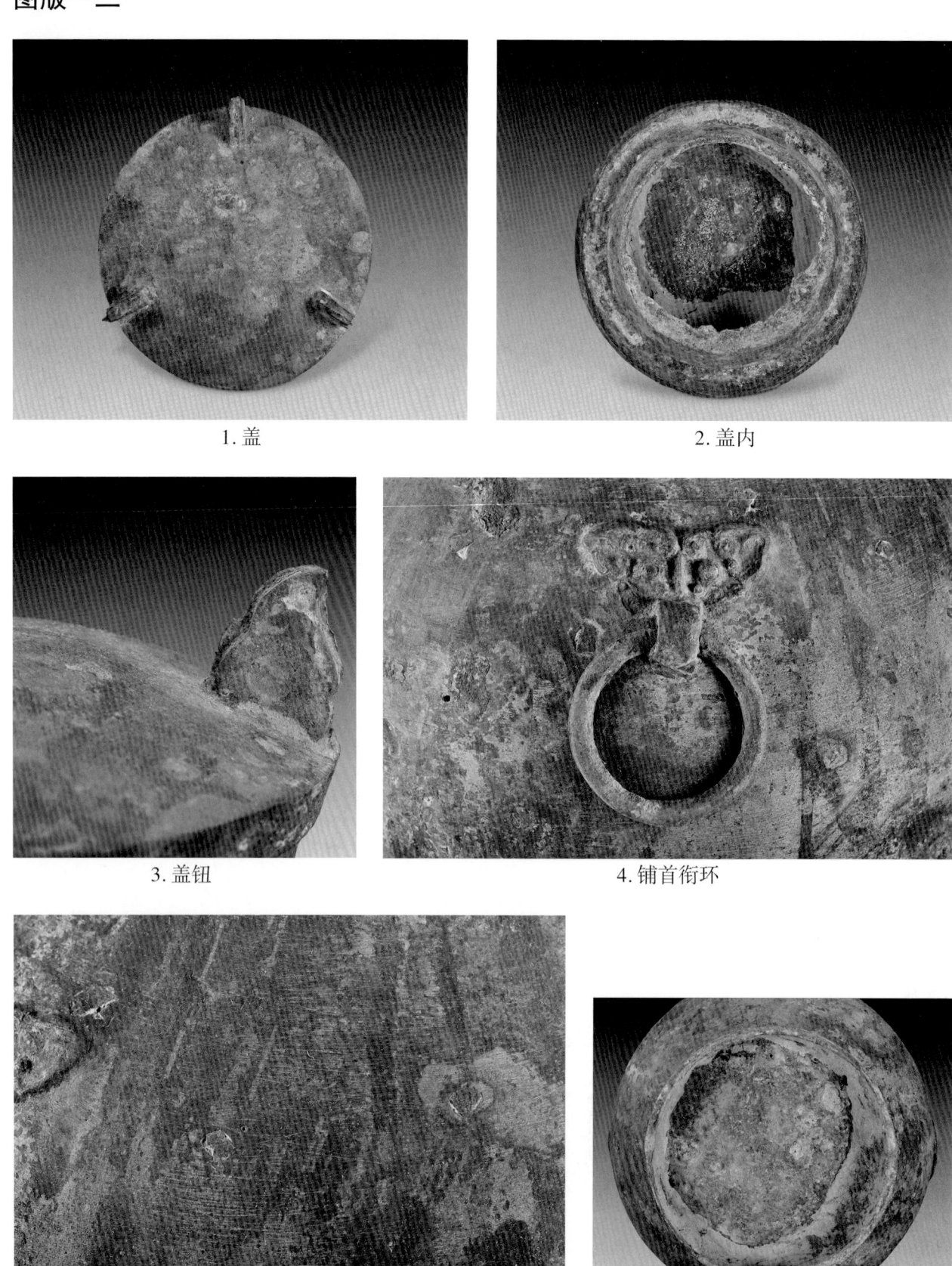

1. 盖　　2. 盖内
3. 盖钮　　4. 铺首衔环
5. 腹　　6. 圈足

M1出土B型铜壶细部（M1∶14）

图版一三

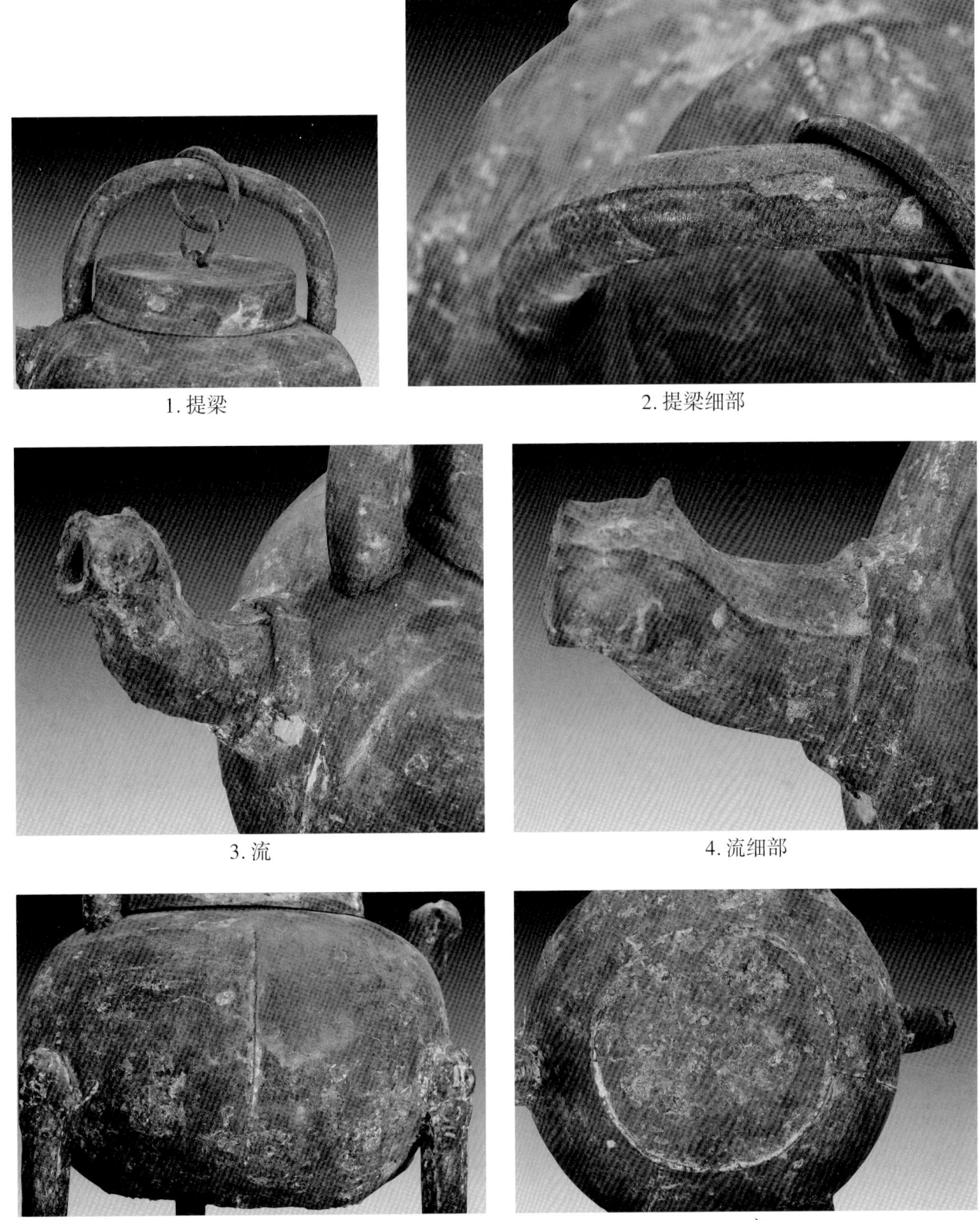

1. 提梁
2. 提梁细部
3. 流
4. 流细部
5. 腹
6. 底

M1出土铜盉细部（M1∶47）

图版一四

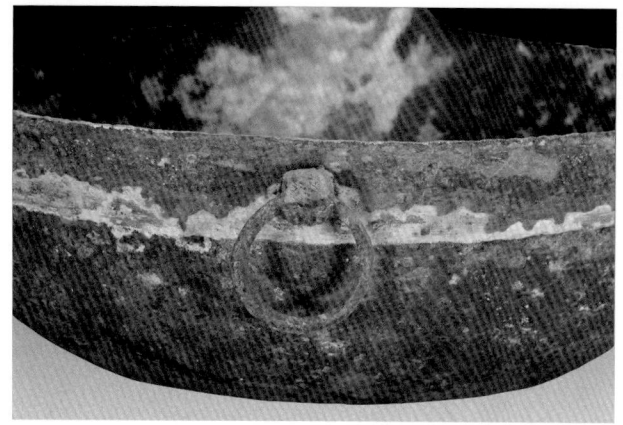

1. 匜钮衔环正视（M1∶45）

2. 匜钮衔环侧视（M1∶45）

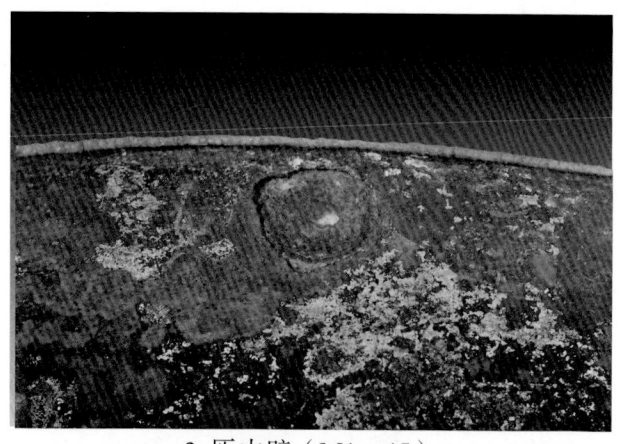

3. 匜内壁（M1∶45）

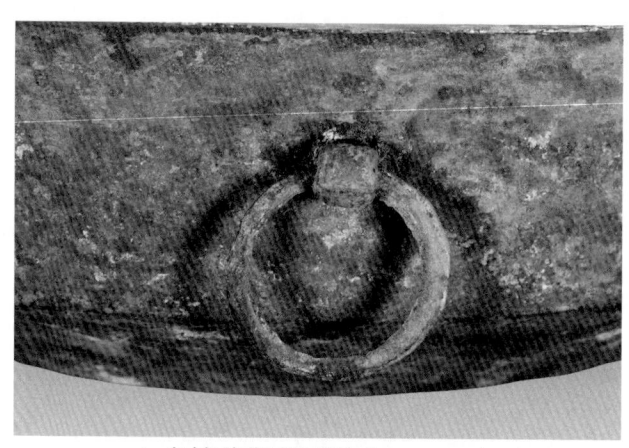

4. 盘铺首衔环正视（M1∶46）

5. 盘铺首衔环侧视（M1∶46）

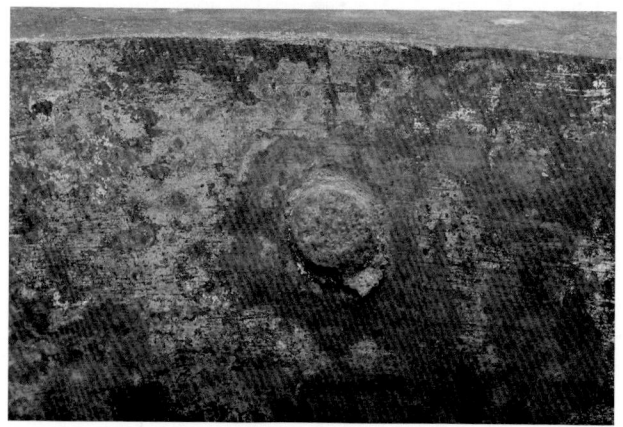

6. 盘内壁（M1∶46）

M1出土铜匜、盘细部

图版一五

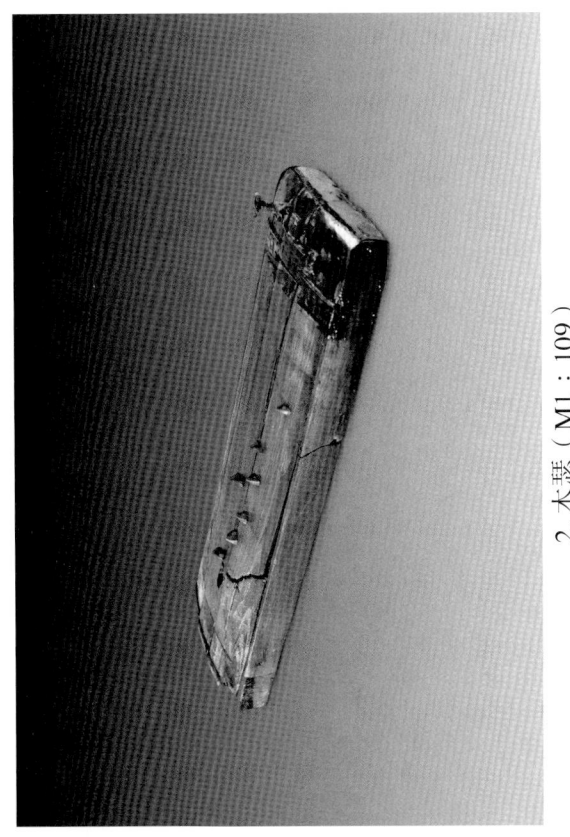

1. 木悬鼓座（M1：71）

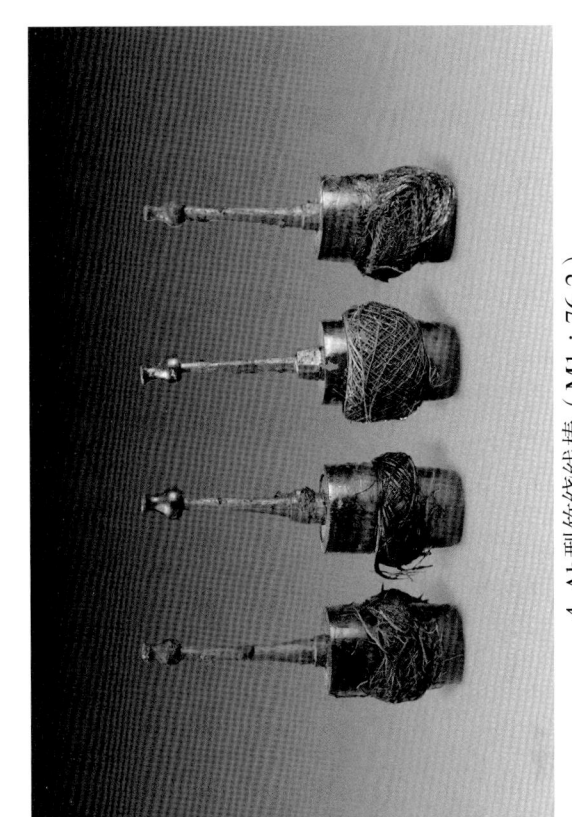

2. 木瑟（M1：109）

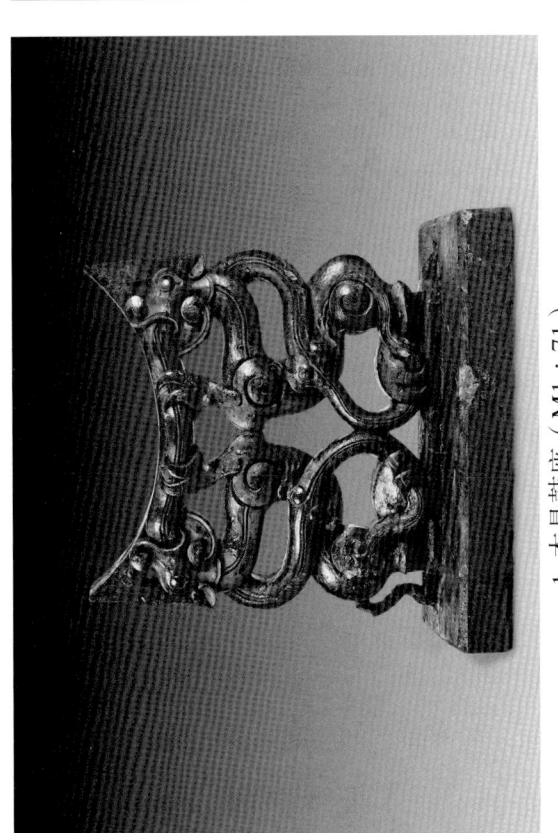

3. 木瑟座（M1：66）

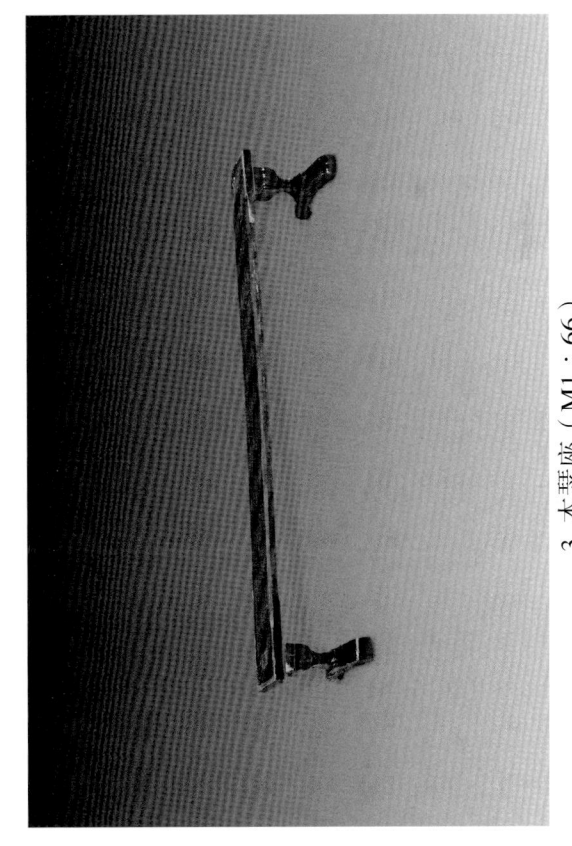

4. Ab型竹绕线棒（M1：76-2）

M1出土乐器

图版一六

1. 豆（M1：6）

2. 豆（M1：26）

3. A型耳杯（M1：5）

4. A型耳杯（M1：7）

M1出土木豆、耳杯

图版一七

1. M1∶8
2. M1∶9
3. M1∶11
4. M1∶15
5. M1∶16
6. M1∶18

M1出土A型木耳杯

图版一八

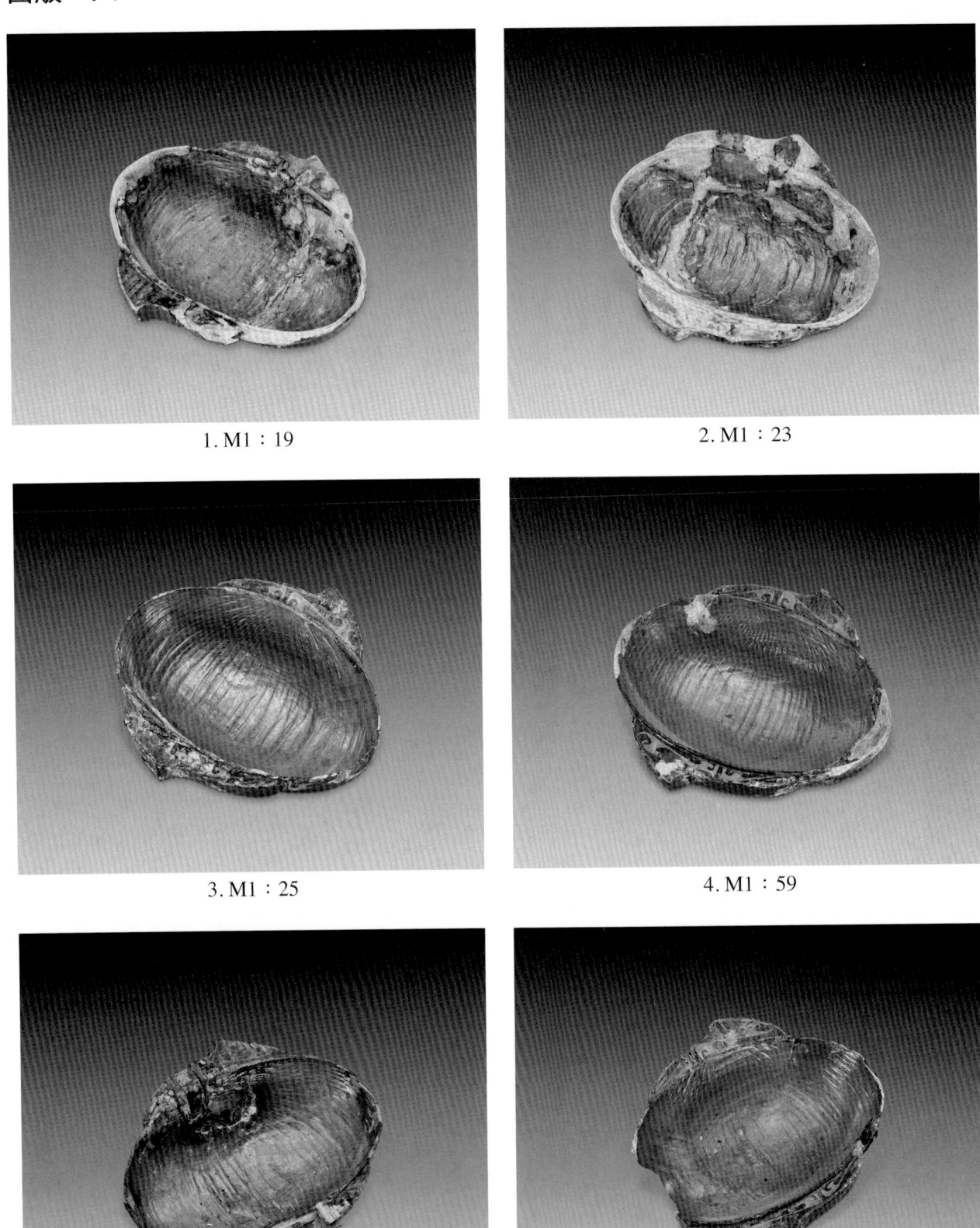

1. M1∶19　　2. M1∶23

3. M1∶25　　4. M1∶59

5. M1∶65　　6. M1∶73

M1出土A型木耳杯

图版一九

1. A型耳杯（M1∶79）

2. A型耳杯（M1∶119）

3. A型盒（M1∶20）

4. B型盒（M1∶56）

5. C型盒（M1∶72）

6. D型盒（M1∶103）

M1出土木耳杯、盒

图版二〇

1. 罐（M1:39）

2. 案（M1:149）

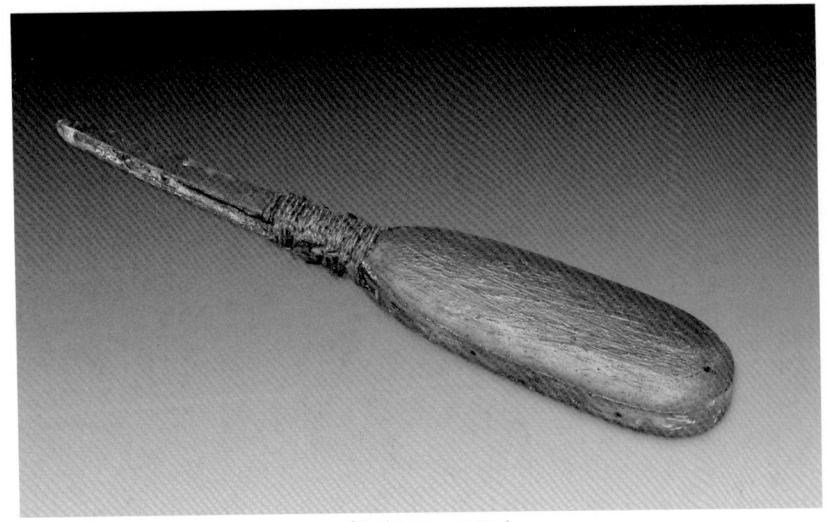

3. 扇（M1:140）

M1出土木漆器

图版二一

1. 竹双联筒（M1∶53）

2. A型竹笥（M1∶129）

3. 铜器盖（M1∶102）

4. 木梳修复后（M1∶37）

M1出土燕器

图版二二

1. A型戈（M1∶135、M1∶139）

2. B型戈、鞘（M1∶137）

3. A型剑、鞘、椟（M1∶151）

4. B型剑、鞘、椟（M1∶152）

M1出土铜兵器

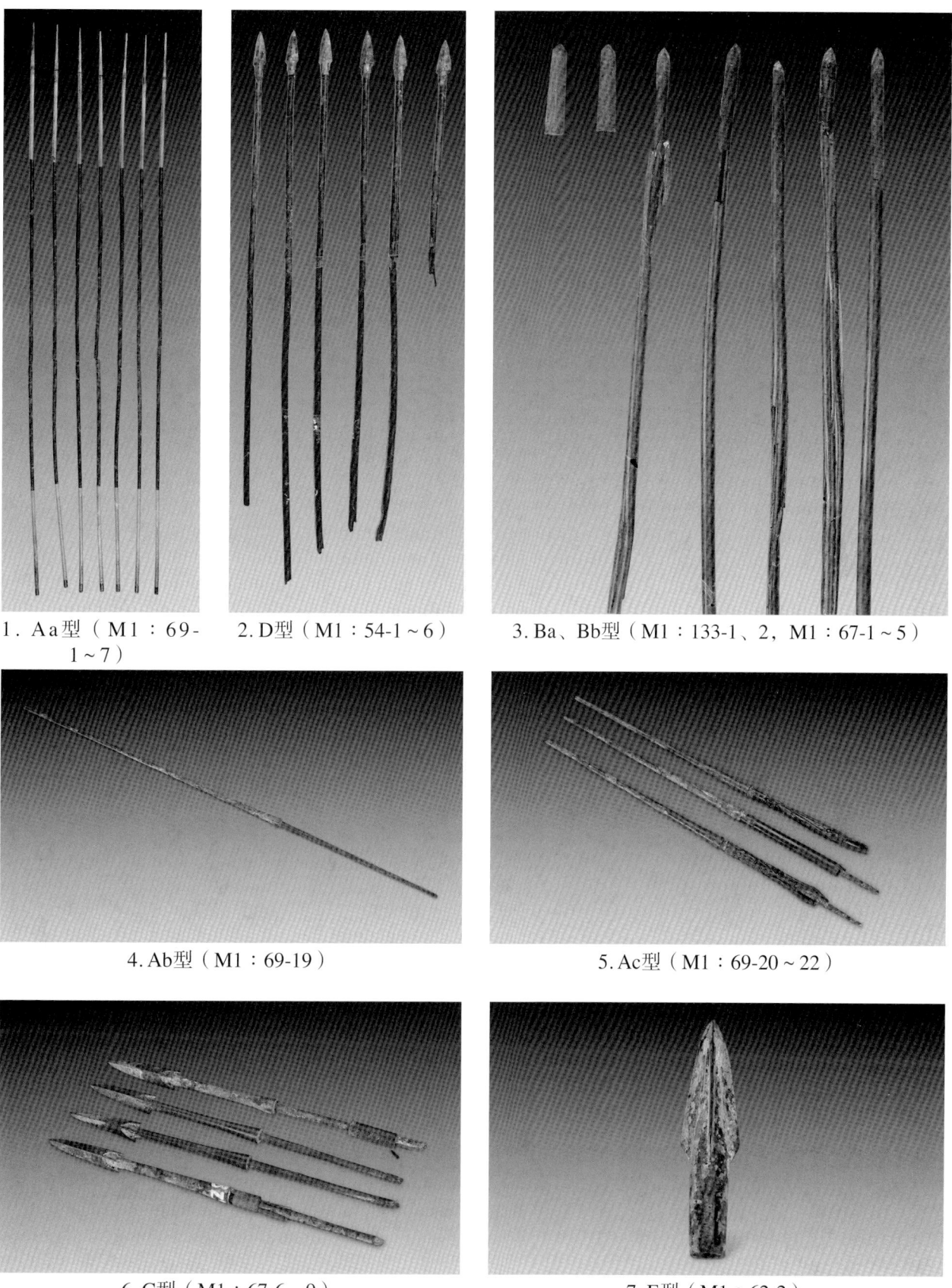

1. Aa型（M1∶69-1~7）
2. D型（M1∶54-1~6）
3. Ba、Bb型（M1∶133-1、2，M1∶67-1~5）
4. Ab型（M1∶69-19）
5. Ac型（M1∶69-20~22）
6. C型（M1∶67-6~9）
7. E型（M1∶62-2）

M1出土铜镞

图版二四

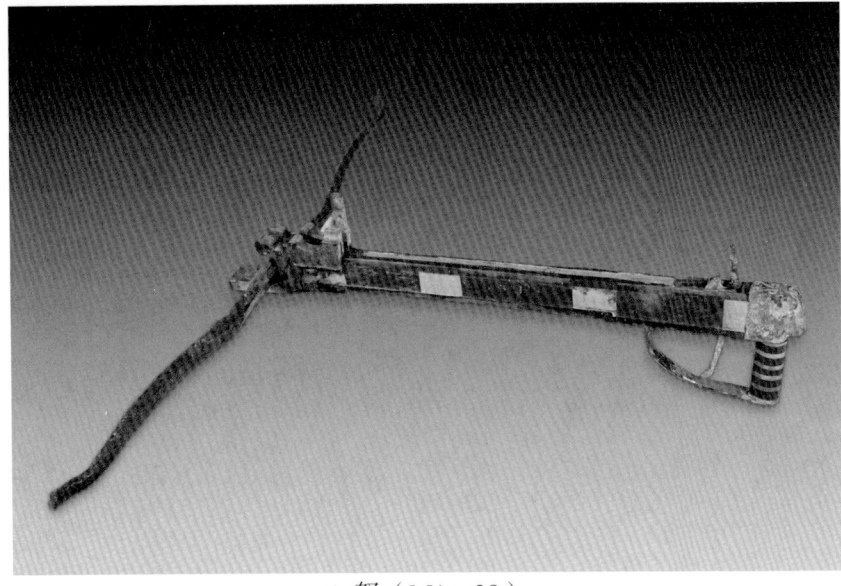

1. 弩（M1:38）

2. 弩机（M1:38）

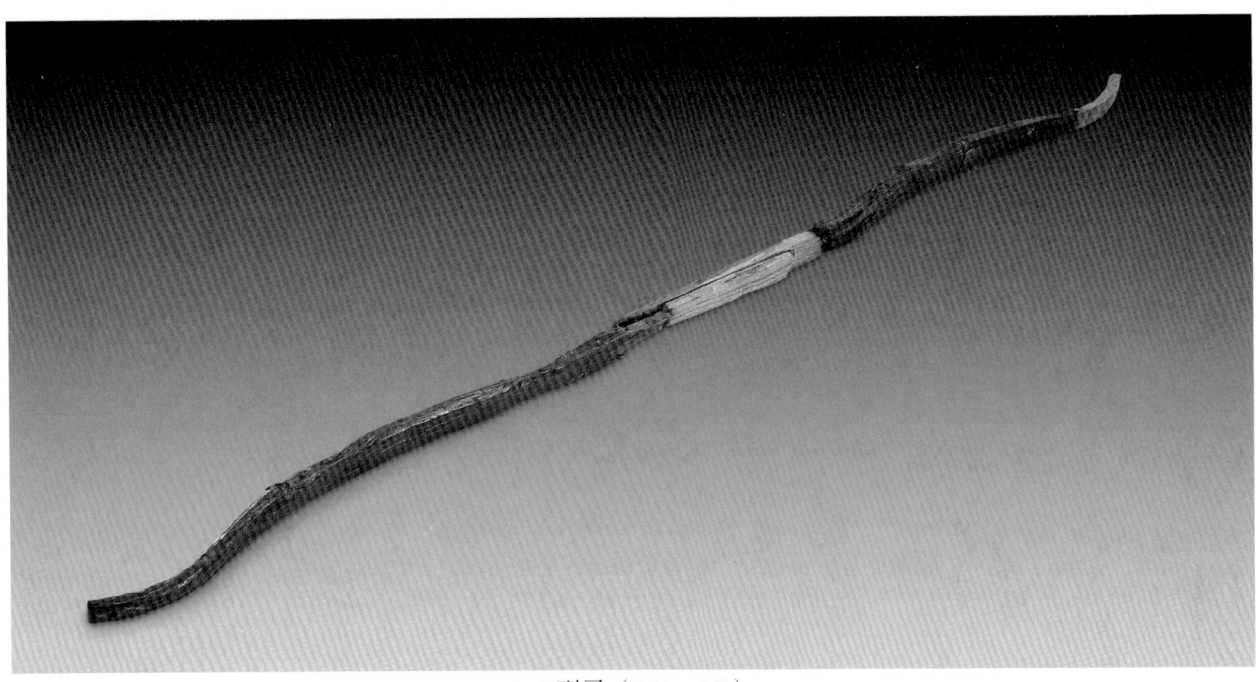

3. A型弓（M1:97）

4. B型弓（M1:124）

M1出土木弩、弓

图版二五

1. 木矢箙（M1:83）

2. 木矢箙正面（M1:125）

3. 木矢箙背面（M1:125）

4. 木韤（M1:106）

5. 革盾（M1:123）

M1出土兵器

图版二六

1. 胸背甲片

2. 袖甲片

3. 肋甲片

4. 肩甲片

5. 胸背甲片

6. 袖甲片

M1出土革人甲（M1:147）

图版二七

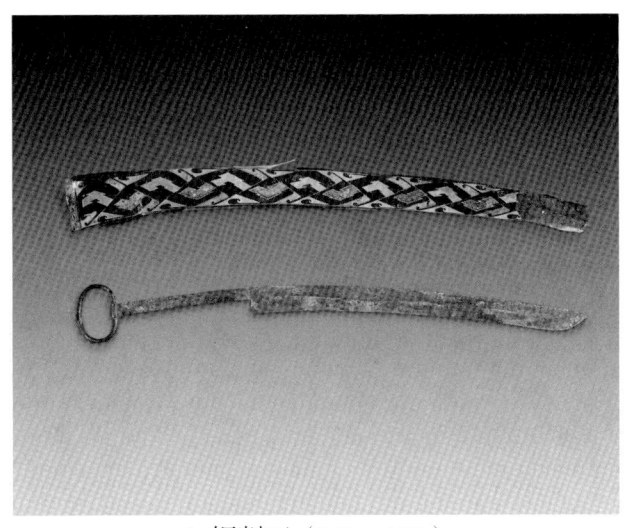

1. 铜削刀（M1：150）

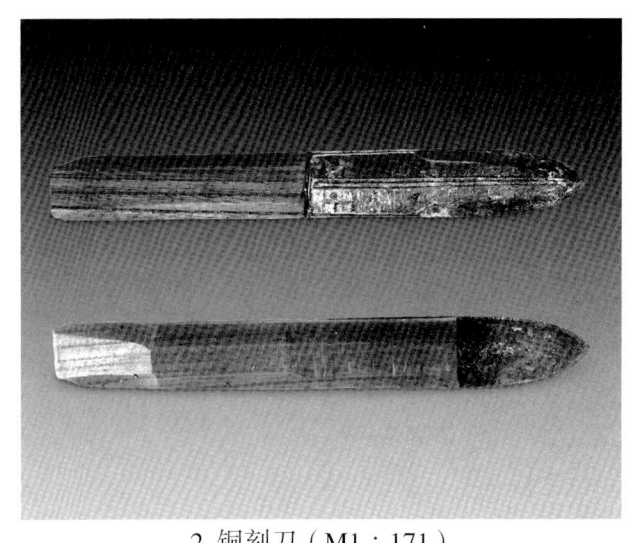

2. 铜刻刀（M1：171）

3. 木车伞（M1：55）

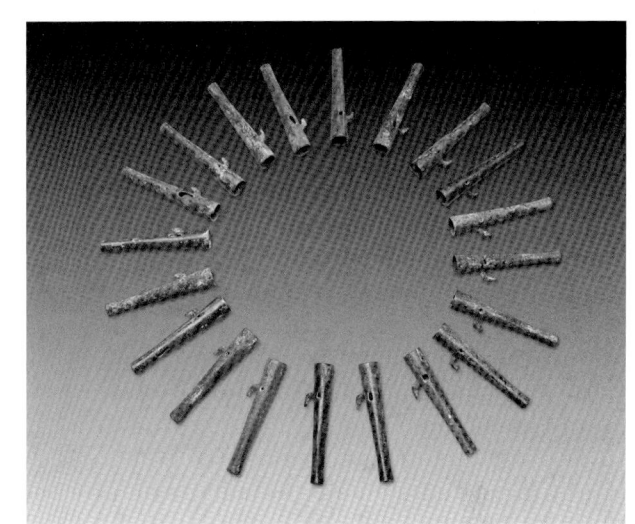

4. 铜伞盖弓帽（M1：55）

5. 铜伞盖弓帽细部（M1：55）

M1出土工具、车马器

图版二八

1. 车害（M1∶127）

2. 马衔（M1∶41、M1∶88）

3. 节约（M1∶138）

4. B型环（M1∶98-1、2）

5. A型环（M1∶107-1、2）

6. 方策（M1∶108-1、2）

M1出土铜车马器

图版二九

1. 铜䤼（M1∶142-1、2）

2. 铜䤼（M1∶142-17、18）

3. 铜䤼（M1∶142-37、38）

4. 铜套环（M1∶141）

5. B型木䪅（M1∶90）

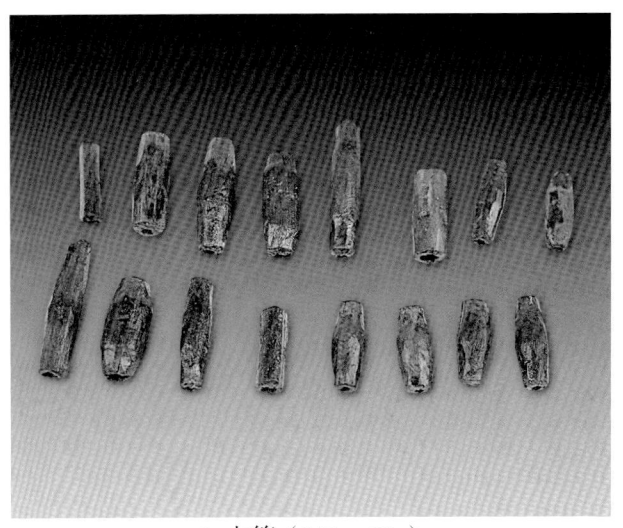

6. 木管（M1∶60）

M1出土车马器、杂器

图版三〇

1. 木俑（M1:4）

2. 木俑（M1:57）

3. 木俑（M1:64）

4. 木片俑（M1:148、M1:128、M1:174、M1:175）

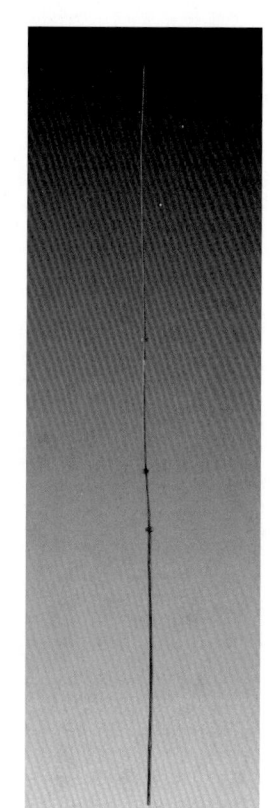

5. 竹幡杆（M1:63）

M1出土葬仪品

图版三一

1. 盖

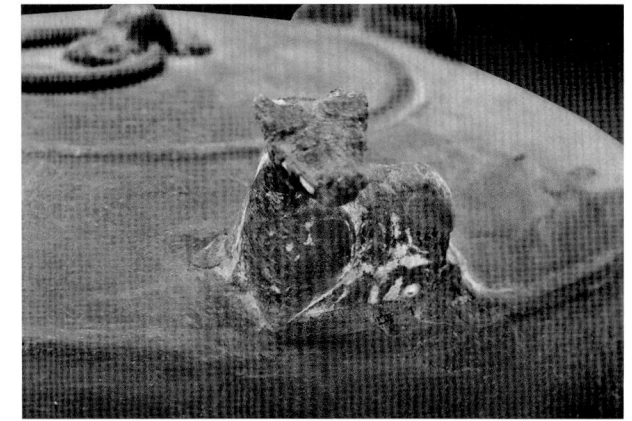

2. 钮

3. 耳(正面)

4. 耳(侧面)

5. 腹

6. 底

M2出土铜鼎细部(M2∶41)

图版三二

1. 盖
2. 钮
3. 腹
4. 底
5. 足
6. 足

M2出土铜鼎细部（M2∶47）

图版三三

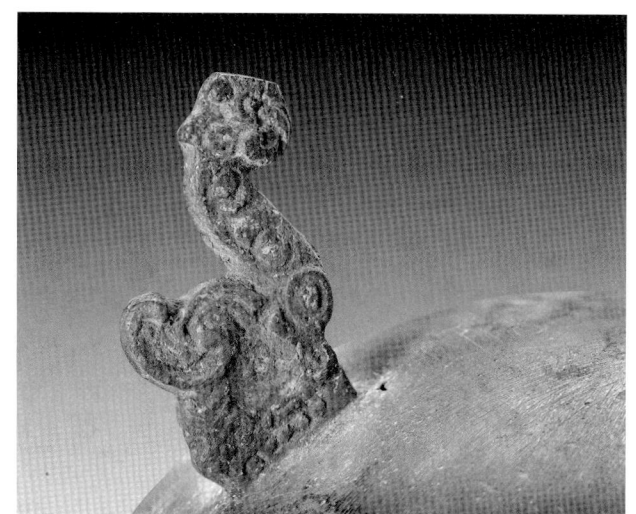

1. Ⅰ式敦盖钮（M2：43）

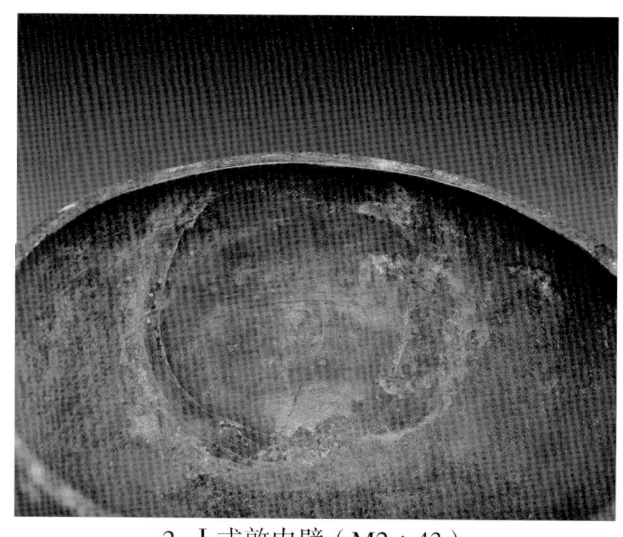

2. Ⅰ式敦内壁（M2：43）

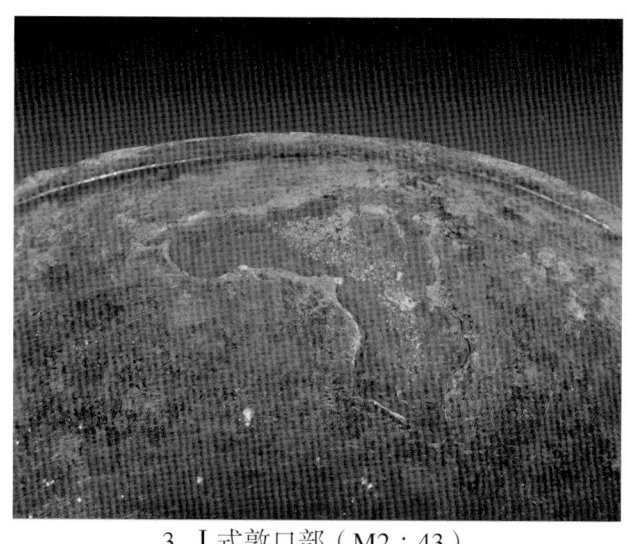

3. Ⅰ式敦口部（M2：43）

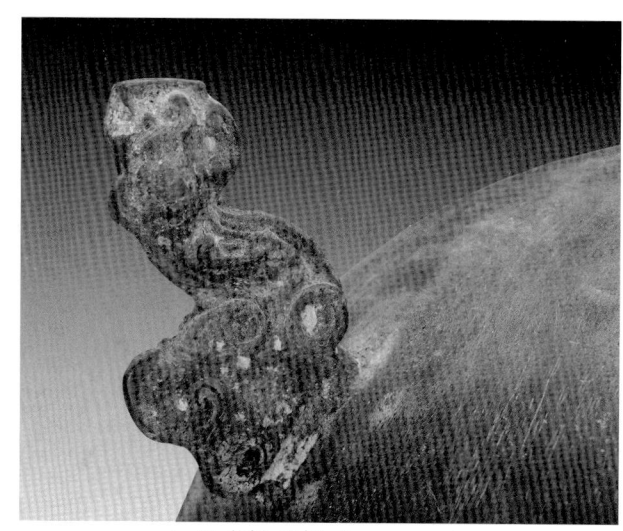

4. Ⅱ式敦盖钮（M2：46）

5. Ⅱ式敦卡扣（M2：46）

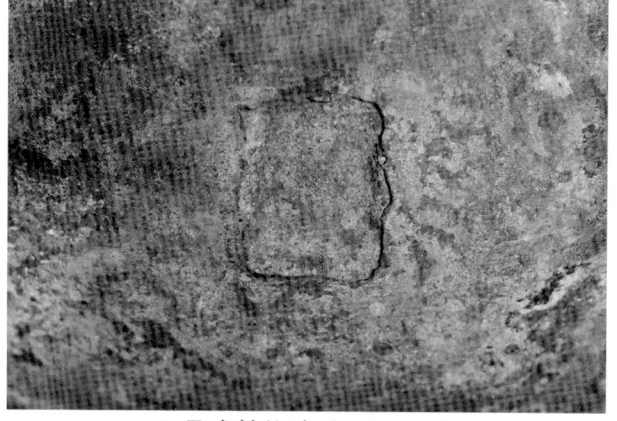

6. Ⅱ式敦垫片（M2：46）

M2出土铜敦细部

图版三四

1. 盖钮（M2∶44）

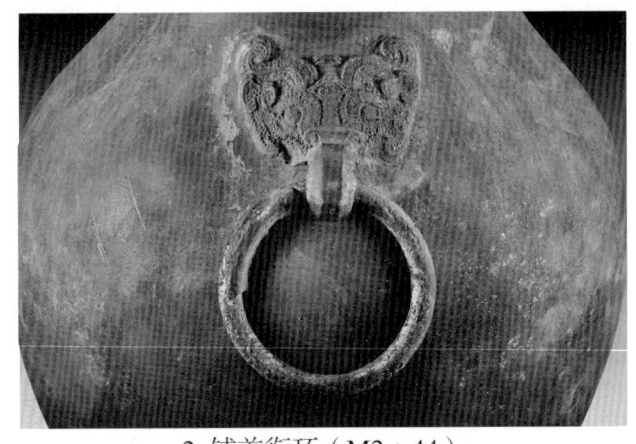

2. 铺首衔环（M2∶44）

3. 底（M2∶44）

4. 盖钮（M2∶45）

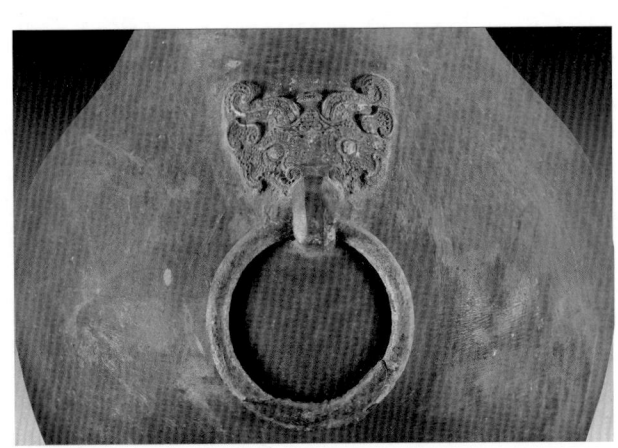

5. 铺首衔环（M2∶45）

6. 底（M2∶45）

M2出土铜壶细部

图版三五

1. 盘钮正视（M2∶28）

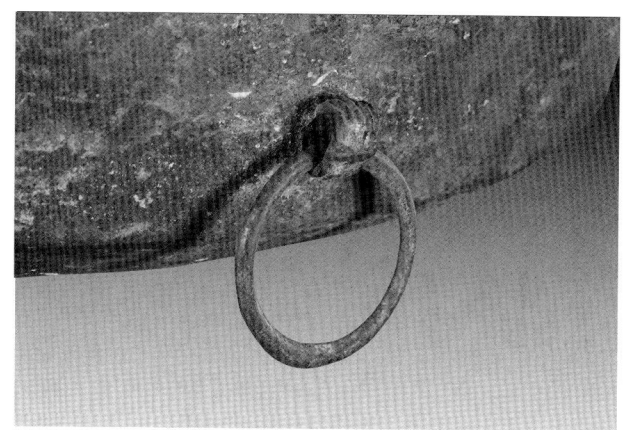

2. 盘钮侧视（M2∶28）

3. 盘钮铆钉（M2∶28）

4. 匜钮正视（M2∶27）

5. 匜钮侧视（M2∶27）

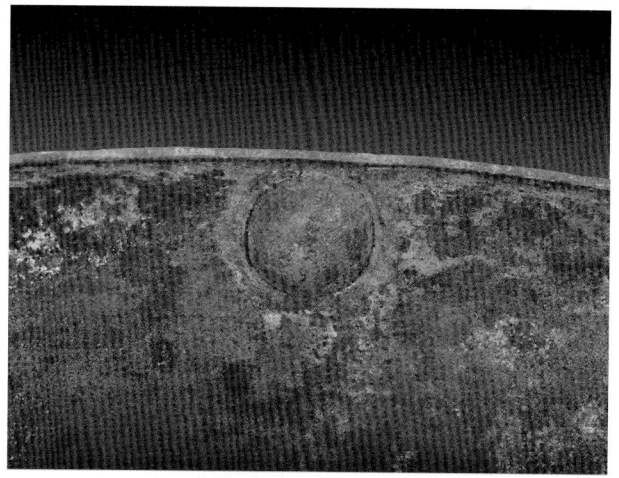

6. 匜钮铆钉（M2∶27）

M2出土铜盘、匜细部

图版三六

1. A型俎（M2∶7）

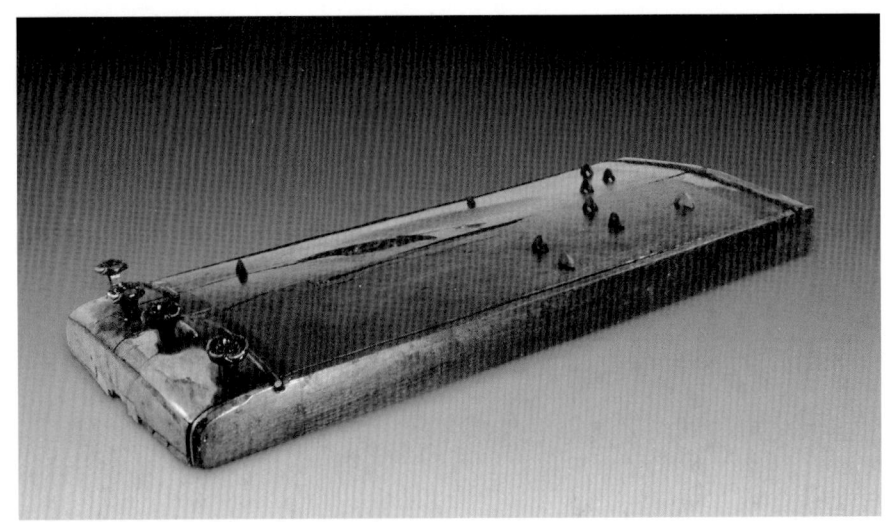

2. 瑟（M2∶9）

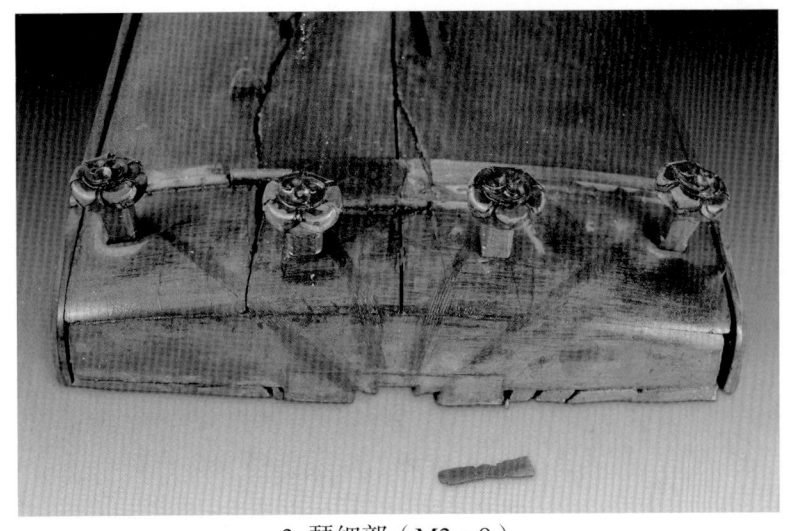

3. 瑟细部（M2∶9）

M2出土木俎、瑟

图版三七

1. 铜镜（M2：37）

2. 铁带钩（M2：40）

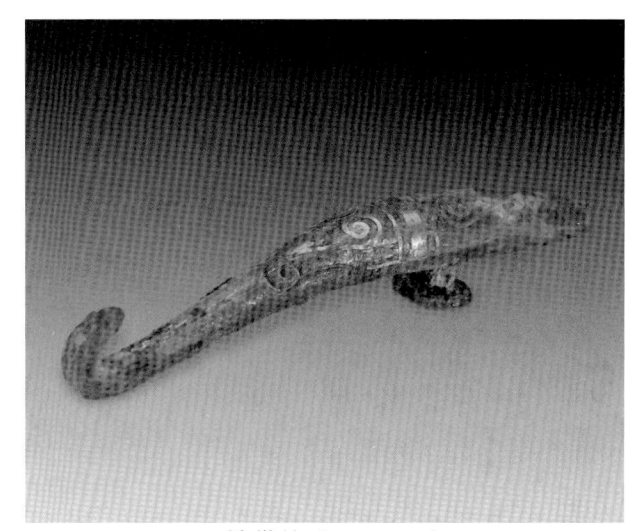

3. 铁带钩（M2：58）

4. 陶罐（M2：16）

5. 陶罐（M2：17）

M2出土燕器

图版三八

1. 豆（M2∶18）

2. 豆（M2∶21）

3. 豆（M2∶22）

4. 豆（M2∶23）

5. 方豆（M2∶19）

M2出土木豆、方豆

图版三九

1. 革盒（M2∶34）

2. 竹枕（M2∶39）

3. 竹笥（M2∶1）

4. 竹笥（M2∶13）

5. 竹荐席局部（M2∶11）

6. 木方盒（M2∶29）

M2出土燕器

图版四〇

1. 铜车害（M2∶42）

2. 铜车害（M2∶53）

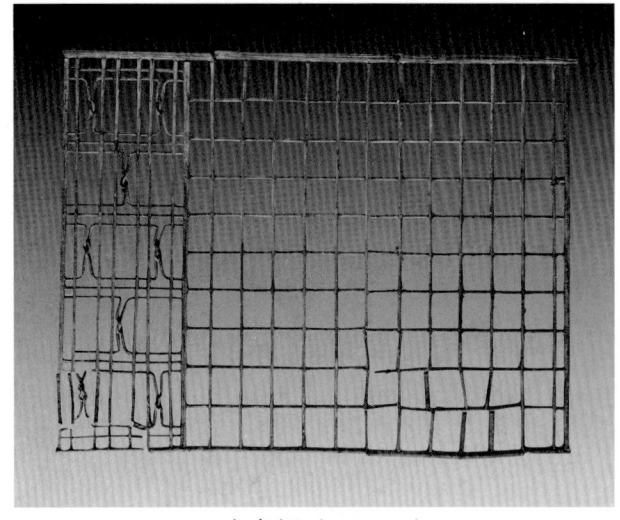

3. 木车门（M2∶3）

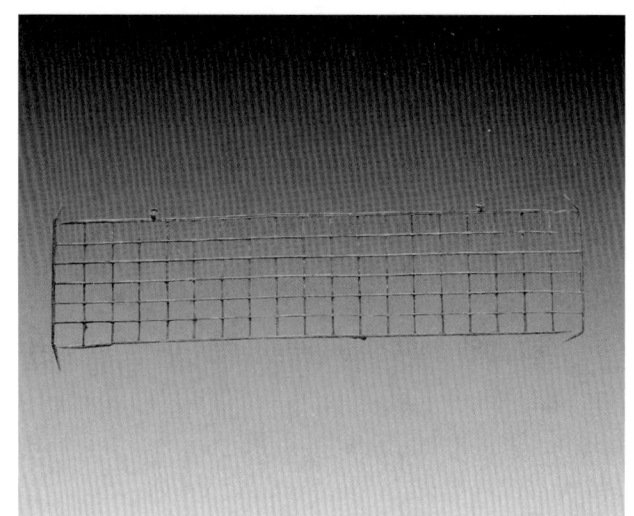

4. 木前车軨（M2∶3）

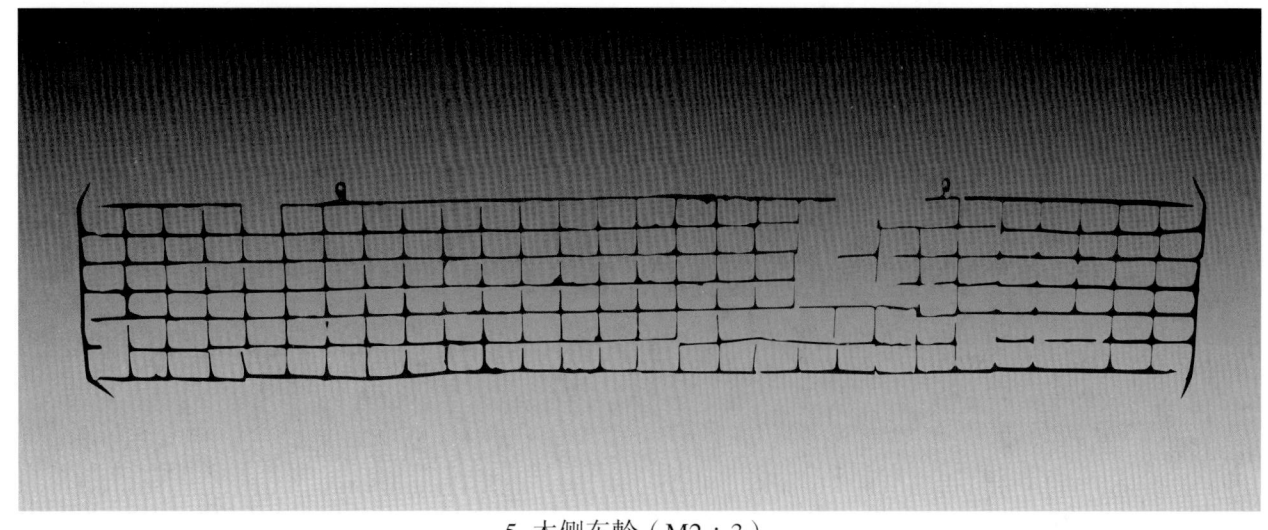

5. 木侧车軨（M2∶3）

M2出土车马器

图版四一

1. 镇墓兽（M2∶26）

2. 镇墓兽（M2∶32）

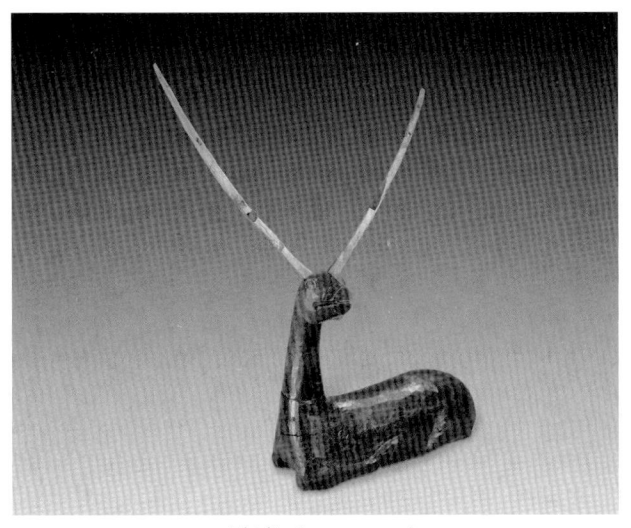

3. 卧鹿（M2∶25）

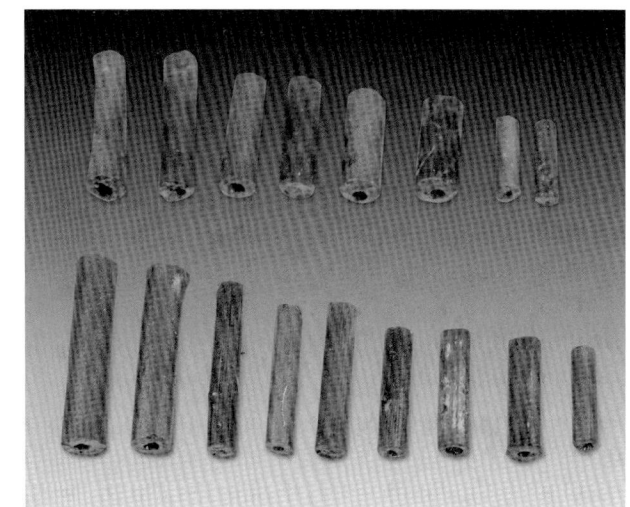

4. 管（M2∶57）

5. 塞（M2∶48）

M2出土木葬仪品、杂器

图版四二

1. 鼎（M3:3）

2. 鼎（M3:4）

3. 敦（M3:5）

4. 鬲（M3:1）

5. 鬲（M3:2）

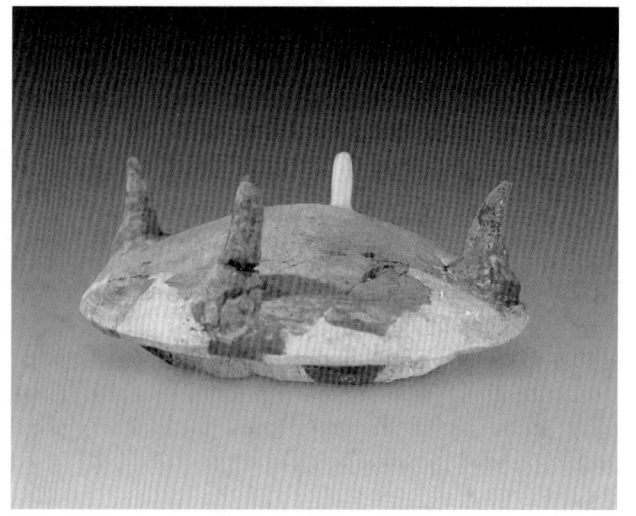

6. 壶盖（M3:7）

M3出土陶器

1. 石璧（M4:6）

2. 陶鼎（M4:7）

3. 陶敦（M4:3）

4. 陶壶（M4:8）

M4出土陶、石器

图版四四

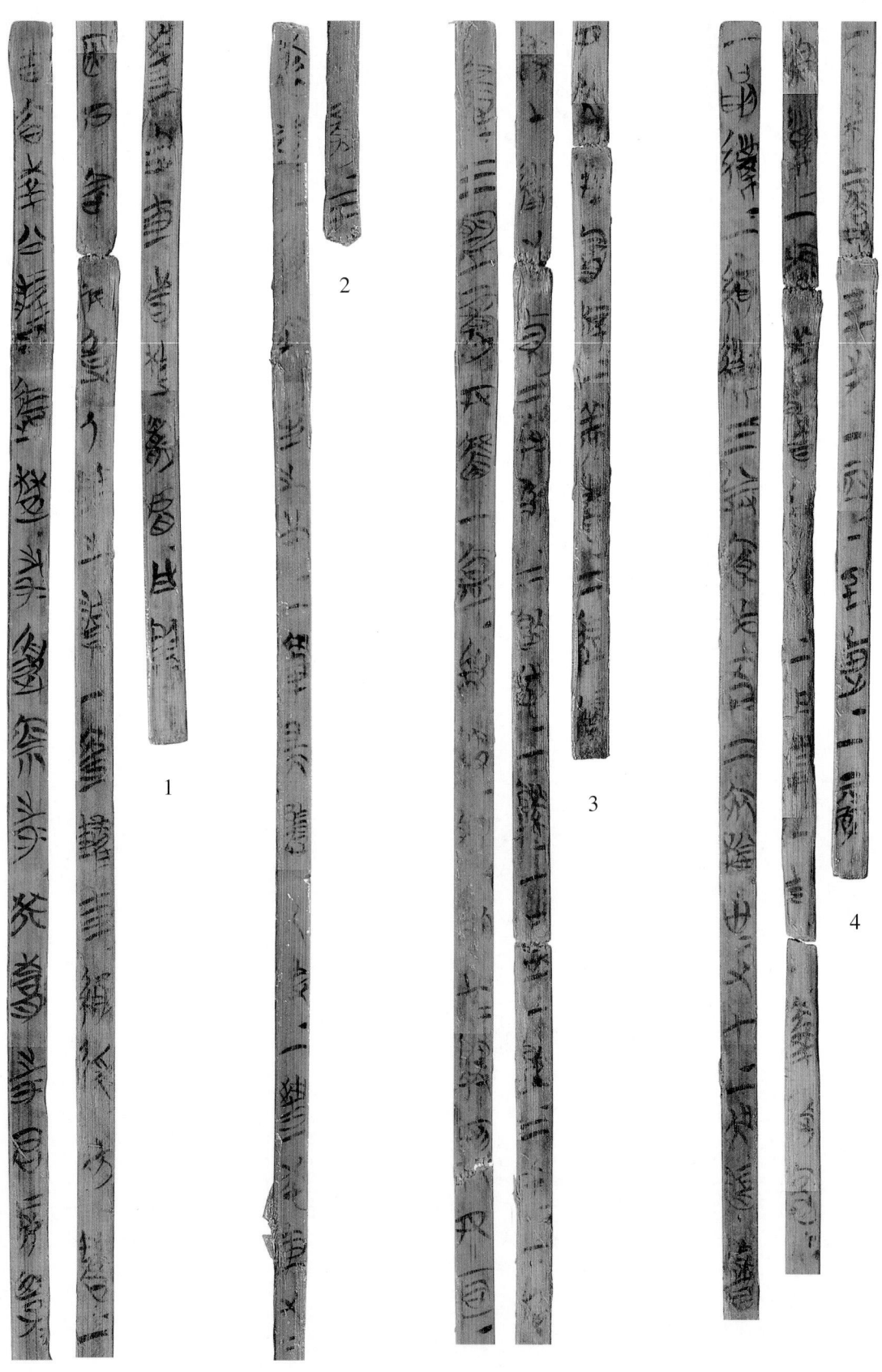

M1出土竹简（M1：144-1～4）

图版四六

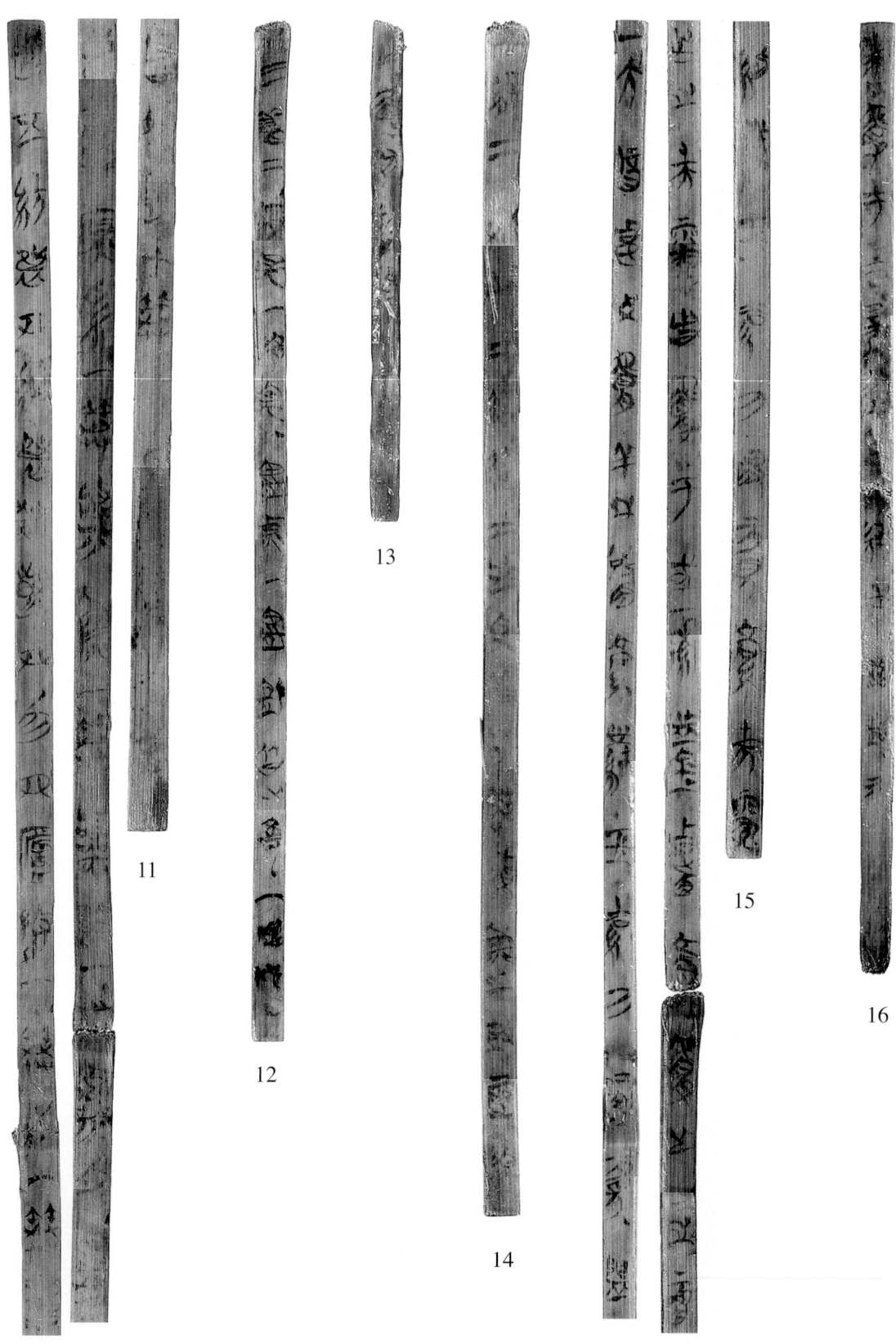

M1出土竹简（M1:144-11~16）

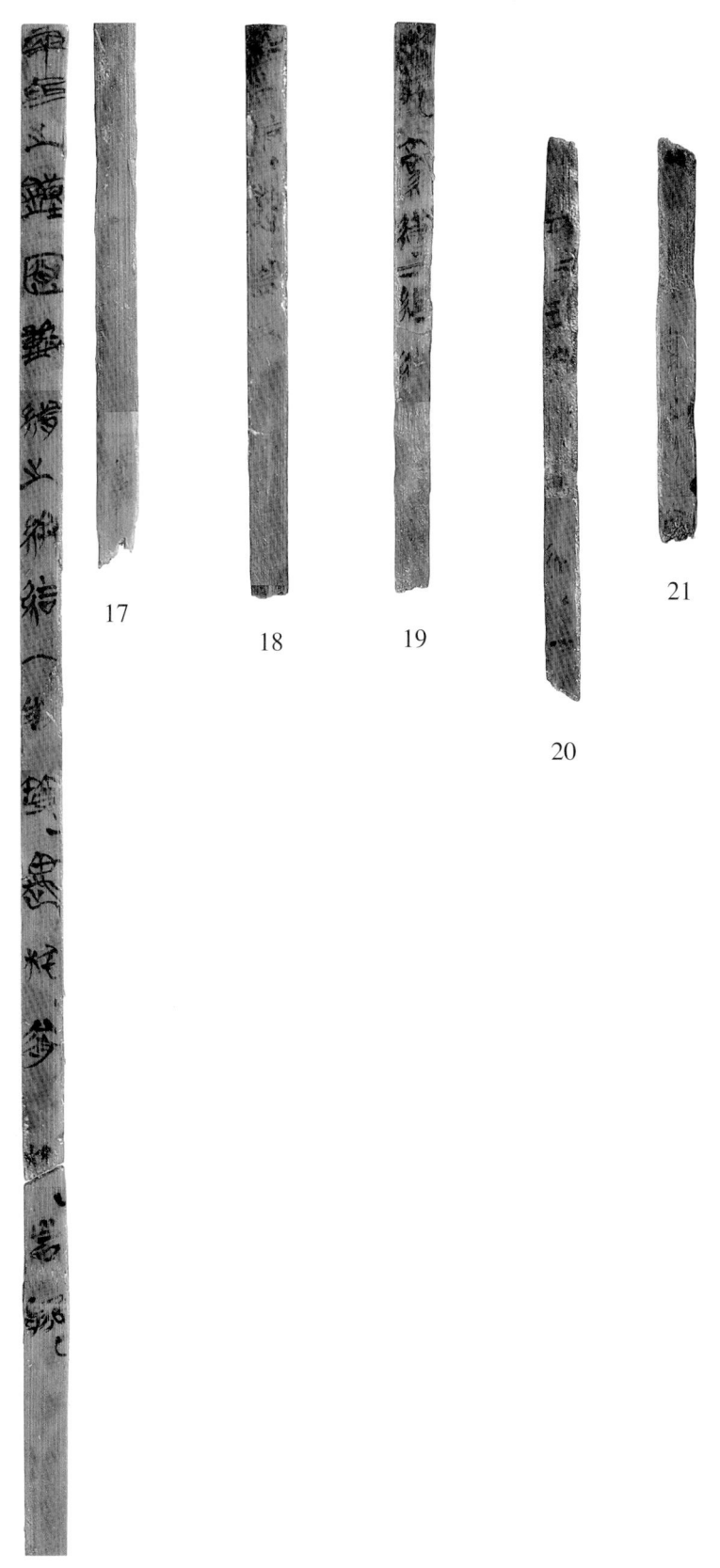

M1出土竹简（M1∶144-17~21）

图版四八

M2出土竹简（M2∶8）